西安邮电大学

本书获得
西安邮电大学学术专著出版基金
西安邮电大学大思政课文库（第二辑）
陕西党史人物与红色文化研究中心
资助出版

新时代思想政治教育丛书

# 智慧思政

## 人工智能时代
## 高校思想政治教育研究

刘明龙 著

天津出版传媒集团

天津人民出版社

**图书在版编目（CIP）数据**

智慧思政：人工智能时代高校思想政治教育研究 / 刘明龙著. -- 天津：天津人民出版社，2024. 12. (新时代思想政治教育丛书). -- ISBN 978-7-201-20692-9

Ⅰ. G641

中国国家版本馆 CIP 数据核字第 2024ZS3699 号

**智慧思政：人工智能时代高校思想政治教育研究**
ZHIHUI SIZHENG:RENGONG ZHINENG SHIDAI GAOXIAO SIXIANG ZHENGZHI JIAOYU YANJIU

| | |
|---|---|
| 出　　版 | 天津人民出版社 |
| 出 版 人 | 刘锦泉 |
| 地　　址 | 天津市和平区西康路35号康岳大厦 |
| 邮政编码 | 300051 |
| 邮购电话 | （022）23332469 |
| 电子信箱 | reader@tjrmcbs.com |
| 责任编辑 | 武建臣 |
| 装帧设计 | 汤　磊 |
| 印　　刷 | 天津新华印务有限公司 |
| 经　　销 | 新华书店 |
| 开　　本 | 710毫米×1000毫米　1/16 |
| 印　　张 | 19.75 |
| 插　　页 | 2 |
| 字　　数 | 260千字 |
| 版次印次 | 2024年12月第1版　2024年12月第1次印刷 |
| 定　　价 | 89.00元 |

# 目 录

# 绪　论

在人类漫漫发展史上发生过三次重大革命,第一次是距今约七万年的认知革命,人类出现了新的思维和交流沟通方式,开始在自然界中胜出;第二次是距今约一万年的农业革命,人类完成了从采集狩猎向农业生活的过渡;第三次是距今约五百年的科学革命,人类踏上了发展的快车道。纵览这三次革命,最显著的特点是完成变革的时间越来越短,从以万年为单位逐步转为百年。离我们最近的这次科学革命开启了人类的工业时代,机械开始逐步代替人力,人类社会开始空前繁荣起来。科学革命以来,人类已经经历了五次科技革命,当下即将迎来以人工智能为代表的第六次科技革命。

随着科学与技术的不断进步,科学转化为技术的效率飞速提高,二者渐渐融为一体,被称为"科技"。科技发展在相对较短时间内所带来的变化比之前几千年所带来的还要大、还要深刻,正如马克思所说:"资产阶级在它的不到一百年的阶级统治中所创造的生产力,比过去一切世代创造的全部生产力还要多,还要大。"①同时,科技发展日益深刻地影响到人们生活的方方

---

① 《马克思恩格斯选集》(第一卷),人民出版社 2012 年版,第 405 页。

面面,诸如教育、经济、生活、政治甚至价值观。高校思想政治教育的核心是价值观教育,人工智能作为最新生产力的代表必定会给高校的价值观教育带来影响,也势必给高校思想政治教育的实效性和有效性带来影响。因此,思想政治教育不仅是常论常新的议题,更是与时俱进、不断汲取时代精华从而提高"时效性"的议题,"时"是从时代维度表征时间坐标,而"效"是表征有效性和实效性。

## 一、新时代高校思想政治教育研究的出发点

进入21世纪以来,如果要说出当前与世纪之初相比,最大的变化在哪里,人们可以轻而易举罗列很多,但相信绝大部分人会提及智能手机、共享单车、网购、高铁等。其实,我们在不知不觉间已经步入万物互联的智能时代。人工智能作为信息技术的集大成者已经日益渗透到生活的各个方面,尤其是在衣食住行之中,但是唯独在高校与高等教育领域中,人工智能像个"灰姑娘",尚没有得到足够的青睐。教育强则国家强。高校是培养人才的摇篮,肩负着立德树人的任务。高校思想政治教育关系到高校培养什么样的人、如何培养人以及为谁培养人这些根本问题。

发展是第一要务、人才是第一资源、创新是第一动力。[①]国家强起来要靠创新,创新要靠人才。2016年5月30日,习近平在全国科技创新大会、两院院士大会、中国科协第九次全国代表大会上强调:"科学技术是人类的伟大创造性活动。一切科技创新活动都是人做出来的。我国要建设世界科技强国,关键是要建设一支规模宏大、结构合理、素质优良的创新人才队伍,激

---

① 习近平:《在深圳经济特区建立40周年庆祝大会上的讲话》,《人民日报》2020年10月15日第2版。

发各类人才创新活力和潜力。"①由此可见,科技与人才之间密不可分、相辅相成、相得益彰。科技发展依靠的是高质量的人才,而高校恰恰就是培养人才的地方。进言之,科技发展大潮中高校概莫能外。高校立校之本在于立德树人,而在具体实现路径上依靠的是高校思想政治教育,因而高校思想政治教育更要顺应时代潮流,不断吸取最新科技成果,丰富理论体系,完善培养机制,提升育人实效性。

科技进步与高校思想政治教育发展具有内在一致性,二者关系处理得当可以相互促进,而适应不良则会相互颉颃,形成掣肘之势。"科技是国家强盛之基,创新是民族进步之魂。自古以来,科学技术就以一种不可逆转、不可抗拒的力量推动着人类社会向前发展。"②党领导人民取得了举世瞩目的成就,中华民族迎来了从站起来、富起来到强起来的伟大飞跃。这些成就的取得间接上是由于教育的普及,从而造就了大量德才兼备的人才;而直接上是由于作为第一生产力的科技的全面推动。立足新时代审视高校,"00后"已经成为当前高校学生的主流,他们是伴随互联网成长起来的一代,知识传播上呈现信息无处不在的泛在化之势,各种自媒体平台如雨后春笋般涌现,这些都给大学生价值观带来全方位、立体式的冲击和挑战。但往往"危"与"机"一体同在,在全新的挑战面前,我们不得不注重研究高校思想政治教育对象与思想政治教育环境、优化思想政治教育方式方法、调整主客体之间的关系以及创新思想政治教育理论体系。

人工智能作为新一轮科技革命的主要代表,目前来看还未能有效融入高校思想政治教育中。重新审视当前高校思想政治教育存在的诸多困境,在厘清人工智能带来的挑战与机遇的基础上,努力构建符合时代特征的解

---

① 《习近平谈治国理政》(第二卷),外文出版社2017年版,第275页。

② 习近平:《在中国科学院第十七次院士大会、中国工程院第十二次院士大会上的讲话》,人民出版社2014年版,第3页。

决方案。最迫切的是厘清高校思想政治教育在人工智能新科技革命的大潮之中该如何适应与调整？如何利用人工智能助力高校立德树人任务？如何构建面向人工智能时代卓有成效的高校思想政治教育新模式？这是本书的出发点和初心。

思想政治教育由来已久，这是我们党的"传家宝"和"生命线"。2024年是思想政治教育学科创立四十周年，综观这段发展历史，思想政治教育发挥了重要作用，而在新时代将发挥更加重要的压舱石作用。随着时代变迁，思想政治教育之所以能持续发力，在于教育方式、方法、手段乃至于理念都在与时俱进，研究新时代背景下高校的思想政治教育的创新性发展无疑具有划时代的意义。

首先，可以丰富新时代思想政治教育理论体系。进入21世纪，思想政治教育从颇具政治色彩的权威型授课逐步发展到交流对话，随着互联网时代的到来，网络思政异军突起，思想政治教育迎来一次颠覆性变革。由于大数据、智能算法、虚拟现实等技术的突破性发展，人工智能实现跃迁式发展，最典型的代表就是ChatGPT的横空出世，宣告着人工智能又迎来一次跨越式发展。一项调查显示，截至2023年1月，美国89%的大学生都是用ChatGPT做作业。由此可见，探索面向人工智能时代的思想政治教育模式是大势所趋。这种模式应该是在网络思政的基础上发展起来的，是思想政治教育信息化、网络化的客观要求。思想政治教育一直是中国共产党的优良传统，但在不同时代背景下思想政治教育的实现路径会有不同，着眼于人工智能的发展已成不可逆转之势，以人工智能推动高校思想政治教育理论创新，从而不断充实思想政治教育理论成果库。

其次，将人工智能与高校思想政治教育进行深度融合，拓展了思想政治教育研究视域。尝试构建人工智能时代的思想政治教育模式正是以人工智能作为重要支撑和实现手段的，与之不谋而合的是党和国家正全力以赴地推进新一轮人工智能的发展,所以这一研究既符合党和国家未来发展方向,又为高校思想政治教育开辟了全新的学术研究视角。以"人工智能+"为理念在高校思想政治教育领域中进行创新性发展,摸索出一系列智慧化理念应用于高校思想政治教育,这既有助于增强高校思想政治教育研究的时代感和现代感,又具有重要的学术价值。

再次,为深化习近平总书记关于思想政治教育的重要论述探寻实现路径。习近平总书记关于思想政治教育的重要论述是习近平新时代中国特色社会主义思想的重要组成部分,也是开展思想政治教育活动的根本遵循与行动指南。构建人工智能时代思想政治教育新模式正是以习近平总书记关于思想政治教育的重要论述作为指引,以人工智能作为一种居间性存在,发挥人工智能在全过程育人中的数据记录与跟踪、在全员育人中提供各主体间的实时交流与互动、在全方位育人中发挥协同与联结等作用。这是将习近平总书记关于思想政治教育的重要论述落地生根进行的有益尝试与积极探索。

最后,为提升高校思想政治教育的实效性,增强吸引力与亲和力,培育堪当民族复兴重任的时代新人赋能。人工智能给思想政治教育,尤其是高校思想政治教育带来巨大的冲击与挑战,但也是一个重要的契机与挑战。新时代高校思想政治教育要积极吸收新科技革命成果,才能完善思想政治教育理论。利用人工智能革新思想政治教育方式方法,方能应对新时代的各种挑战,才能对外从容面对世界百年未有之大变局,对内实现民族复兴的历史使命。探索思想政治教育新模式是对高校思想政治教育发展创新的主动探索,是在人工智能新科技革命背景下构建的符合时代需要的思想政治教育理论与实践体系,其根本目标是为党和国家培养一批批合格的建设者和接班人。所以,有效推动人工智能融入高校思想政治教育实践是实现其铸魂育人之关键,进而为中华民族伟大复兴提供智力支持和思想保障。

教育现代化的实质是人的现代化。高校思想政治教育的现代化更离不开人的现代化。人工智能时代高校思想政治教育研究的根本立足点在于以人工智能为突破点提升高校师生的信息化素养和科学素养,从而打造数字化、智能化以至于智慧化的思想政治教育。这一命题的提出与建设可以"倒逼"高校治理能力现代化的提升,而高校实现治理能力与治理体系的现代化则可以极大地助力高校思想政治教育建设。所以,在一定意义上,研究可以有效提升高校治理能力现代化水平。

## 二、新时代人工智能与教育结合的现状

教育传播载体经历了教材、黑板等纯文本式时代,随之发展到幻灯投影、电视广播等电化教育时代,随后又进入贴吧、BBS、飞信、QQ等互联网时代,而今步入以短视频、直播、微博等为代表的自媒体时代。这背后都是借助智能算法、大数据以及人工智能完成的。人工智能作为新时代信息技术的集大成者发挥着无可替代的作用。人工智能相关研究起源于20世纪50年代,其间几经兴衰,而随着自然语言处理能力的一再提升开始融入人们生活的各个方面。就高等教育而言,智能教育、智慧校园、智慧教室、智慧课堂等已经迅速融入高校,这给人工智能与思想政治教育相融合的研究以巨大启迪。

### (一)人工智能成为世界各国教育规划的焦点

以美国为首的西方国家作为人工智能发展的主导力量,高度重视其发展并不断推广其应用领域。2016年,美国出台《为人工智能的未来做好准备》和《国家人工智能研究和发展战略计划》,美国在人工智能领域显示出先发优势。2017年,英国政府发布《在英国发展人工智能产业》,初步规划了政府资助学术界开展研究项目、吸引国际人才进行跨国合作、制定初等学校改革政策、改革高等学校人才培养模式以及完善学科发展布局等方面的工作。

2017年,法国政府发布《法国人工智能综合报告》,标志着法国人工智能国家战略的开端。2017年,日本发布《人工智能技术战略(草案)》,此报告对日本的人工智能教育应用政策进行详细的探讨,随着人工智能技术的广泛应用,人才应具备使用人工智能技术为企业界创造价值的能力。2018年,新加坡总理办公室发布"人工智能新加坡"的国家级项目,人工智能成为新加坡国家战略。这都凸显了人工智能的重大意义。

人工智能的发展在促进时代进步的同时,也给人们的社会、教育、政治、经济等诸多方面带来了新的挑战。当前,各国不但在顶层设计上进行谋划,还制定出台了一系列人工智能教育相关的政策,从教育层面对人工智能教育应用进行部署几乎成为各国的共识。联合国教科文组织发布的《教育中的人工智能:可持续发展的挑战与机遇》报告指出,2017—2021年人工智能市场将增长50%;在未来10年,人工智能教育领域很可能呈指数增长。

除政府高度重视外,美国的谷歌、Facebook、亚马逊、苹果、特斯拉等公司都对人工智能投入了大量研究。就技术而言,西方发达国家一直走在前沿,引领人工智能的发展方向。同时,西方各国将人工智能在教育中的应用提前布局。美国在初等和中等教育阶段(K-12)中大面积推广STEM教育①、STEAM项目②,以推动人工智能教育,培养具有数据素养和计算思维技能的未来公民。除此之外,美国等西方国家非常关注人工智能法律和伦理方面的研究,通过增强人工智能人文情怀和素养,使之更好造福人类而不是成为人类的威胁,提出的应对策略是加强核心素养。

---

① STEM 即由科学(Science)、技术(Technology)、工程(Engineering)和数学(Mathematics)等四门学科英文首字母的缩写组成,STEM教育是由这四门学科相融合而成的综合教育。

② STEAM 即由科学(Science)、技术(Technology)、工程(Engineering)、艺术(Arts)和数学(Mathematics)等五门学科组成。STEAM项目是在STEM教育的基础上增加了艺术而构成的跨学科课程。

　　国外关于人工智能带给教育的冲击与影响的研究较多,而关于高校思想政治教育,即国外称为公民教育或者政治社会化的研究几近空白。但国外有不少著作专门探讨人工智能应用于教育改革、教学形式以及学习方式等方面,这对于研究人工智能与思想政治教育融合提供了一定的借鉴意义。安东尼·塞尔登和奥拉迪美吉·阿比多耶在《第四次教育革命:人工智能如何改变教育》中综述了前三次教育革命的基础,并提出第四次教育革命随着人工智能的发展而逐渐到来,认为教育是人工智能中的"灰姑娘"—— 一个被长久忽略的话题。人工智能每天都在影响着人们,但是大中小学都没有有意识地利用它来开发教学,也没有帮助学生做好未来遇到人工智能驱动劳动力的准备。当前我国教育有阶层固化、制度僵化、同质化、缺少个性化以及教师重负等五大难题。人工智能是破解难题的关键,但也存在一定风险,当前最为迫切的是把教育放在人工智能战略的核心位置上。美国东北大学的第七任校长、美国教育委员会(ACE)的前任主席、美国高等教育政策的领导者约瑟夫·E.奥恩在《教育的未来——人工智能时代的教育变革》一书中认为,应对人工智能危机的唯一途径就是教育,约瑟夫构建的新教育模式称为人类学,其核心是塑造一套新的读写能力,主要由科技素养、数据素养和人文素养构成,同时要基于多所大学联合网络体系打造量身定制的、个性化的终身学习模式,这将是培养出具有防御性机器人能力的学习者的有效途径。约翰·库奇、贾森·汤、栗浩洋在《学习的升级》一书中主要论述了新技术革命对教育升级的必要性和实施路径。现在的学生可称为"数字原住民",教育也要使用数字化语言才能跟学生有效沟通,教育首先要做到理念转化,同时激发学生的潜能和内在动机,更新学习模式使学生做到主动学习、实践学习和挑战式学习,让技术解锁学习的未来,为教育带来无限可能。特伦斯·谢诺夫斯基在《深度学习——智能时代的核心驱动力量》一书中认为深度学习是人工智能的最主要推动力量,可应用于自动驾驶、语音识别、图像识别、智能翻译等领域,在梳理了深度学习的历史发展的基础上着重探讨了对当下生活产生的影响,而推动人工智能发展可以增强对大脑的认识、放大认知能力,实现极大提升人类生活水平的美好愿景。凯文·凯里在《大学的终结:泛在大学与高等教育革命》一书中详细论述了美国大学的历史变迁、大学的本质、大学的未来、信息技术与教育的关系、泛在大学的定义、传统大学在大趋势下的挣扎,数字化学习环境中的人数及由此产生的大量数据,将在极短时间内以数量级增长,未来的高等教育学习将与全球泛在大学互通,彼此连接在一起。戴维·铂金斯在《为未知而教,为未来而学》一书中指出从知识到智慧,选择有生活价值的学习,未来要将教育重心专注于"知识—智慧"上,而非"信息—知识"。此外还有雷·库兹韦尔的《奇点临近》、施瓦布的《第四次工业革命》、索恩伯格的《学习场景的革命》、马拉巴西的《爆发:大数据时代预见未来的新思维》,以及泰格马克的《生命3.0》等。

国外研究主要聚焦于技术尤其是机器人学习、智能穿戴设备研发、深度学习等,较少关注学习者的情感、态度、道德、价值观等意识形态领域的教育,缺少通过人工智能促进学生核心素养提升的研究。简而言之,人工智能在公民教育、政治社会化以及宗教教育等领域的运用相对缺少,其实质也就是缺乏人工智能在高校思想政治教育领域的应用。

(二)我国在追逐中引领人工智能教育研究

近些年我国关于人工智能与教育结合的相关研究呈现爆发式增长。查阅文献可知,以2018年为爆发点,之前呈缓慢增长趋势,但随后几年相关研究呈现爆发式增长。研究内容主要涉及人工智能与劳动教育、思想政治教育者、大学生思想政治教育等相结合的研究较多。人工智能与思想政治教育的融合创新研究尚处于起步阶段,相关研究比较分散,但已成为学界研究的热点领域。

我国著名教育学者朱永新主编的《人工智能与未来教育》是"中国教育

三十人论坛"与华东师范大学联合主办"人工智能与未来教育高峰论坛"的成果,主要探讨人工智能与学习革命、人工智能如何改变教育以及对教育的机遇和挑战。中国教育能不能实现弯道超车,取决于我们能不能看清未来的方向——未来技术的方向、未来教育的方向,而人工智能则是代表未来教育的方向。李轫的《自适应学习:人工智能时代的教育革命》,书中通过对自适应学习的深度探析为未来教育勾勒方向,具体构建出未来"人工智能+教育"时代的教师、学生以及教室、学校教育变革等方面的发展,尤其是新技术在教育中的应用,诸如人机交互、机器人教学、脑机接口技术等,这将带来教育的革命性变革。贝尔科教集团董事长、黑马教育分会秘书长、行知会会长王作冰在《人工智能时代的教育改革》一书中认为,教育改革的方向就是提升"人工智能时代原住民"的AIQ(人工智能商数),AIQ就是处理好"人与AI"间关系的能力。关于人工智能时代教育该如何开展,作者构造出AI教育革命十大纲领,主要是开展AIQ教育、开发多元智能、培养创造力、改进沟通力、增强学习力。李彦宏等的《智能革命》主要是结合百度的发展讲述了人工智能的发展,认为智能时代的核心是"知识无处不在,任何交互都是智能的"。尚俊杰的《未来教育重塑研究》深度剖析了人工智能对教育的影响,建设性提出了教师角色、学习方式、课程教学、组织管理等的再造,利用新技术让学习更科学、更快乐、更有效。王竹立的《碎片与重构:面向智能时代的学习2》以新建构主义理论为指导提出学习3.0时代,这是以个人为中心的网络学习时代,关键词是搜索、选择、连通、分享、零存整取和蛛网式知识结构。自组织学习、创客式学习、个人导向的自主学习等是3.0时代学习的主要形式。此外还有朱永新的《未来学校》,余胜泉的《互联网+教育 未来学校》,魏忠的《智能时代的教育智慧》,哈斯高娃等人的《智慧教育》等。以上著作主要描述如何运用互联网、大数据、移动互联、人工智能等技术构建未来学校。除此之外还有领导干部读本系列,如《人工智能领导干部读本》《智慧社会领导干部读本》

《数字中国领导干部读本》《大数据领导干部读本》《区块链领导干部读本》等,但尚未见以人工智能在高校思想政治教育中的应用为题的专门著作。

纵览现有研究成果可以发现,以"人工智能+高等教育"为主题的较多,而关于高校思想政治教育与人工智能相结合的研究主要集中于近三四年。一是整体性视角下审视人工智能与思想政治教育的融合问题。有学者指出了人工智能时代高校思政的实践困境与伦理思考,阐述了技术壁垒、制度缺失、路径依赖、身份难题等困境。在人工智能应用上有学者提出了精准思政这一新思想政治教育模式,该模式基于大数据、人工智能等前沿技术的介入,在精准思维和理念的引导下,实现思想政治教育的精准育人活动。还有学者论述了思想政治教育该如何有效利用人工智能,指出人工智能带给思想政治教育的是机遇与挑战并存,机遇主要是在个性化教育、思政工作者的自由全面发展以及思想政治教育新规律探索这三个方面;挑战主要是对科学技术过度依赖、人工智能发展的不确定性以及对工具理性的极端推崇和对人性主体性的漠视。也有学者提出人工智能在思想政治教育中的应用前景和价值前提,指出人工智能的应用使得掌握人的思想意识形成变化的规律、实时分析社会意识形态状况在一定程度上成为可能,因而与思想政治教育存在关联。此外,还有学者基于复杂性科学视域,认为人工智能是高校思想政治教育的时代趋向,人工智能可以引发大学生思想政治教育的变革。这些研究主要从宏观层面论述了人工智能应用于思想政治教育的可能性、可行性以及存在的问题、风险和运用限度。

二是关于运用人工智能推进教师专业发展方面的研究。人工智能的发展带来教师角色的嬗变,高校教师的角色从主导走向服务,教师们将扮演道德价值的塑造者、心理健康的守护者、人工智能的应用者、深度学习的合作者、课程教学的设计者、信息资源的整合者、创新创业的践行者、教育科学的研究者、服务社会的引领者等不同角色。通过"AI+教师"的协作路径可以实现教师在数据计算、特征感知、模式认知和社会交互四个层面的智能,尤其是在人机协同按协同过程中智能性和自主性递增主要包含AI代理、AI助手、AI教师和AI伙伴。此外还有学者专门就人工智能时代思政理论课教师的发展进行分析,指出人工智能应用于思想政治教育虽可以解放思想政治理论课教师体力劳动,但会引发主体性危机。也有学者指出,人工智能时代思想政治教育者应在角色意识、角色关系、角色方法三方面改变,提出未来思想政治教育者应该扮演协作型角色、创新型角色、导师型角色。人工智能可以赋能教师发展是毫无疑问的,人工智能对教师知识传授上带来影响较大,而在价值观培育以及理想信念教育上有待进一步研究。

三是关于人工智能技术在提升思想政治教育教学方法方面的研究。有学者指出,人工智能对思想政治教育方法创新有方法论意义,借人工智能的智能"助力",人工智能技术可凭借自身的技术优势为创新思想政治教育方法提供技术支撑,通过"引擎搜索"与"技术支撑"两个维度建构人工智能思想政治教育方法,提升新时代思想政治教育方法的个性化、趣味化与智能化。大数据和算法是人工智能最重要的支撑,分析大数据融入高校思想政治教育的价值定位,通过打造"采集链"的技术之维、构建"分析集"的方法之维、强化"保障域"的基础之维、运用"个案例"的实证之维四个维度探析和研究大数据融入高校思想政治教育的措施方法。智能算法与思想政治教育关联带来思想政治教育内容"供给短缺"、凝聚共识受阻、消解认同以及解构思想政治教育者职责理念等算法风险。有学者提出构建"智能思政",旨在运用人工智能技术实现思想政治教育智能化转型,促使教育主体的多元化、教学过程的个性化、人机交互的拟人化和考核评估的智能化,找准人机协作教学的契合点、提升教师人机协作教学能力,引导学生适应智能学习情境,开展"智能思政"教研活动,优化"智能思政"保障体系,确保"智能思政"建设有序推进并取得实效。

除以上三个方向研究较为集中外,有学者针对人工智能给思想政治理论课带来的冲击进行研究,还有对人工智能与教育对象、教育生态进行探索研究。通过上述可以看出关于人工智能融入思想政治教育的研究呈现三个明显特点。

第一,原点复归——研究视角的深化。教育的原点就是培养德才兼备的人,而不仅仅是传授知识。梳理相关成果可以看出,研究者从人工智能的教育应用到高等教育领域的应用,又逐渐转向人工智能与高校思想政治教育的融合创新研究。这种研究视角上开始逐渐由"信息—知识"向"知识—智慧"体系的转移,表明研究者已经不满足于将人工智能仅仅当作提升教学方式的技术手段,开始着眼在注重知识传授的基础上培育价值观与理想信念。将人工智能教育应用的视角深入学生精神世界,也体现了学界对人工智能认识的深化,人工智能不仅仅是一种工具性存在,还是一种全新的教育环境,可以在润物无声之中赋能立德树人。

第二,价值确证——研究方向的明晰。人工智能能否运用于人的思想观念的塑造与培育之中?最初研究焦点在于人工智能应用的价值前提探析、风险挑战以及现实困境等。随着研究的深入,学者对于人工智能在思想政治教育中的应用基本达成共识,转而聚焦于人工智能融入思想政治教育的时代价值、实现路径以及对思想政治教育的重构等方向。这充分确证了人工智能对高校思想政治教育的价值,而未来研究趋势更多的则是如何运用人工智能从而赋能高校思想政治教育。

第三,强实践性——研究成果的落地。纵览相关成果可以看出,从宏大叙事逐渐走向探赜索隐,不断进行关于人工智能在高校思想政治教育的某一子领域的应用研究,诸如人工智能对思政课教学的运用、对思想政治教育话语建构的影响以及对思想政治教育方法和生态等的研究。随着成果的细化与可操作性的增强,研究逐渐从纯理论走向理论与实践相结合,研究的实践性不断增强,为成果的推广与借鉴提供了可能。

尽管可以看出相关研究日益增多,研究成果不断涌现,研究方向越来越清晰,但当前研究存在明显不足之处,究其原因在于对人工智能本身的认识上存在较大偏差和分歧。一方面,学界对于人工智能定义众说纷纭莫衷一是。很多时候仅把人工智能视为一项技术,所以教育成为人工智能发展视域中的"灰姑娘",导致高校思想政治教育界很少关注和运用人工智能。人工智能已经深刻变革和影响着医疗、经济、生活等领域,但在高校思想政治教育领域很少涉及。其实,人工智能是一个技术群,更是一种理念和思维,只有厘清科技背后哲学层面上的演变才能从本根上掌握其实质。另一方面,现实困境是从事思想政治教育的很少懂技术,而懂技术的很少关注思想政治教育。这种错位使得当前的研究很少关照到人工智能在高校思想政治教育中的运用。教育既有传承的作用也要有创新的引导力,要走在科学发展的前沿,而不是让教育更新速度远远落后于科学的发展。目前主流思想政治教育模式依然沿袭着20世纪的模式。在知识更新速度日新月异的今天,这是非常值得我们反思的,要切实关注高校思想政治教育的改革和创新发展。

总之,人工智能给高校思想政治教育带来的影响是多方面的,有利有弊,当务之急是寻找二者的融合之道,从而更好地助力高校铸魂育人工程,提升高校思想政治教育的实效性。

## 三、历次科技革命对思想政治教育的影响及经验

人工智能作为新一次科技革命的最新成果势必给思想政治教育带来诸多影响,简要回顾历次科技革命对思想政治教育的影响,进而归纳总结出其中的经验,这对于研究以人工智能为代表的新科技革命对高校这个特定领域的思想政治教育有重要借鉴意义。

科技革命、产业革命与工业革命三个概念较为接近,但也有区别。一般认为工业革命是由科技革命引发而来,学者周洪宇对于三者之间关系曾指出:工业革命、科技革命、产业革命之异同对于工业革命来说,科技革命是工业革命的起点,产业革命是工业革命的中介,工业革命是科技革命的必然趋势和最终结果。[①]学界基本上认为,目前正处于第三次工业革命之末而第四次工业革命呼之欲出;就科技革命而言则是第五次,即将进入第六次科技革命。

学者白春礼认为,到现在为止共发生了五次科技革命,其中两次是科学革命,三次是技术革命。在16世纪和17世纪,以伽利略、哥白尼、牛顿等为代表的科学家,在天文学、物理学等领域带来了世界第一次科技革命。这场前后经历144年的科技革命是近代科学诞生的标志。18世纪中后期,蒸汽机、纺织机的发明及机器作业代替手工劳动带动了第二次科技革命,这也是世界上第一次产业革命,蒸汽机的广泛使用推动了英国的工业革命与现代化。在19世纪中后期,以电力技术和内燃机的发明为主要标志的第三次科技革命,带动了钢铁、石化、汽车、飞机等行业的快速发展。19世纪中后期至20世纪中叶,以进化论、相对论、量子论等为代表的科学突破引发了第四次科技革命,这促进了自然科学理论的根本变革。到20世纪中后叶,以电子计算、信息网络的出现为标志带来了第五次科技革命。科技革命现在还在持续地发展。[②]

除此之外,有人从科学与技术的角度将科技革命分为两个阶段三次革命,即近代科学革命和现代科学革命。从科技革命的历史来看,可以将科技革命分为两个不同阶段的科学革命及其影响下推动的三次技术革命,即近代科学革命(16世纪—19世纪)与第一次技术革命(17世纪—18世纪)和第

---

① 周洪宇等:《第三次工业革命与中国教育变革》,湖北教育出版社2014年版,第7~11页。

② 白春礼:《世界正处在新科技革命前夜》,《科技导报》2013年第7期。

二次技术革命(19世纪30年代—19世纪末);现代科学革命(19世纪—20世纪末)与第三次技术革命(20世纪30年代以后)。① 这两种分类基本上是一致的,只是在称呼上略有差异。

从科技革命的内容上看,吴军认为科技革命的两个重心就是"能量"与"信息",围绕着这两点有四次科技革命,分别是18世纪化学能到19世纪电能,再到20世纪的原子能,在它们背后,是人类对世界本质和规律认识的巨大进步。第一次是力学、热力学和化学,第二次是电磁学,第三次是对微观世界的全面认识。② 前三次科技革命主要是围绕能量变革这条主线。从信息的角度来看,18世纪和19世纪主要是以能量为驱动力,20世纪则主要是以信息为驱动力,而且信息呈现出指数级暴涨趋势。

本书拟按照五次科技革命的分类方法梳理其对思想政治教育的影响,归纳贯穿其中的经验与规律,以便为新时代的思想政治教育提供借鉴与启示。这里需要说明的是关于思想政治教育发展历史的问题,有观点认为从学科角度考察思想政治教育起源于二战后,有人认为产生于近现代社会;也有学者是从思想政治教育的本质属性出发,认为可以追溯到古代。"在基本认识上都认可思想政治教育史的研究对象是人类进入阶级社会以来的思想政治教育实践活动,既包含中国(含古代)的思想政治教育实践活动,也包含国外(含马克思主义经典作家)的思想政治教育实践活动,思想政治教育史是学说史、思想史和活动史的统一。"③ 甚至有学者认为可以追溯至原始社会,例如,张苗苗认为:"思想政治教育是在人类社会历史中始终存在的,只是它在不同历史时期、不同社会形态里,有不同的性质与表现。那么,它的

---

① 崔卫生:《论高等教育发展与科技革命的关系逻辑》,《高教探索》2019年第9期。

② 吴军:《全球科技通史》,中信出版社2019年版,第336页。

③ 王易、许慎:《思想政治教育史研究的现状、问题与对策》,《思想教育研究》2015年第10期。

起源就可追溯至原始社会,其未来则可放眼于共产主义社会。"①不管采用哪种观点,至少可以看出思想政治教育起源较早,只是在不同社会有不同的形态,而阶级社会诞生后才有较系统的思想政治教育形式。文中主要以科技革命发生后为研究时间段,故而这时的思想政治教育是系统存在的。

## (一)五次科技革命对思想政治教育的影响

五次科技革命从时间跨度上比较长,按照思想政治教育发展来说大体上可以分为三个阶段,郑永廷认为:"西方的思想道德教育经历了三个阶段:古代到19世纪政治教育、道德教育同宗教紧密结合而以宗教为手段,19世纪到二战期间是权威教育起主要作用,二次大战结束以来则受杜威、皮亚杰、哈特肖恩、霍尔等多个教育学派和学科的影响。"②这是从思想政治教育主题或者内容上进行分类的,借鉴其分类时间文中把第一、二次科技革命归为第一个阶段,是近代思想政治教育的发端;第三、四次科技革命是第二个阶段,是现代思想政治教育完善时期;第五次科技革命开始是当代思想政治教育的建立期。以下将从这三个阶段研究科技革命对于三个阶段思想政治教育的影响。

1.第一、二次科技革命:近代思想政治教育的发端

首先,前两次科技革命促使资本主义诞生,使得人们的思想、观念、思维方式冲破宗教神学束缚开始走向理性。随着文艺复兴的蓬勃发展,西方世界开始高扬人性,宣扬人权,肯定人的价值,彻底打破了宗教教育的统治地位。正如马克思和恩格斯在《共产党宣言》中所说:"资产阶级在它的不到一百年的阶级统治中所创造的生产力,比过去一切世代创造的全部生产力还要多,还要大。自然力的征服,机器的采用,化学在工业和农业中的应用,轮

---

① 张苗苗:《论思想政治教育的发生、发展与未来走向》,《教学与研究》2017年第4期。
② 郑永廷:《论当代西方思想政治教育方法》,《学术研究》2000年第3期。

船的行驶,铁路的通行,电报的使用,整个整个大陆的开垦,河川的通航,仿佛用法术从地下呼唤出来的大量人口——过去哪一个世纪料想到在社会劳动里蕴藏有这样的生产力呢?"①科技革命的巨大生产力彻底改变了人们的生产生活方式,将社会从"手推磨产生的是封建主的社会"转向"蒸汽磨产生的是工业资本家的社会"。②物质的逐渐繁荣给人们的精神生活带来丰富空间,正如中国古人所说:"仓廪实而知礼节,衣食足而知荣辱。"(《管子·牧民》)这就为人们对精神世界的需求、意识形态领域的关注,以至于思想政治教育的腾飞打下了坚实基础。

其次,科技革命为丰富人们的精神世界提供了强大杠杆。正如马克思所说:"火药、指南针、印刷术……总的来说变成科学复兴的手段,变成对精神发展创造必要前提的最强大的杠杆。"③在科技革命的直接推动下,集聚的生产力爆发出来,极大地提高了劳动生产率,有效地节约了人们的劳动时间,使人们有更多的时间和更多的人从事精神文化生产成为可能。这是随着近代科学和蒸汽机为代表的科技革命给人类世界带来的第一次飞跃。

再次,思想政治教育方式方法以纸质书籍作为主要方式。西方受益于古登堡印刷术的推广,书籍已经开始普及,使得教育活动较为发达,从传播学角度来看,这对思想政治教育是一个极大促进。据记载"整个16世纪,欧洲共印制出版图书约20万种,近2亿册"④。可见当时书籍之丰富,数量上甚至超越之前几千年之和。以至于有学者认为:"从某种意义上说,16世纪是一个创造精神文明的世纪,甚至就是'书的文明'的世纪!"⑤对于思想政治教

---

① 《共产党宣言》,人民出版社2014年版,第32页。

② 《马克思恩格斯选集》(第一卷),人民出版社2012年版,第222页。

③ 《马克思恩格斯文集》(第八卷),人民出版社2009年版,第338页。

④ 陆本瑞:《外国出版概况》,辽海出版社2003年版,第21页。

⑤ 侯建新:《经济社会史评论》,生活·读书·新知三联书店2006年版,第213页。

育方式方法上最具革命性的意义在于结束了口耳相传的信息传播途径,让人类知识存储更为便利,更有利于人类知识精华的传承,极大地提升了人们的道德素养、知识水平以及思想状况,这是思想政治教育的一次革命性变革。同时,由于印刷术的普及,报纸、期刊、杂志等大量涌现,这对于思想的传播起到了推波助澜之效。相较中世纪的舆论宣传环境来说极大地促进了思想政治教育的发展壮大。同时由于交通方面的飞速进步,人们交流越来越便利,交流范围也在迅速扩展。人们思想日趋活跃的同时又保证教育信息传递中不被扭曲、重组和丢失,而且大大拓展了思想政治教育内容的厚度与传递的便捷性。

最后,思想政治教育的对象正处于转折期,即从封建时期地主阶级对农民阶级逐渐开始转向资本家对无产阶级。思想政治教育作为统治阶级教化民众的重要工具出现巨大变化,之前主要依托宗教为主要方式进行道德教化,现在逐步转为相对柔性化的道德教育、政治教育、公民教育等形式。思想政治教育在社会实践中的作用较之前更为重要,成为统治阶级不得不重视的用来维护社会稳定和凝聚人心的工具。

科技革命对于此时的中国而言没有多少影响,此时正处于明清之际,封建王朝势力还非常强盛。古代思想政治教育充当统治阶级愚民、教化的工具。此时正值王阳明心学体系走向成熟的时期,在当时影响相当广泛。王阳明提倡"致良知"的思想,用良知衡量人们的德行,乃至是衡量万物的标准。同时,注重"知行合一",强调人的主观能动性,曾云:"知之真切笃实处即是行;行之明觉精察处即是知。"(《传习录》)他的思想给那时的封建王朝的思想政治教育注入了新的活力,开一代新风气,对后世影响甚大。正像普罗泰戈拉所说人是万物的尺度,这对中国古代思想政治教育来说是一次飞跃,肯定人的主体性,高扬人性。但是对整个封建王朝及当时的思想政治教育来说,还是以道德伦理为主要内容并渗透在政治、经济、文化、科技等各个领域中,其根本作用还是在于维护王朝的统治。有学者总结我国古代思想政治教育认为:没有形成完整的体系,表现在没有专门的思想政治教育教师,没有独立的学科体系,和政治教育、道德伦理教育等混同;思想观念体系以"君权神授""封建伦理"等思想为核心,其他思想观念处于被压抑状态;教育方式比较单一,一般以"私塾"式的家庭教育为主,以"国学"为辅。[①]

2.第三、四次科技革命:现代思想政治教育完善期

首先,科技革命推动各资本主义国家进入帝国主义阶段,这是思想政治教育环境发生的最大变化。19世纪末至20世纪中叶正值第三、四次科技革命期间,资本主义从自由竞争阶段发展到垄断阶段,垄断是资本主义发展的新阶段,垄断资本主义被列宁称之为帝国主义阶段。1916年,列宁完成了其最具有标志性的著作《帝国主义和社会主义运动中的分裂》,列宁指出:"垄断代替自由竞争,是帝国主义的根本经济特征,是帝国主义的实质。"[②]这期间在科技迅猛发展的影响下,一大批跨国企业和全球化公司不断涌现,主要以汽车、飞机、石油、钢铁等产业为主要代表,极大地促进了经济全球化、生产全球化以及信息全球化。正如马克思在《哲学的贫困》中所说:"随着新生产力的获得,人们改变自己的生产方式,随着生产方式即谋生的方式的改变,人们也就会改变自己的一切社会关系。"[③]这时社会形态逐渐转变,同时科技发展带来国家意识形态的变化,各国在科技的支持下,信息交流及人才流动空前繁荣起来,国家与国家之间思想文化交流也前所未有地繁荣起来。不同制度国家之间的意识形态竞争逐渐兴起,作为意识形态工作主要手段的思想政治教育作用更加凸显。

---

[①] 孙佩锋、尉天骄:《思想政治教育的起源与发展——兼谈思想政治教育的本质》,《学术论坛》2011年第10期。

[②] 《列宁选集》(第二卷),人民出版社1995年版,第704页。

[③] 《马克思恩格斯选集》(第一卷),人民出版社2012年版,第222页。

　　其次,科技革命带来思想政治教育观念、思维理念的变革。近代科学体系是建立在因果关系基础上的,从现象入手,寻找现象背后的原因,可以说先有果后有因。这是一种典型机械思维,也是一种肯定性思维,认为任何问题的答案都是确定性的。思维方式是人类认识事物的形式、方法和程序,它反映了人们对客观世界的认识程度,是人类科学文化素质总的体现。在科技发展史上,几乎每个时代都会产生影响广泛的思维方法,并都打着同时代科技成果的深深烙印。17世纪牛顿力学体系的建立,推动了自然科学的发展,也使机械论的思维方式广为流传;19世纪的"三大发现",才最终促使马克思主义的辩证唯物论的世界观和方法论的形成。[①]机械思维盛行之时人们觉得任何事情都可以通过机械的方式得到解决,这种观点曾经一度占据主流思维方式,也曾经极大促进社会发展。关于其历史作用,吴军总结说:"机械思维直接带来工业大发明的时代。"[②]当然,随着时代进步这种思维方式的弊端开始显现,最大缺陷在于易形成思维定式,以至于现在提到机械思维很多人的印象就是僵化、呆板、不知变通等。这在当时却是比较先进的观念体系,使得人类进入理性时代。科技进步促使人们思考、解决问题的方法论不断进化,人的理性之光得到发扬,提高了人的主体意识和主观能动性。这对当时思想政治教育影响颇大,导致基于权威化的经典教育模式产生。这就是以教师、教室、教材为中心的教育模式,教师是绝对权威,是知识、道德的化身;教材是知识的主要载体;教室是教育的主要场所。思想政治教育亦是如此,其优势很明显就是使得知识具有高度浓缩性,并且其传递的有效性也大大提高。这种模式的实质是模拟工业上生产工厂化的结果,对于普遍提高人们的思想、文化、道德素养具有重大意义。

---

①　韩晓琴、康伟:《科技革命与人的全面发展》,《理论导刊》2007年第7期。

②　吴军:《智能时代:大数据和智能革命重新定义未来》,中信出版社2016年版,第99页。

再次,思想政治教育方式方法上实现"电化",即视听技术广泛兴起,同时开始与心理学结合。科技革命把科学与技术之间的转化历程大幅缩短。以电力产生为例,从1820年奥斯特发现电磁感应现象,到西门子发明直流发电机,前后相隔46年,如果再算上特斯拉和西屋电气完成多相交流供电,电真正开始普及的时间则长达67年。[①]相较之前,科学与技术之间的转化动辄近百年的时间相比,已经大幅缩短。电的出现又一次改变了人们的生产生活方式。电话、电报使得通信半径急剧扩大,信息获得时效性大幅增强,信息传递速率变得前所未有地迅捷。照相、幻灯、电影、电视、广播等彻底丰富了人们获取信息的方式,人们的生活从纸质传媒时代迈进视听传媒时代。视听技术使得社会生产逐步向规模化、机械化方向转变,社会对人们知识、技能的要求升高,教育的职能也随之发生变化,由培养少数统治者扩大到为社会生产培养大量的专门人才。[②]思想道德教育通过现代化的教育教学仪器实现传播途径现代化,同时思想政治教育借鉴心理学等学科的最新研究成果,对人的思想认知、心理过程、学习理论等有更加深刻的认识,思想政治教育方法越来越多样化,更具科学性。19世纪中期至20世纪出现很多教育家、思想家、哲学家,他们创造性地提出了很多思想,丰富了当时的德育理论,比如英国的斯宾塞,他提倡科学教育、自主教育,反对灌输式教育,并认为任何教育都是从快乐和兴趣出发,在德育上认为利己主义和利他主义必须互相协调。德国教育学家赫尔巴特,被誉为"科学教育学的奠基人""现代教育学之父",他特别强调教师的地位,提出了四段教学法,并高度重视道德教育。赫尔巴特认为:"教育的唯一工作与全部工作可以总结在这一概念之中——道德。""道德普遍地被认为是人类的最高目的,因此也是教育的最高

---

① 吴军:《全球科技通史》,中信出版社2019年版,第216页。

② 朱爱芝、贾靖林:《从教育发展史的视角审视技术对教育的影响》,《中国医学教育技术》2009年第6期。

目的。"此外,瑞士教育学家裴斯泰洛齐将教育分为德育、体育和智育;美国教育家心理学家杜威提出了实用主义德育理论;更值得一提的是新行为主义理论代表斯金纳及其设计出的程序教学机,可以看作是人工智能在教育教学中应用的最初典型代表之一。

这时的思想政治教育一方面是思想政治教育方式的现代化;另一方面思想政治教育理论在借鉴心理学、教育学、哲学、社会学等成果的基础上变得更为坚实,使得思想政治教育在对教育过程的把握、教育对象的认知、教育效果的有效性以及教育结果的评价上更科学。

最后,科技革命对于真理与理性的追求丰富了思想政治教育的内容,拓展了研究视域。随着科技的发展,人们对于理性、知识的认识越来越深刻,但这与价值观、信念、道德是否有内在关联呢? 答案是肯定的,这期间很多研究开始关注这个领域。古希腊思想家苏格拉底有一句格言:"美德即知识",是说知识与道德、价值观等是有内在关联的。科学与技术是对世界本质的探寻,是发现实证知识的手段,是对真理的无限追寻。科技唤醒人们的理性,丰富了人们知识体系,所以到了现代,人们更加相信知识与道德之间的联系。"19世纪晚期,美国许多学者相信科学和道德之间具有相关性,他们认为,通过研究自然获得的心智训练能使道德问题在知识上更明晰。"[①]知识中蕴含着智慧、美德以及价值观,而价值观、信仰、道德中也有知识的成分。正如有的学者所云:"知识是人的德性培育和信仰确立的基石,虽不能说它是道德和信仰确立的充分条件,却可确知其为必要条件。认知理性作为人认识事物的理智态度、认识判断能力和必要的知识基础,在人的德性培养和信仰确立中具有特殊意义,它是通向德性和信仰的阶梯。"[②]以电力技术和内

---

① 王海莹、易连云:《美国科学道德价值观与德育思路》,《高教发展与评估》2011年第3期。

② 董雅华:《思想政治教育哲学问题研究》,复旦大学出版社2019年版,第145页。

燃机的发明为主要标志的第三次科技革命和以进化论、相对论、量子论等为代表的科学突破引发的第四次科技革命促使人类知识飞速增长,也带来了思想政治教育研究和理论成果的丰硕,思想政治教育逐渐走向学科化与科学化。

以上为第三、四次科技革命期间思想政治教育的发展情况,而此时的中国正值鸦片战争到中华民国时期,中国不仅错过了两次科技革命,而且处于内忧外患不断的乱世之中。这段时期内我们国家思想政治教育也可以分为两段来研究,民国前基本还属于封建社会晚期,虽然有一系列洋务运动兴起,但终究不成体系影响不够深远;另一段就是民国至中华人民共和国成立前,这一时期涉及国共两党并存,所以可以简单梳理此时的思想政治教育发展情况。

一方面,国民党主要以公民教育与党化教育为特色开展思想教育。随着西学东渐,国民党政府积极将西方先进教育思想引入国内,尤其是将德育方面诸如公民教育、道德教育、政治教育等国内之前罕为提及的领域逐渐推广并付诸实践。在基于传统儒家伦理道德底色中逐渐融入西方道德教育成分,诸如自由、平等、公正等思想,这就丰富了当时道德教育的内涵,体现了时代性、科学性以及先进性。蔡元培力倡"五育并举"的教育方针,并以追求"自由""平等""博爱"等价值取向的公民道德教育为其中坚,从而确定了民国道德教育的基本走向。①蔡元培不仅历任北京大学校长、中国教育学会会长,还曾是国民政府教育总长。尽管理念比较进步,但由于战乱频仍、时局动荡,民国道德教育实际上取得的效果并不显著。而进步之处在于以下三点:

第一,公民教育兴起。随着科学观念的深入人心,人性开始突破封建思

---

① 肖朗、田海洋:《近代西方道德教育理论的传播与民国德育观念的变革》,《社会科学战线》2011年第7期。

想桎梏,公民教育或者称为国民性教育理念开始出现。蔡元培在发表的《对于教育方针之意见》中指出,科学主义和实利主义是挽救时代、民族危机的根本途径,科学与美术是进行公民道德教育的中坚力量,科学利于培养国民的科学理性。新教育应以科学主义的实验教育为根基,这种对实验主义科学方法的倡导,目的在于培养求实求真的科学精神。[①]此时正处于社会转型期,社会不断经历动荡与整合,很多仁人志士希望通过公民教育唤醒民众,培养新时期公民以实现民族振兴、国家救亡图存的目标。严复提出很著名的"三民"思想,在他发表的《原强》中提出"鼓民力,开民智,新民德",民德应该是指人们的思想观念,这就是国民性,并指出:"必凝道德为国性,乃足以巩固国基。"这是为挽救中华危亡而不断探寻破解之道。在民国时期的各个阶段,尽管国民性教育的大众探索历程可能受到诸如军阀统治、国内革命、抵抗侵略等影响,但其追求救亡图存、强国富民的主题和目标始终是一致的。[②]这是民国时期对于思想政治教育带来的重大进步,革新了思想政治教育理念,丰富了思想政治教育内容内涵,极大地拓宽了思想政治教育研究视野。

第二,党化教育渗透思想政治教育,政治性成为其鲜明特征。黄埔军校创办于第一次国共合作时期,是中国历史上著名的军事学校。作为主导的国民党及中华民国政府就将政治性作为学校思想政治教育的主要任务来抓。1926年黄埔军校改名为中央军事政治学校,并开设政治科。按照《中央军事政治学校政治教育大纲》的规定,开设中国国民党史、三民主义、帝国主义史、帝国主义侵略中国史、中国近代史、社会科学概论、社会进化史、社会主义、社会问题、经济学、政治学、经济思想史、军队政治工作、各国宪法比

---

① 高平叔:《蔡元培教育论集》,湖南教育出版社1987年版,第208页。

② 尚洪波:《民国时期国民性教育的大众探索与现实指归》,《北方论丛》2015年第5期。

较、党的组织原则、世界政治经济状况、中国政治经济状况、政治经济地理等共18门课程。①由此,政治性不再是隐藏在知识观念背后的隐性成分,而是名正言顺地作为思想政治教育的主要内容。对待国民党外的普通民众则将思想政治教育重点放在社会教育,蒋介石国民党政府大力提倡"新生活运动","蒋介石对国民道德和国民知识的提倡,对生活方式的军事化、生产化、艺术化的要求,正是包含了人文道德的建设、科学知识的普及以及发展科技、经济等多个层面,这是民初科学教育思想——科学乃'一万能必胜之利器'的典型折射"②。这种新生活运动倡导改良生活,对于提升科学认识等方面具有积极意义,但使得公民教育、道德教育走向边缘化从而逐渐被遮蔽。党化教育越来越多地渗透进了公民教育,其内容和形式都被异化,教育更加成为一种实现政治目的的工具。因此,民国时期的公民教育在其存在的短短历史上,都处在政治的影响之下,这种政治上的功利性使得公民教育没有获得自身存在的合法性和独立性。③后来国民党政府将"党化教育"更名为"三民主义教育",并于1931年出台了《三民主义教育实施原则》,更名目的在于尽量掩饰其政治性,出台文件意在强化思想政治教育。

第三,思想政治教育方法走向现代化。科学技术给这一时期的思想政治教育带来的不仅是理念、思维的面貌一新,更在实践上带来教育方式方法的变革与更新。民国时期很多学者翻译了大量西方著作,甚至邀请著名学者来华授课。这对当时的思想政治教育产生了一定影响,诸如美国实用主义教育家杜威及其著作《民主主义与教育》《德育原理》在当时影响较大,并且杜威本人也曾来华讲学。当时由于电力的广泛应用,以电力为主的新科技兴起,在思想政治教育载体、传播、宣传等方面使得思想政治教育走向"电

---

① 罗春秋:《论党在黄埔军校思想政治教育的方法及启示》,《求索》2013年第1期。
② 冉源懋、安燕:《民国教育电影、教育思潮与科学主义》,《电影评介》2016年第18期。
③ 翟楠:《近代中国公民素养培育的本土化尝试及经验》,《当代教育与文化》2019年第2期。

化"。以电影教育为例,20世纪初流入我国,二三十年代发展成熟并开始应用于教育、宣传等。理论上有学者涉足研究教育电影与电影教育的异同,实践上有将电影作为教学手段运用于学校教育以及社会宣传、动员上。从当时学者对教育电影的内涵、内容的理解来看,教育电影并非仅仅从自然科学的角度践履其科学主义主张,更重要的是对科学精神和科学方法的把握,一切传统的、现代的、道德的、伦理的、生理的、技术的等,不分自然科学与社会科学,均可通过科学方法的处理和科学精神的贯注纳入教育电影的体系中。①可见当时电影运用范围之广,不仅局限于科学知识普及,更有思想政治教育的功能。

另一方面,中国共产党的思想政治教育出现萌芽并不断发展。中国共产党是诞生于20世纪20年代初,历史上处于第三次和第四次科技革命后期,这一时期中国共产党的主要任务是反帝反封建,实现民族独立、人民解放、国家统一与独立的目标,属于新民主主义革命阶段,其重点是团结革命力量,凝聚人心尽快实现革命的胜利。从科技革命对思想政治教育的影响角度出发,对于此时的中国共产党来说影响甚微,但是我们党积极利用后发优势,善于积极借鉴苏联思想政治教育的优秀成果。20世纪初,以苏联教育家马卡连柯为代表的教育思想和列宁的思想政治教育方法流入我国并产生很大影响。马卡连柯提倡集体教育,他把为了影响个别学生而影响集体的方法称为"平行影响的教育"。列宁在《怎么办?》中提出最为著名的"灌输"理论。列宁在书中写道:"工人本来也不可能有社会民主主义的意识。这种意识只能从外面灌输进去,各国的历史都证明:工人阶级单靠自己本身的力量,只能形成工联主义的意识,即确信必须结成工会,必须同厂主斗争,必须

---

① 冉源懋、安燕:《民国教育电影、教育思潮与科学主义》,《电影评介》2016年第18期。

向政府争取颁布对工人是必要的某些法律,如此等等。"①这里所说的灌输并不是一般意义上填鸭式教育的生搬硬套,而更准确地说:"'灌输'既是思想政治教育学的一个主要的范畴,又准确揭示了思想政治教育的本质。"②同时列宁还比较重视意识形态工作,强调"对社会主义意识形态的任何轻视和任何脱离,都意味着资产阶级意识形态的加强"③。这些思想对我们党的思想政治教育具有重大借鉴和启发意义。在积极吸收这些理论成果的基础上与中国实际相结合,逐步在我们党内上下对思想政治工作形成共识,视之为"生命线"。1932年《中央给苏区中央局及苏区闽赣两省委信》中指出:"政治工作在红军中有决定意义,每个红军战斗员不仅要有充分的军事技术——手中的武器,而且最重要的是脑子武装。必须充实现有军队中的工作,实现中央政治工作条例。政治工作不是附带的,而是红军的生命线。"④这是党高度重视思想政治教育的开端,也是党的"生命线"理论的肇始,从此这一理论成为党的领导人一贯坚持的基本原则。毛泽东把思想教育放在政治局最重要的业务之首,1945年他在《论联合政府》中提出:"掌握思想教育,是团结全党进行伟大政治斗争的中心环节。如果这个任务不解决,党的一切政治任务是不能完成的。"⑤我们党正是基于以思想政治教育为基础的"笔杆子",再加上"枪杆子"取得了新民主主义革命的胜利。

3.第五次科技革命:当代思想政治教育的建立

首先,思想政治教育环境又一次出现重大变化。第五次科技革命肇始于二战后,主要是以计算机、信息技术的兴起为主要代表。此时宏观环境又

---

① 《列宁选集》(第一卷),人民出版社1995年版,第317页。

② 刘书林:《论思想政治教育的本质——坚守"灌输论"的缘由》,《思想理论教育导刊》2012年第10期。

③ 《列宁全集》(第6卷),人民出版社2013年版,第38页。

④ 中央档案馆编:《中共中央文件选集》(第八卷),中共中央党校出版社1985年版,第310页。

⑤ 《毛泽东选集》(第三卷),人民出版社1991年版,第1094页。

发生较大转变,苏联解体、东欧剧变,冷战结束。社会主义阵营一夜之间纷纷转向,国际上社会主义运动也进入低潮期。在第五次科技革命的推动下,西方国家以较快的速度实现经济增长,科学研究、教育事业得到较快发展。同时由于20世纪二三十年代的经济危机以及两次世界大战的影响,各资本主义国家开始注意发挥国家宏观调控的作用,推行国家干预经济生活的政策并适当发展国有制,这在一定程度上避免了无序化竞争,缓解了经济危机的周期性爆发;同时在政策上加强社会福利政策以及保险措施,使得社会底层民众生活得到一定程度的提高和保障,从而缓解了生产关系上的对立与冲突。究其最重要的原因是新科技革命和知识经济的到来,社会生产力得到极大提升,经济全球化趋势日渐明显,跨国企业和全球垄断型企业不断增多,"尤其是20世纪90年代以后,在经济全球化的推动下,资本主义逐渐向国际垄断资本主义过渡和发展"①。由于全球化和信息化的到来,东西方之间在意识形态领域的竞争更加激烈,对于思想政治教育格外重视。思想政治教育理论体系更加成熟,为思想政治教育科学化和学科发展集聚了坚实的物质基础和塑造了优良的生态环境。

其次,在思想政治教育方法上,以互联网为载体、以人为本的隐形教育异军突起。第五次科技革命最显著的特征就是计算机和互联网的兴起及广泛应用。在思想政治教育方法上,西方发达国家主要利用其长期垄断的互联网核心技术进行意识形态渗透,由于在互联网信息占有量上的绝对优势,西方发达国家大肆进行网络舆论宣传,从而将思想政治教育也寓于其中。以美国为例,美国是互联网技术的发源地,同时又控制着绝大多数的网络根域名解析服务器。有统计表明,当今国际互联网中有80%以上的网上信息

---

① 中国马克思主义与当代编写组编:《中国马克思主义与当代》,高等教育出版社2015年版,第135页。

和95%以上的服务信息由美国提供;同时,在世界顶级的1000万个网站中,大概有55%的网站用英语传输信息,而只有2.2%的网站将中文作为主要语言。[①]由此可见,西方国家不仅在网络技术上占据绝对优势,而且积极转化为思想政治教育的有力武器,积极向国民及其他国家进行意识形态渗透和价值观输出。以至于很多专家都达成共识,认为网络是思想政治教育中的最大变量,各个国家均视为要主动占据的阵地。20世纪90年代以后,网络空间已成为继陆、海、空、天之后的第五维空间,网络空间也被看作是主权国家赖以生存和发展的"神经系统"[②]。

最后,思想政治教育方式方法上注重吸收心理学最新成果,如将教育对象心理活动生成机制应用于思想政治教育,提升其实效性并增强隐蔽性。20世纪中后期是心理学发展迅猛增长期,此时涌现出一大批著名心理学家,诸如皮亚杰和他的道德认知发展阶段论,柯尔伯格及其道德发展阶段论,罗杰斯及其人本主义心理学,班杜拉及其提倡的观察学习法,还有艾里克森及其精神分析心理学为基础的德育理论,拉斯等人的价值澄清理论,麦克菲尔等人的体谅德育理论等。这些研究从微观层面确实提升了人们对于思想政治教育发生过程的认识,更进一步弄清了人们是如何将一种价值观转化为自己的理想信念的。同时,由于对人心理认知机制的研究,逐渐将思想政治教育方式由原来的灌输式改为柔性的教育方式,这就增强了其隐蔽性,一定程度上使得教育对象放松警惕,缓解其抵触情绪并在近乎无意识的状态就受到了思想政治教育。以美国为例,美国非常重视利用网络开展思想政治教育,但其运用不是在网络平台上直接宣扬其政治、法律制度等意识形态的合理性,更不是将教育者的政治观、价值观及资本主义制度的优越性等赤裸

---

① 李江静:《网络空间主流意识形态话语权的国际挑战探微》,《思想教育研究》2018年第1期。
② 杜雁芸:《美国网络霸权实现的路径分析》,《太平洋学报》2016年第2期。

裸地灌输给网民,而是巧妙地在内容设置上做到"浓浓的政治色彩",含蓄有度。①

　　第五次科技革命对我国思想政治教育的影响较大。初始阶段我国正以新中国成立为起点,思想政治教育开始作为国家主导意识形态发挥作用。改革开放之前思想政治教育最主要的特色是注重思想政治教育的政治性,以政治教育为主,在对新科学技术的应用上几乎还是忽略不计的状态,直到党的十一届三中全会。改革开放以后到20世纪90年代中期,这一时间段由于国门开放后,深受前面两次科技革命的影响,思想政治教育开始加紧走向"电化"革命。在思想政治教育方式方法上主要依靠幻灯、录音、广播、电视、电影等媒体,使得思想政治教育传播上从纸质逐渐开始向视听传媒转变。1994年互联网开始进入中国,计算机、网络等信息技术的发展为思想政治教育的发展注入了新的活力。党和国家逐渐重视这些信息技术对人们价值观、理想信念、道德等的影响。截至2014年,这一时期可分为三个阶段。20年来,伴随着网络技术的发展、网络形式的演变、教育重点的调整,网络思想政治教育方法大致经历了教育灌输、沟通引导和熏陶体验三个阶段。②第一个阶段是改革开放到2000年,当时以万维网技术的网站建设为主,大量的红色网站涌现,形成了以综合、新闻、高校、政府网站为主体的网络文化阵地,第五次科技革命的冲击开始影响我国的思想政治教育。第二个阶段是此后五六年间以网络社区为主要形式的校园BBS的兴起,各种局域网的聊天室等在线交流成为影响人们信息交流的主要途径,同时随着手机及通信工程的发展,手机短信等在内的即时通信变得越来越普及,这提升了信息传递的效率与便捷性。第三个阶段是各种自媒体的兴起,主要是博客、微博、微信、

---

① 张园园:《美国思想政治教育载体及其运用经验研究》,《求索》2012年第10期。
② 杨直凡、胡树祥:《二十年来网络思想政治教育方法的发展历程》,《思想教育研究》2015年第4期。

QQ空间等,以及各种搜索引擎和客户端。

概言之,第五次科技革命给思想政治教育带来全新的挑战,一方面是宏观环境的变化,我国基本错过了之前的四次科技革命,而这次我们是在追逐中跟随,在全球化大背景下,我们的思想政治教育环境变得更加多元化、影响因素更加复杂化、影响渠道更加隐蔽化;另一方面,思想政治教育对象分层化趋势明显,尤其是大学生和青年一代,是随着网络成长起来的一代,可称为"互联网原住民",也有的称为"数字时代原住民"。思想政治教育要想取得实效就必须认真研究科技革命带来的这两个最重要变化,正如骆郁廷教授分析的:"现代信息科学技术的发展特别是互联网的产生,导致了思想政治教育的深刻变革,网络成为思想政治教育的新载体,网络领域成为思想政治教育的新场域,网络思想政治教育成为思想政治教育的新形态。"[①]这是科技革命给我国思想政治教育带来的最大变化。

### (二)科技革命带给思想政治教育的经验与启示

纵观历经几个世纪的五次科技革命,西方国家始终是主导,这期间给人类的社会、政治、生活、文化、经济、生态等带来全方面、立体式的影响,对思想政治教育的冲击与影响是不可避免的。通过上述可以总结归纳出思想政治教育的演变趋势和规律。

第一,科技革命带来思想政治教育成长所需的肥沃的精神文化土壤。在科学与技术的推动下,生产力呈爆发式增长,人类改造自然世界的能力空前增强,经历了机械力代替人力,进而实现自动化,体力劳动大幅度降低,生产效率却大幅提升。"从历史的维度看,欧美工业革命之后两个世纪的发展速度远远超过前面两千多年的发展,而在中国,自全面开始工业化并进入商

---

①　骆郁廷:《论网络思想政治教育的主体与客体》,《马克思主义与现实》2016年第2期。

业文明之后,40年也办成了历史上近2000年办不成的事情。"①物质生活的充裕使得人们更关注精神生活。同时由于科技革命带来通信与交通的便利,人们思想交流的广度、深度、速度都得到了全面提升,真正可以实现足不出户而知晓天下事。精神素养的提高依赖于教育的全面普及,在满足知识学习的基础上关于人的政治意识、思想生活、道德素养、价值观等培养就更为关键,作为一门专门学科,思想政治教育至关重要。在封建时期,思想政治教育更多的是裹挟着宗教或者伦理道德的外衣为统治阶级服务;而在科技革命的引领下,思想政治教育逐渐分化为公民教育、道德教育、爱国教育、政治教育等形态成为一门"显学",并逐步走向科学化的道路。

第二,思想政治教育传播途径和方式方法不断迭代更新。信息和能量作为影响人类发展最主要的两个因素,也是科技革命的主线。信息传播经历了从口耳相传、文字传播时代过渡到了印刷媒体,进而又到了电波传播,最后又进入网络信息时代。传播速度上从声速到光电速,这不仅是速度的提升,更主要的是信息负载量的提升。卷帙浩繁的二十四史共有三千余卷,共计四千七百多万字,然而在信息时代,却可以存储为电脑网络上的一个压缩文件,无论网上还是网下传播都极为便利。思想政治教育方法上的变化是教育教学方式从文字、印刷术为代表,逐渐进入幻灯机、广播、电视、电影等视听技术为主的多种媒介阶段,随后又进入计算机、网络技术为代表的信息化教育时代。

第三,如果说传播方式上是以外在技术为驱动力的方法的革新,而学科内涵式发展带来的是内在的教育理念的革新。从简单的说理说教、灌输发展到有计划有步骤的工业化培育体系,再到融合心理、综合各种潜在因素形成的柔性熏陶渐染型教育。教育对象则经历了"非人"到"物"再到"人"的历

---

① 吴军:《全球科技通史》,中信出版社2019年版,第139页。

程。在第一个阶段,也就是第一、二次科技革命期间,正是资本主义大发展时期,资本的原始积累是血淋淋的,正如马克思在《资本论》中所说:"资本来到世间,从头到脚,每个毛孔都滴着血和肮脏的东西。"①这个时期资本家在思想政治教育上主要还是依托宗教外加强制力来实施的,把被统治阶级视为"非人"。第二个阶段,工业革命已经成熟,大规模工业化产业化生产孕育着工业化式的教育,现代化教育的产生裹挟着思想政治教育的发展。这种教育方式最明显的特征是集体授课制,虽有利于提升教育效率,但是不利于因材施教和个性化培养,所以此时思想政治教育深受工业化模式的影响而将受教育者"物化",这是以提升效率为主要目的的教育方式。二战后进入第三个阶段,随着工业化的深入,人们开始反思,尤其是随着社会科学的繁荣,心理学、社会学、管理学等日益科学化,人们认识到人性的重要性,表现在思想政治教育中开始把重心从教育者向受教育者转移,关注受教育者的心理过程,体现出以人为本的特色,逐渐回归到"人"这一原点上。

第四,宏观上在科技革命影响下思想政治教育变迁特征突出,并始终处于动态化的连续发展之中。以西方国家思想政治教育为主进行考察,思想道德教育方法创新发展大致经历三个阶段:以宗教教育为手段的方法阶段、以权威教育为手段的方法阶段和以隐蔽教育为手段的方法阶段。②郑永廷认为,从古代到19世纪,西方国家的政治教育和道德教育同宗教紧密结合,教育方法主要是宗教方法,这是第一阶段;从19世纪到第二次世界大战期间,西方国家强调权威管理和教育,权威教育方法起主要作用,这是第二阶段;从第二次世界大战前后到现在,西方国家思想政治教育方法从多个学科角度研究道德教育和政治教育,是学科方法为主导的阶段,这是第三个阶

---

① 《马克思恩格斯文集》(第五卷),人民出版社2009年版,第871页。

② 冯益谦:《比较与创新:中西德育比较研究》,中央编译出版社2004年版,第82~88页。

段。①从以上可以看出，思想政治教育发展史与五次科技革命影响对思想政治教育的影响是高度契合的，这种契合不仅表现在时间节点上，而且还有教育环境、内容、方式方法等。这为即将到来的以人工智能为代表的第六次科技革命带给思想政治教育的挑战与机遇提供了借鉴和启发，思想政治教育的变革势在必行。

透过现象看本质，以上四点仅是科技革命对思想政治教育的影响的分析与归纳。那么，科技推动思想政治教育变革背后深层次的原因呢？二者间的具体关系又如何呢？可以归纳为以下三点。

一是作用与反作用关系。科技是生产力的代表，思想政治教育是观念上层建筑，是生产关系的表征；根据生产力决定生产关系的原理，科技决定思想政治教育的发展，思想政治教育反作用于科技。所以，随着每一次科技革命的到来，思想政治教育就面临着生产力变革所带来的冲击与影响。换句话说，思想政治教育改革势在必行，只有这样才能适应新形势下党和国家所赋予的使命，即实现对人们价值观的培育，培养出社会主义合格建设者和接班人。

二是价值目标一致性。科技最终目的是为人类服务，从第一次科技革命开始，机械力大量代替体力劳动，提高了劳动效率。随着科技的进一步发展，人工智能不但可以代替绝大多数体力劳动而且可代替部分脑力劳动，从而给人们带来大量闲暇时间，自由支配的时间增多，正是给人们的自由而全面的发展奠定基础。人类发明了科技，使用着科技，科技所制造的成果在很大程度上是人类意志的体现。科技与人的思想、意志在发展中是如影随形般密不可分的。从价值论角度来看，思想政治教育最主要的是宏观上对社会维持和促进的作用，微观上对个人塑造和发展的作用，最终指向的是实现人的发展，科技也同样以人类福祉为目的。从社会角度而言，最终都是为了

---

①　郑永廷主编：《思想政治教育方法论》，高等教育出版社2010年版，第32~33页。

实现如马克思和恩格斯所说:"代替那存在着阶级和阶级对立的资产阶级旧社会的,将是这样一个联合体,在那里,每个人的自由发展是一切人的自由发展的条件。"①两者在这一点上高度契合,具有内在的统一性。

三是手段—目的关系。虽然科技与思想政治教育二者在价值目标上具有一致性,但在作用发挥上的路径大不相同。科技表现为间接性,思想政治教育则是直接性。科技通过提升生产力,从而不断提高物质文明进而提升精神文化水平,过程中更多的是表现为工具性价值。思想政治教育则是直接服务于人的精神活动,以提升人的思想、意识为主要目的的实践活动,在这一过程中更多地表现为目的性价值。从这个角度出发,思想政治教育主体性地位更显著。正如有学者所言,人工智能与思想政治教育的融合发展必须始终以思想政治教育为核心,这是人工智能作为思想政治教育资源的价值前提。②以人工智能为主的科技潮流正是要发挥其正向作用而造福人类,要为提升人的思想、道德、意识等服务,即为促进思想政治教育的发展服务,不能以其工具性遮蔽了价值目标。随着科技的高速发展,技术理性甚嚣尘上,认为科技是无所不能的,一切要以科技发展为目的,这是根本认识上的本末倒置,在处理科技与思想政治教育关系时要警惕这种倾向,在思想政治教育与人工智能融合研究中要保持其主体性不动摇。

概言之,在历史进程中,科技决定着思想政治教育的发展水平,思想政治教育通过影响人的精神性因素又反作用于科技,二者在价值目标上却具有内在一致性,即服务于人的自由全面发展。科技不能为彰显其工具理性而一味地以自身发展为目的,而是要服务并尊重思想政治教育的主体性,只有这样才能相互促进、相得益彰。

---

① 《马克思恩格斯文集》(第二卷),人民出版社2009年版,第53页。

② 林峰:《人工智能时代思想政治教育的价值定位与发展》,《思想理论教育》2020年第1期。

# 第一章　人工智能概述及 对高校思想政治教育的影响

上文探讨了历次科技革命对思想政治教育的影响,而高校思想政治教育作为思想政治教育的下位概念,是对高校这个特定领域展开研究。同时,高校既是科技创新的发源地又是传播传承科技的中转站,必然也会深受科技革命的影响。下文将聚焦于人工智能时代高校思想政治教育所面对的挑战与机遇。如上文所述,人工智能是新一次科技革命的主要推动力量,也是第六次科技革命的主要代表。首先厘清人工智能相关概念及其发展阶段;进一步探析人工智能在高校思想政治教育应用的价值前提;然后梳理人工智能给高校思想政治教育的挑战及二者在互相适应中存在的现实困境;最后阐明人工智能给高校思想政治教育带来的机遇。

## 一、人工智能及其发展阶段

随着各种智能设备的普及,人工智能似乎已到了"飞入寻常百姓家"而尽人皆知的程度,但是学界对于人工智能这一概念远未达成共识。通过梳理人工智能相关概念及其发展可以更进一步深化对人工智能的认识。

## (一)人工智能相关概念

智能,一般认为是智力和能力的总称。智能在《汉语大辞典》的解释是,一是智谋与才能;二是指智力。关于智能,德国学者马库斯·胡特(Marcus Hutter)和谢恩·莱格(Shane Legg)认为,智能是用来衡量一个个体在一系列广泛环境中实现目标的整体能力。[①]迈克斯·泰格马克认为智能是:"完成复杂目标的能力。"[②]美国心理学家霍华德·加德纳(Howard Gardner)提出了一种多元智能理论,也称为多元智力理论,认为人的智能可以划分为八方面:数理逻辑、语言、音乐、空间、身体运动、人际关系、内省、自然智力。[③]

1956年达特茅斯会议开始提出人工智能(Artificial Intelligence,简称AI),创始人之一的明斯基认为,人工智能是一门科学,是使机器做那些人需要通过智能来做的事情。尼尔森认为,人工智能是关于知识的科学,所谓"知识的科学"就是研究知识的表示、知识的获取和知识的运用。[④]

迈克斯·泰格马克认为人工智能就是"非生物的智能"。计算机科学家伊莱恩·理查德将认为:"人工智能就是在多项式时间内,通过探索问题域知识来解决非常困难问题的技术研究。"关于这一定义通俗点讲就是说:"研究如何使计算机在什么地方什么时刻使人生活得更好。"[⑤]

国内方面,谭铁牛院士认为人工智能是研究开发能够模拟、延伸和扩展人类智能的理论、方法、技术及应用系统的一门新的技术科学,研究目的是

---

① [英]卡鲁姆·蔡斯:《人工智能革命:超级智能时代的人类命运》,张尧然译,机械工业出版社2017年版,第4页。

② [美]迈克斯·泰格马克:《生命3.0》,汪婕舒译,浙江教育出版社2018年版,第50页。

③ 陈琦、刘儒德主编:《教育心理学(第二版)》,高等教育出版社2019年版,第64~65页。

④ 李德毅主编:《人工智能导论》,中国科学技术出版社2018年版,第2页。

⑤ [美]库兹韦尔:《奇点临近:当计算机超越人类》,李庆诚、董振华译,机械工业出版社2011年版,第160页。

促使智能机器会听（语音识别、机器翻译等）、会看（图像识别、文字识别等）、会说（语音合成、人机对话等）、会思考（人机对弈、定理证明等）、会学习（机器学习、知识表示等）、会行动（机器人、自动驾驶汽车等）。①贾积有认为，用人工的方法在机器上实现的智能，或者说就是人们使用机器模拟人类和其他生物的自然智能，包括感知能力、记忆和思维能力、行为能力、语言能力。人工智能就是在以计算机为代表的人造机器上实现的人类教育，或者说是对机器实施教育。②陈晓华、吴家富认为，人工智能是一门研究、开发用于模拟、延伸和扩展人的智能的理论、方法、技术及应用系统的新的科学技术。③张坤颖、张家年提出，从学科的视角来看，人工智能是计算机科学中涉及研究、设计和应用智能机器的一个分支。从其所实现的功能视角来看，人工智能是智能机器所执行的通常与人类智能有关的功能。④周良发认为，人工智能是对人类意识行为和思维活动的高度仿真，进而模拟、延伸和拓展人类某些器官的功能和作用，就此而论，人工智能实质上是人造的类人物。⑤

李开复、王咏刚梳理了五种比较具有代表性的人工智能定义后认为，不能将人工智能囿于模拟人脑这一层面，因为人们对大脑研究认识尚浅，比较合理的定义是：AI就是根据对环境的感知，做出合理的行动，并获得最大收益的计算机程序。⑥这个定义主要是从实用主义角度出发对人工智能进行描述。

---

① 任仲文：《人工智能——领导干部读本》，人民日报出版社2017年版，第35页。

② 贾积有：《人工智能赋能教育与学习》，《远程教育杂志》2018年第1期。

③ 陈晓华、吴家富：《人工智能重塑世界》，人民邮电出版社2019年版，第1页。

④ 张坤颖、张家年：《人工智能教育应用与研究中的新区、误区、盲区与禁区》，《远程教育杂志》2017年第5期。

⑤ 周良发：《智能思政：人工智能时代的思想政治教育变革》，《重庆邮电大学学报》（社会科学版）2019年第5期。

⑥ 李开复、王咏刚：《人工智能》，文化发展出版社有限公司2017年版，第35期。

目前,关于人工智能很难有公认的定义,正如吴季松所说:"人工智能是一种全新的理念,是个'技术群',是一个新的技术时代。"①魏忠认为人工智能会随着信息技术发展不断变化,但从本质上讲,人工智能技术是信息革命的集大成者,其内在逻辑一直没变——从单项技术走向全面融合,从局部应用走向全面工具化,而人工智能至少在目前看来是集大成者。②中外学者们对人工智能研究视角不同,有的定义较为宽泛,其内涵就较为丰富;而有的定义较为具体,如聚焦于计算机程序;有的是从功能角度出发,有的是从学科视角。不管怎样,人工智能随着科技的进步其内涵是不断发展与变化的。人工智能是不断动态变化的,很难有一个准确而公认的定义,在本书中倾向于广义上的定义,认为人工智能是帮助人使得复杂问题简单化的科学技术,同时也是一种新的科学思维或者理念,是多种前沿科技的集合体,是信息技术的集大成者。

人工智能从提出至今几经沉浮,但在摩尔定律作用下,电脑的计算能力呈几何倍数增长,同时带动了移动互联网、大数据、人工神经网络等技术迅猛发展,而与之相关的新材料、脑科学等新技术也是日新月异,这共同推动人工智能实现飞速发展。标志性事件是2016年阿尔法围棋(AlphaGo)战胜围棋世界冠军、职业九段棋手李世石;2017年又战胜世界排名第一的围棋冠军柯洁。人工智能何以变得如此"智能"? 这是由于核心技术的不断拓展与累积。大数据、深度学习和强算力(云计算)是当今人工智能技术的三大基石。③大数据是其原料,深度学习是原料加工厂,云计算是其大脑。正是得益于科技的全方面发展,人工智能迎来又一个蓬勃发展的高峰期,以至于很多学者惊呼人工智能的未来已经来到。

---

① 吴季松:《人·人类·人工智能》,电子工业出版社2018年版,第5页。

② 魏忠:《智能时代的教育智慧》,华东师范大学出版社2019年版,第123~124页。

③ 王作冰:《人工智能时代的教育革命》,北京联合出版公司2017年版,第21页。

人工智能就其类型来说,主要可分为专用人工智能、通用人工智能以及超级人工智能。专用人工智能亦称狭义人工智能或弱人工智能,通用人工智能又称广义人工智能。目前普遍认为人工智能处于专用阶段,也就是只能处理某一项专门的任务。

## (二)人工智能发展阶段

人工智能从诞生到现在有70多年,有繁荣期也有低潮期。按时间维度来看,人工智能发展至今经历了三个高潮六个阶段。第一阶段是起步期,从诞生起至20世纪60年代,人工智能概念随着计算机的产生而飞速发展,逐渐被人们广泛接受。这一时期的典型代表是图灵测试,同时这是人工智能研究的第一个高潮。

第二次高潮是20世纪80至90年代末,以语音识别技术为典型代表。这期间可以分为五个阶段。继起步期后,第二阶段是反思发展期,时间段是20世纪六七十年代。人工智能研究期望不断破产,研究者开始认真反思,使得研究进入低谷期。第三个阶段是应用发展期,时间为20世纪七八十年代。这一时期人工智能稳步发展,尤其是专家系统和语音识别发展良好,在很多领域内得到运用。专家系统是一种基于人机交互和知识库的智能计算机程序系统,在教育、医疗、地质上获得成功运用。第四个阶段又进入低迷发展期,主要是由于人们逐渐发现专家系统应用领域相当狭窄,知识获取上比较困难,人工智能进展不如预期。第五个阶段是稳步发展期,时间段为90年代至20世纪末,主要是随着互联网以及计算机技术的飞速发展,人工智能的相关研究不断加速,人工智能技术在实践中的运用越来越广泛。最为典型的事件是1997年IBM公司开发的深蓝超级计算机战胜了国际象棋冠军卡斯帕罗夫,人工智能重新进入大众视野中。

第三次高潮是进入21世纪后,以深度学习的出现为突破口带来人工智能在实际场景中的运用蓬勃发展。这是第六个阶段,即蓬勃发展时期。2006年出现以深度学习为代表的新算法,这是机器学习领域取得突破性进展的标志,而在应用层面的代表是阿尔法围棋(AlphaGo)。由此人工智能再次进入大众视野,媒体开始大肆宣传报道,同时由于大数据与云计算技术的成熟,人工智能踏上发展的快车道。正如李开复总结的,三次人工智能高潮跟三盘棋有关,第一次是20世纪60年代西洋跳棋程序战胜人类;90年代国际象棋程序战胜人类引发第二次高潮;21世纪在围棋上战胜人类又一次引发高潮。这三盘棋时间点上与三次人工智能研究高潮基本一致,选择用棋类测度一方面是因为有清晰的规则和评估效果;另一方面是因为具备一定复杂性的棋类游戏通常会被公众视为人类智慧的代表,一旦突破了人机对弈算法,也就意味着突破了公众对人工智能这项新技术的接受门槛。[①]

从技术的角度来看,人工智能的发展经历了三个阶段:计算智能、感知智能和认知智能。[②]简单理解,计算智能即快速计算、记忆和储存能力;感知智能,即视觉、听觉、触觉等感知能力,当下十分热门的人脸识别、语音识别都属于感知智能;认知智能则更为复杂,包括分析、思考、理解、判断的能力。当前人工智能的发展应该是处于感知智能的初期,也就是所谓的狭义人工智能。正如谭铁牛院士所讲,总体来看,目前的人工智能系统可谓是有智能没智慧、有智商没情商、会计算不会"算计"、有专才而无通才。[③]

---

① 李开复、王咏刚:《人工智能》,文化发展出版社有限公司2017年版,第41页。

② 朱永海等:《智能教育时代下人机协同智能层级结构及教师职业形态新图景》,《电化教育研究》2019年第1期。

③ 任仲文:《人工智能——领导干部读本》,人民日报出版社2017年版,第37页。

## 二、人工智能在高校思想政治教育应用的价值前提与困境

人工智能如何有机融入高校思想政治教育以提升育人实效,或高校思想政治教育应如何合理应用人工智能,这是本研究得以开展的前提。在梳理人工智能内涵的基础上,应详细探析二者间的辩证关系及高校思想政治教育的适应性问题。

### (一)人工智能与思想政治教育的辩证关系

从历史的角度出发,科学技术的发展与社会、政治、经济等密不可分,同时与精神领域如思想政治也是息息相关的。马克思在《机器。自然力和科学的应用》中指出:"火药、指南针、印刷术——这是预告资产阶级社会到来的三大发明。火药把骑士阶层炸得粉碎,指南针打开了世界市场并建立了殖民地,而印刷术则变成新教的工具,总的来说变成科学复兴的手段,变成对精神发展创造必要前提的最强大的杠杆。"[①]科技进步对人的精神发展起到了极大作用,唤醒了尘封已久的人性。随着蒸汽机的发明,第一次工业革命兴起,城市化进程大大加速,交通日益便利,人们思想交流更为便利而且知识传播范围愈来愈广,带来思想的繁荣与教育的普及。以电力为代表的第二次工业革命更是深刻影响了人们的精神世界,交流方式从纸质传媒发展到无线电通信,大大拓展了人的思想交流的时空维度,促进了思想教育的大众化,整体上提升了人们的思想水平。随后是以计算机、互联网、信息技术为主的第三次工业革命,把人们带到互联网时代,利用网络突破时空限制而让世界变得触手可及。当前处于第四次工业革命的黎明,这次新科技革

---

① 《马克思恩格斯文集》(第八卷),人民出版社2009年版,第338页。

命不仅仅是改变思想传播方式、宣传交流的途径,更重要的是思维方式的转化,一如之前的工业革命,这可能会带来颠覆性的变革。历史的经验表明,思想政治教育变革势在必行,只有紧随科技革命的发展才能保证思想政治教育符合时代发展的需要。

从理论上讲,以人工智能为代表的科技革命是为了更好地认识世界、认识人本身,是一个求真的过程,其最终目标是为了每个人更美好幸福地生活、为了人的自我实现,这是求美、求善;而思想政治教育旨在培养人、教育人,是一项塑造灵魂、塑造生命的铸魂育人工程,这其实也是为了善和美。以人工智能为代表的新科技,其主要研究方向有人工神经网络、深度学习、脑科学、云计算等,这些科学研究是为了探究人的意识何以产生及如何运作的终极秘密。人工智能的研究成果完全可转化为思想政治教育的原则和方法路径,从而促进思想政治教育的发展。反之,思想政治教育也可以促进人工智能新科技的发展,正如毛泽东所说:"人们的社会存在,决定人们的思想。而代表先进阶级的正确思想,一旦被群众掌握,就会变成改造社会、改造世界的物质力量。"[①]

从实践中看,人工智能是将人们从体力劳动中解放出来,尤其是那些重复性机械性的劳动岗位,让人们拥有更多的休闲时间可以进行更加有意义的文化、艺术等精神文化活动。思想政治教育本身就属于意识形态领域,是开展群众思想工作,提升人们道德水平和思想境界的社会实践活动。二者的异同在于一个是目的,另一个则是手段,二者的结合点在于人的实践活动。正如马克思和恩格斯所说:"思想本身根本不能实现什么东西。思想要得到实现,就要有使用实践力量的人。"[②]可见在实践中以人工智能为代表的

---

① 《毛泽东文集》(第八卷),人民出版社1999年版,第320页。

② 《马克思恩格斯文集》(第一卷),人民出版社2009年版,第320页。

新科技是为思想政治教育的开展而积极创造客观条件。思想政治教育经过不断发展已经成为一门具有科学性的学科。任何一门科学,都需要随着科学技术和社会实践的不断发展,不断吸取现代科学技术最新研究成果,以不断完善和丰富自身的理论成果。①思想政治教育也应如此,要不断汲取新养分,不断与时俱进才能更容易达到说服人、塑造人的效果。

《高等学校人工智能创新行动计划》中指出:"人工智能具有技术属性和社会属性高度融合的特点,是经济发展新引擎、社会发展加速器。"②人工智能在服务经济发展提高生产力的同时,也要促进思想政治教育的繁荣与发展。反之亦然,思想政治教育会随着社会存在等物质的条件而变化。正如马克思和恩格斯所说:"人们的观念、观点和概念,一句话,人们的意识,随着人们的生活条件、人们的社会关系、人们的社会存在的改变而改变。"③人工智能作为时代最前沿的新科技,要充分运用到思想政治教育实践中以不断提升育人实效,同时思想政治教育的提升也能促进人工智能新科技的发展,以便更好地造福人类。二者有内在的、直接的联系,相辅相成、相得益彰。

## (二)马克思主义理论视域下科技与思想政治教育

思想政治教育是开展意识形态工作最重要的组成部分之一。就我国而言,马克思主义理论是其根本遵循,并内在规定着思想政治教育的发展方向。人工智能与思想政治教育之间最重要的一对上位关系是科学技术和意识形态工作。因为人工智能是新科技革命中最主要的代表,而思想政治教育是意识形态工作的典型组成部分。所以,立足马克思主义理论去审视二

---

① 邹村、廖达炎:《浅谈思想政治工作模型与模型建构》,《西安政治学院学报》2003年第2期。

② 中华人民共和国教育部:《高等学校人工智能创新行动计划》,http://www.moe.gov.cn/srcsite/A16/s7062/201804/t20180410_332722.html,访问日期:2019年9月17日。

③ 《马克思恩格斯选集》(第一卷),人民出版社2012年版,第419~420页。

者的关系是研究的理论基础,也是研究得以推进的基石。

1.马克思主义科技观——生产力、经济基础

科学与技术既有联系,也有本质区别。"科学即规律是自在,它只能是发现,而不能发明;科学不是现实的生产力,而只能是潜在的生产力,但科学可以通过现实的人转化成为技术,即转化为现实的生产力。技术是自为,是人对于客观物质世界认识与认知后对客观物质世界的改造;技术可以发明,是现实生产力的重要组成,是社会生产力中人这一根本要素的直接体现。"①在第一次工业革命之前科学与技术之间的隔阂是很大的,一项科学发现要转化成真正可以使用的技术历时较为漫长,但是伴随着工业革命的步伐,这种转化速度不断加速,科学与技术开始紧密结合在一起,如今人们往往合称为科技。科技在工业革命前基本是匀速发展的,但是工业革命后发展极为迅速,几乎是呈指数级增长。究其原因,正如恩格斯在致瓦尔特·博尔吉乌斯中所说:"技术在很大程度上依赖于科学状况,那么,科学则在更大得多的程度上依赖于技术的状况和需要。社会一旦有技术上的需要,这种需要就会比十所大学更能把科学推向前进。"②习近平也曾指出:"人民的需要和呼唤,是科技进步和创新的时代声音。"③科技是社会生产力的代表,而且是推动社会前进的最有利因素,科技之所以日新月异飞速发展是由于现实需求,这既是人民的需要,也是历史发展的需要。马克思在《1857—58年经济学手稿》指出:"……科学这种既是观念的财富同时又是实际的财富的发展,只不过是人的生产力的发展即财富的发展所表现的一个方面,一种形式。"④恩格斯进一步指出:"在马克思看来,科学是一种在历史上起推动作用的、革命的力

---

① 任仲文:《数字中国——领导干部读本》,人民日报出版社2018年版,第82页。

② 《马克思恩格斯文集》(第十卷),人民出版社2009年版,第668页。

③ 《习近平谈治国理政》(第二卷),外文出版社2017年版,第272页。

④ 《马克思恩格斯全集》(第30卷),人民出版社1995年版,第539页。

量。任何一门理论科学中的每一个新发现——它的实际应用也许还根本无法预见——都使马克思感到衷心喜悦，而当他看到那种对工业、对一般历史发展立即产生革命性影响的发现的时候，他的喜悦就非同寻常了。"①马克思恩格斯对科技在历史发展中的作用给予高度评价。从经济基础与上层建筑角度出发，作为主要生产力的科技是经济基础，也是经济发展的推进器。人工智能作为信息技术的集大成者，既是新一次科技革命的主要力量，也是新一轮工业革命的推动力；既是最具代表性的新生产力，又是决定上层建筑发展的经济基础。

2.马克思主义视域下的思想政治教育——生产关系、上层建筑

"近代以来的世界历史告诉我们，任何真正的社会革命都是意识形态的革命。"②思想政治教育的本质在于其阶级性、政治性，具有强烈意识形态属性。"意识形态性是古今中外思想政治教育的本质属性，淡化它或者放弃它就是将思想政治教育虚无化。"③思想政治教育对于党和国家都具有重大意义，是党和国家的政治优势也是优良传统，还是各项工作的"生命线"。

思想政治教育是社会各阶层、成员之间的缓冲剂与调和剂，从而不断调整着生产关系。人作为社会一员不可避免地身处各种社会关系之中，接受社会各种思想、思潮、风俗习惯等的洗礼。思想政治教育便是要实现人民思想观念上的"最大公约数"，是凝聚人心、铸魂育人的工作。人民的思想水平、道德素质在一定程度上决定着国家、民族的未来。塞缪尔·斯迈尔斯在《品格的力量》中说："一个国家的繁荣，不取决于它的国库之殷实，不取决于它的城堡之坚固，也不取决于它的公共设施之华丽；而在于它的公民的文明素养，即在于人们所受的教育、人民的远见卓识和品格的高下。这才是真正

---

① 《马克思恩格斯全集》(第25卷)，人民出版社2001年版，第597页。

② 朱继东：《新时代党的意识形态思想研究》，人民出版社2018年版，第3页。

③ 盛跃明：《思想政治教育转型论：现代性的观点》，人民出版社2015年版，第53页。

的厉害所在、真正的力量所在。"①

根据马克思主义基本原理,生产力决定生产关系,经济基础决定上层建筑,同时生产关系又反作用于生产力,上层建筑反作用于经济基础。作为上层建筑和生产关系层面的思想政治教育既是人民不可或缺的,又是适应社会发展的现实需要。马克思指出:"人们在自己生活的社会生产中发生一定的、必然的、不以他们的意志为转移的关系,即同他们的物质生产力的一定发展阶段相适合的生产关系。这些生产关系的总和构成社会的经济结构,即有法律的和政治的上层建筑竖立其上并有一定的社会意识形式与之相适应的现实基础。"② 就这样,人工智能与思想政治教育既作为新时代生产力与生产关系,又是经济基础与上层建筑的典型代表而互相影响、互相作用、互相促进。

综上所述,在马克思主义论域中,人工智能与思想政治教育之间具有内在的一致性,二者均是随着时代而不断发展并呈现不同形态,但其根本上仍没有离开马克思主义基本原理的场域。二者共同建筑在马克思主义理论大厦之上,可以从二者的现实关系与矛盾冲突中探求发展趋势、归纳特征、总结规律,以便能更好地提升思想政治教育实效性。正如马克思所说:"我们判断一个人不能以他对自己的看法为根据,同样,我们判断这样一个变革时代也不能以它的意识为根据;相反,这个意识必须从物质生活的矛盾中,从社会生产力和生产关系之间的现存冲突中去解释。"③这正是研究人工智能背景下思想政治教育适应性问题的理论基础。

很多人认为当前已经处在第六次科技革命的"前夜",从工业革命角度讲是第四次工业革命,前文已经区分过二者间的关系。无论怎么称呼,这次

---

① [英]塞缪尔·斯迈尔斯:《品格的力量》,宋景堂等译,北京图书馆出版社1999年版,第1页。

② 《马克思恩格斯文集》(第二卷),人民出版社2009年版,第591页。

③ 《马克思恩格斯选集》(第二卷),人民出版社2012年版,第3页。

新科技革命的主要代表是人工智能。只有具有颠覆性变革的科技才可以称之为一次革命。那么这次能称为革命吗？世界经济论坛创始人克劳斯·施瓦布在其著作《第四次工业革命》中指出，相比前三次工业革命，"无论是规模、速度还是广度来看，本次科技革命带来的变化都具有历史性意义"①。人工智能之所以引领新一次科技革命，主要有三大原因，即（革命的）速度、广度与深度、系统性影响三个方面得到质的飞跃。施瓦布甚至认为这次革命对各方面的影响程度会超越前三次，"从基因测序到纳米技术，从再生能源到量子计算，各领域的技术突破风起云涌。这些技术间的融合，以及它们横跨物理、数字和生物几大领域的互动，决定了第四次工业革命与前几次革命有着本质不同"②。由于互联网、云计算、大数据等信息学科打破了信息壁垒、强化了学科交流与融合、提升了运算能力和存储容量，使得科技发展呈现几何倍数式的增长。如基因测序，如果没有超级运算能力、信息存储和网络，是很难实现与生物技术深度融合的，也就难以完成测序工作。因而这次科技革命是具有颠覆性的，更甚于以往的任何一次科技革命。

　　这次科技革命是否给教育及思想政治教育带来革命性影响呢？纵观教育史可以发现，并非所有的科技革命都会给教育带来革命性影响。判断一项科技对教育是否具有革命性，王竹立教授认为要符合以下几个特点："革命性技术必须满足三个条件：一，这些技术与以前的技术相比有突破性进步，而不只是枝节上的改进；二，这些进步能解决教育教学中的某个瓶颈问题；三，技术门槛低，易学易用，入门容易，且性价比高、廉价甚至免费，易于普及推广。"③人工智能相较于以计算机、互联网为主要代表的第五次科技革

---

① ［德］克劳斯·施瓦布：《第四次工业革命》，李菁译，中信出版社2016年版，前言。

② ［德］克劳斯·施瓦布：《第四次工业革命》，李菁译，中信出版社2016年版，第5页。

③ 王竹立：《技术是如何改变教育的？——兼论人工智能对教育的影响》，《电化教育研究》2018年第4期。

命而言,互联网是以搜索技术为主,其本质是连接和分享,其功能在于推广应用和商业模式方面;而人工智能从开始就是要颠覆传统行业,是以技术革新为驱动力,是和生产、生活、机械、制造、服务等紧密结合在一起的。比如,人工智能融入汽车制造业而实现无人驾驶就彻底颠覆了汽车行业;融入农业、医疗、城市建设、金融等都可以产生颠覆性变革。毫无疑问,人工智能融入思想政治教育也将产生革命性影响。

李德毅院士讲过:"人工智能将重构人类的生活、生产、学习和思维方式,大力发展智能教育迫在眉睫。""人工智能对教育的挑战就不单是一个学科、一个专业的问题了,而是全新的、全方位、持久过程的挑战了"。①随着物联网、大数据、云计算、深度学习等科技发展,人工智能成为信息浪潮的最新形式,是信息技术的集大成者,是第六次科技革命的最主要推动力。深度学习、云计算、大数据分析等都可以应用于思想政治教育领域并能带来突破性进展。随着5G的付诸实践,移动互联的道路更为畅通与宽广,且更为廉价和实用;自然语言处理、视觉识别等技术的发展会让各种媒体设备操作更容易简便;从键盘鼠标到触屏再进一步发展到语音控制、智能感应,甚至是意识控制,这些科技的进化都会深刻影响思想政治教育。通过全面认真审视教育环境与研究教育对象的变化,不断更新教育方式方法才能培养出具有全新知识观、价值观的时代新人。

## (三)人工智能融入高校思想政治教育的现实困境

前文梳理了人工智能与思想政治教育的辩证关系,以下将聚焦于人工智能与高校思想政治教育之间的融合发展情况。虽人工智能发展至今70余年,可人工智能对高校思想政治教育产生的影响非常有限,高校并没有充分

---

① 任仲文:《人工智能——领导干部读本》,人民日报出版社2017年版,第77~78页。

利用人工智能,二者缺乏有效沟通与融合。杜威曾指出,如果用昨天的方式教今天的学生,我们就毁了他们的明天。现实情况可能更糟糕,高校在用"前天"的教育方式对待学生。对此,有学者总结道:"我们的教育是在用19世纪的模式,教20世纪的知识,去应对21世纪的挑战。"①这种对教育现象的总结完全符合高校思想政治教育的现状。换言之,高校思想政治教育面对新形势所做的调适性或适应性变革远远落后于科技发展速度,存在一定程度的脱节现象。

人工智能与很多领域不断进行碰撞融合并掀起一股潮流,这种具有颠覆性的科技应该及时运用到高校人才培养体系之中,但人工智能为何迟迟不能在高校思想政治教育中落地生根。究其根本,是制度上的惯性、教育理念的滞后、教师核心素养的匮乏以及文化冲突等因素引起的。

第一,教育制度因素。当前沿用的现代学校制度是工业革命时期的产物,是一种工厂化的教育方式;而教学内容依然多为20世纪的经典理论,尤其是在理工科领域。这样的批判虽然指向的是当前的教育,但高校思想政治教育也是如此,更为明显地是作为思想政治教育主渠道的思想政治理论课。教育学家肯·罗宾逊(Ken Robinson)指出:"根据年龄,学生们分批接受教育,好像他们之间最重要的共同点就是他们的生产日期。"②僵化的制度导致同质化严重,已经不适应当前社会发展的需要,但为什么没有改变,这其实是个悖论。马丁·汉密尔顿(Martin Hamilton)提出过一个悖论:人工智能每天都在影响我们,但中小学和大学并没有有意识地利用它来开发教学,也

---

① 李韧:《自适应学习:人工智能时代的教育革命》,清华大学出版社2019年版,第14页。

② [英]安东尼·塞尔登、奥拉迪梅吉·阿比多耶:《第四次教育革命:人工智能如何改变教育》,吕晓志译,机械工业出版社2019年版,第47页。

没有帮助学生做好未来遇到人工智能驱动的劳动力的准备。[①]要想有所突破就必须进行改革,改革的重心自然是抓住人工智能这一关键力量。

除了学校制度本身发展落后于时代与科技的进步外,制度本身有很强的惯性而不容易发生变化。思想政治教育属于意识形态领域,由于形成过程漫长,形成后又具有较强的稳定性和持久性,变革起来就更加困难。"制度一旦形成,便具有一种惯性,无论效果如何,都会持续存在一段时间并影响其后的制度选择。"[②]归根结底,根据马克思主义中上层建筑反作用于经济基础的原理,当制度这一观念上层建筑落后于经济发展时就会起反作用,即会阻碍其发展。制度的变革就是要打破这种惯性,这需要借助外力,需要借鉴先进的理念和思维,借助新科技手段,借势改革发展的东风。

制度中制约人工智能有效融入高校思想政治教育的另一个实际问题是教育资金投入。根据教育部统计数据,2018年我国财政性教育经费占国内生产总值(GDP)比例为4.11%,这是连续第7年超过4%,也是7年来占比最低的一年。21世纪教育研究院副院长熊丙奇认为,从全世界范围内来看,教育经费占GDP的比重,世界平均水平为4.9%,发达国家为5.1%。[③]可见我国在资金投入方面相对薄弱。人工智能作为一项高科技要付诸实践就需要大量资金支持,不但包括硬件设施建设,而且还有相关人员的培训。科技运用是缩小地区差异的关键手段,但科技又和地方经济发展息息相关,越是贫困地区越是没有资金投到科技运用上。这就需要国家在顶层设计上有所倾向,才能打破这种恶性循环。高校思想政治教育最现实的困境包括教师队

---

① [英]安东尼·塞尔登、奥拉迪梅吉·阿比多耶:《第四次教育革命:人工智能如何改变教育》,吕晓志译,机械工业出版社2019年版,第138页。

② 盛跃明:《思想政治教育转型论:现代性的观点》,人民出版社2015年版,第64页。

③ 《中国教育经费GDP占比7年连超4% 世界平均水平为4.9%》,http://finance.sina.com.cn/roll/2019-04-30/doc-ihvhiewr9176087.shtml,访问日期:2019年4月30日。

伍建设、学科建设、实习场地等问题,这关系到编制、课时费、课题、课程建设等,从根本上说都与资金息息相关,所以这也是影响人工智能融入高校的最基本的困境之一。

第二,教育教学理念。制度问题是宏观的,教师的思维理念则属于主观因素,是可以通过努力改变的。马克思和恩格斯说过:"人们的观念、观点和概念,一句话,人们的意识,随着人们的生活条件、人们的社会关系、人们的社会存在的改变而改变。"①高校思想政治教育环境正处于飞速发展变革之中,而思想政治教育的思维、理念和意识也就要随之升级。正如我们常说的,我们不能改变世界,但我们可以改变对世界的态度。人工智能不仅是作为一种科技手段,更重要的是一种思维方式,可以用来重新审视高校思想政治教育。很多人把当代青少年一代称为"人工智能时代的原住民",人工智能、互联网属于他们血液中流淌着的东西,他们是在互联网的生态中诞生并成长起来的。人们通常认为互联网、人工智能是一种工具或者手段,而大学生则把互联网、人工智能视为是他们生活环境的一部分。这就是思维的差异,只有切实更新思维方式才能跟得上时代发展的需要。人工智能之所以没有广泛融入高校思想政治教育中,在一定程度上与教师的教育理念滞后有关。随着互联网、人工智能、机器人等信息技术的快速发展,越来越多的人开始接受新技术,但是相信基于人类"基因"中对于技术的态度,人们对新技术的质疑也会长期存在,甚至会越来越多。②外在表现为未能有效利用信息化教学手段,没有厘清教育对象的时代特征,难以准确把握大学生的现实需求。教师的思维和理念要紧跟时代和科技发展的步伐,不断学习、研究教育环境和载体的变化,分析、研判学生的个性和特征的变化才能形成师生间

---

① 《马克思恩格斯选集》(第一卷),人民出版社2012年版,第419~420页。

② 尚俊杰:《未来教育重塑研究》,华东师范大学出版社2019年版,第232页。

同频共振,引发情感共鸣,形成思想、价值观上的共识。

以高校思想政治教育传播载体的发展来看,经历了课本加黑板,到幻灯投影加电视,又到移动互联时期的公众号加微信微博,再到当前的抖音、快手等短视频。学生获取信息的来源在不断变化,这就促使教师也要投入精力建设新阵地,正如习近平所说:"任何一个阵地,我们不去占领,一些负面的东西就会乘虚而入。我们抓思想文化阵地建设就是一个雄辩的佐证,光是打击,总有漏网的;只有让正面的东西去占领了,才能让负面的东西失去生存的土壤。"①每当一种新兴媒体出现时,很多教师想不到运用于思想政治教育之中,仅仅当作学生娱乐消遣之物,这是理念意识问题,也是教育理念刻板、僵化的显现。

第三,教师核心素养。每每谈到人工智能很多媒体就惊呼哪些职业将要被人工智能替代,自然也会谈到教师被取代的可能性。有学者认为,人工智能最大的一个革命,就是它把所谓的知识工作者等价于体力工作者。②随着人工智能的不断进化,初期的人工智能处于狭义人工智能阶段,仅能从事专门性的工作任务,但趋势是逐渐向具备感知能力的通用人工智能发展。实际上,当前正处于这个时期的初级阶段,大数据、自然语言处理、视觉识别和深度学习等是其主要推动力。根据李德毅院士的观点,如将"互联网+"比作一个大鹏鸟,云计算和大数据构成双翼,而骑在这只大鹏鸟上的就是人工智能,它将成为全人类关注的焦点,人工智能有望成为人类社会发展的一个新时代印记。③其实对于教师而言,不管将来人工智能发展如何,可以肯定

---

① 习近平:《干在实处 走在前列——推进浙江新发展的思考与实践》,中共中央党校出版社2006年版,第297页。

② 朱永新等:《人工智能与未来教育》,山西教育出版社2018年版,第66页。

③ 李德毅:《人工智能在奔跑 教育的机遇与挑战——在"北京联合大学智能机器人产学研合作与人才培养创新发展研讨会暨机器人学院成立大会"上的报告》,《北京联合大学学报》2016年第3期。

的一点是："人工智能不会取代教师,但是使用人工智能的教师会取代不使用人工智能的教师。"①当前教师面临的普遍问题是科技素养和数字素养的不平衡不充分的问题,而这两种素养也是未来教师的核心素养。人机协作是未来教师必备的技能,要实现与人工智能的协作甚至是一体化就需要不断提升教师的科学素养和数字素养。由于高校教师数量巨大(教育部截至2019年统计公报显示:高校教职工256.67万,高等学校2688所),不仅学历层次差距大,而且在硬件条件、培训机会等方面都存在不均等现象,这将是一个需要长期、长效机制才能逐渐解决的问题。客观上东部沿海地区整体上优于中西部地区,但和西方发达国家相比还有一定差距,主要囿于我国科技起步较晚,相对落后。未来发展方向是要加强科技创新,利用好后发优势,全面提升教师队伍的科技素养和数字素养。

第四,以人工智能为代表的技术理性与传统文化倡导的价值理性之间产生的文化冲突。文化是一个民族一个国家的根基与血脉,中华文化是我们的精神基因。党的十九大报告中指出:"文化是一个国家、一个民族的灵魂。文化兴国运兴,文化强民族强。"②文化既取决于社会经济、科技的发展,又可反过来制约并反作用于经济、科技。文化就其本身来说是影响高校思想政治教育的重要因素之一,同时它还对科技有一定的反作用而间接影响高校思想政治教育的发展。如钱穆所讲:"文化便是一'存在',便是一'持续'、一'传统'。""文化就等于'生命'。"③只不过不同于个人的生命,文化是众多人构成的大生命。中华文化源远流长,是世界最优秀最古老的文化之一,也是四大文明古国之中唯一没有断流而传承至今的文明。但随着科技

---

① 余胜泉:《人工智能教师的未来角色》,《开放教育研究》2018年第1期。

② 习近平:《决胜全面建成小康社会 夺取新时代中国特色社会主义伟大胜利——在中国共产党第十九次全国代表大会上的报告》,人民出版社2017年版,第40~41页。

③ 钱穆:《中国文化精神》,九州出版社2012年版,第5页。

发展,在全球化信息化的浪潮中各个国家或民族间的文化碰撞日益频繁。"世界上各种文化之争,本质上是价值观念之争,也是人心之争、意识形态之争。"①当前文化领域最重要的特征之一是多元化,是不同文化间的融合、碰撞与冲突并存。在交流与冲突之中既要充分汲取人类文明精华,也会受到一些糟粕的影响。科技革命带来的技术理性倾向就是受西方实证主义、实用主义等文化思想影响而产生的,这是外来文化带来的消极方面。同时,随着信息技术发展,各种亚文化滋生,对主流文化形成冲击。现代性文化嬗变实现了消费文化、大众文化、媒体文化以及娱乐、时尚和世俗的完美耦合,逐渐地摧毁了精英文化的高雅品质、传统文化的精神和灵魂。②当前文化的一大特征是科技发展催生的微文化异军突起。《中国语言生活状况报告》中对"微文化"定义为:微文化是一种由于微博、微信等新兴网络平台的产生和普及而衍生出来的注重向微观和个体发展的文化现象。各种庸俗化倾向、低级趣味、泛娱乐化等微平台,影响着主流文化的影响力和吸引力。思想政治教育既是一种文化传播活动,也是一种文化创新与发展,而科技革命既带来技术理性的甚嚣尘上,又创生出微文化这一新形态,这与中华传统文化不可避免地产生冲突与碰撞。所以,人工智能要充分应用于高校思想政治教育领域就要消解二者之间的冲突,一方面本着"取其精华去其糟粕"的精神甄别科技革命中的优秀文化因子,另一方面要推动中华优秀传统文化创造性转化与创新性发展。

　　人工智能给新时代高校思想政治教育带来的挑战无疑是巨大的,也是必须面对和勠力同心去化解的。上述人工智能未能很好地融入高校思想政治教育之中是现状,通过对现象与现状进行归因分析,才能有的放矢地寻找

---

① 中共中央文献研究室编:《习近平关于社会主义文化建设论述摘编》,中央文献出版社2017年版,第105页。

② 李国俊、张信华:《技术理性与现代性的文化嬗变》,《自然辩证法研究》2006年第11期。

应对策略。究其根本原因可以发现,以人工智能为代表的科技革命推动生产力飞速发展,为高校、为高等教育、为思想政治教育奠定了坚实的物质基础,但科技发展相对薄弱和落后也成为难以有效助力高校思想政治教育改革创新的根本原因。改革开放以来,得益于我国高度重视科技,仅用40多年便走完了发达国家费时百年的工业化历程,并迅猛发展为世界第二大经济体。这使得我国高校思想政治教育发展环境有着不可同日而语的变化,基于物质生活的极大丰富,学生自信心与主体性开始凸显,进而自我尊重等高层次的需求也得以加强。因为科技使得知识的获取变得极为便利,打破了教师作为知识占有者的垄断地位,使得师生在知识面前"人人平等",教师主体地位趋于弱化,教师昔日的权威性自然也跟着弱化。得益于科技的发展,网络空间的出现是教育环境的最大变量,思政课的主渠道作用很大程度上受到网络空间的冲击。随着技术理性思潮而产生的是人文精神缺失,这是科技发展带来的不良后果之一。因而,根据生产力决定生产关系、经济基础决定上层建筑的原理,困境的产生在于科技推动生产力发展的不足,从而对高校思想政治教育的与时俱进产生影响。

历史发展是有其局限性的。恩格斯在《共产党宣言》1888年版序言中指出:"每一历史时代主要的经济生产方式和交换方式以及必然由此产生的社会结构,是该时代政治的和精神的历史所赖以确立的基础,并且只有从这一基础出发,这一历史才能得到说明。"[1]人工智能时代高度发展的经济及由此构成的社会结构同样是思想政治及精神生活确立的基础。科技极大地促进精神文化繁荣促使人们的思想向着开放化、多元化方向发展,这是人工智能的发展带给人们的有利之处。但是利弊参半,"事实上,世界体系的每一个思想映象,总是在客观上受到历史状况的限制,在主观上受到得出该思想映

---

① 《马克思恩格斯选集》(第一卷),人民出版社2012年版,第385页。

象的人的肉体状况和精神状况的限制。"①当前意识形态工作尤其是高校思想政治教育面临许多冲击与挑战都有其深刻的历史原因,这是时代发展的客观局限性。意识形态正是作为思想观念上层建筑因而深受经济与生产力发展的制约,高校思想政治教育又作为意识形态领域的重要组成部分,也必定打上时代的烙印。恩格斯也说过:"我们只能在我们时代的条件下去认识,而且这些条件达到什么程度,我们就认识到什么程度。"②虽然人工智能的发展历史悠久,并伴随21世纪的到来又开始新一轮发展高潮,但基本还处于专用人工智能阶段,也就是弱人工智能,要达到通用人工智能还有很长的路要走,也正是基于这样的时代条件限制,人们认识的深度和广度都有限。只有扬长避短不断激发人的主观能动性,发挥意识对物质的反作用,从而促进生产力的更进一步发展,发展中的问题只能用发展来解决。

概言之,在以上四个因素的共同作用下,阻碍了人工智能与高校思想政治教育的进一步融合之路。人工智能给高校思想政治教育带来的困境,深刻影响到高校思想政治教育实效性,作为思想政治教育者就要着眼研究思想政治教育的适应性发展问题。学界早有人提到思想政治教育的适应性,是指思想政治教育的目标、内容、过程应当适应社会发展和人的发展的需要。③可见,高校思想政治教育的适应性主要是由于随着社会、经济、政治、文化、科技等外部因素的变化,思想政治教育要不断调整其目标、内容、方式方法、途径、评价等以符合时代发展需要。进入21世纪,高校思想政治教育各方面都在发生着巨大变革,要紧扣大学生成长规律及发展趋势,及时更新教师的思维、理念,并不断调整思想政治教育的目标、内容、方式方法以及评

---

① 《马克思恩格斯选集》(第三卷),人民出版社2012年版,第412页。

② 《马克思恩格斯选集》(第三卷),人民出版社2012年版,第933页。

③ 刘延庆、张陟遥:《社会适应性与个体适应性同构:思想政治教育模式创新》,《黑龙江高教研究》2012年第7期。

价体系等,保证高校思想政治教育取得实效。高校思想政治教育的适应性问题实质上是在人工智能冲击下,高校思想政治教育要保持其主体性,要把人工智能的优势融入价值观教育中,扬长避短积极应对人工智能给高校思想政治教育带来的挑战。

## 三、人工智能带给高校思想政治教育的挑战

人工智能虽然给高校思想政治教育带来了挑战,但挑战与机遇并存。就现状而言,人工智能并没有很好地应用到高校思想政治教育中。现在要具体厘清人工智能给高校思想政治教育带来哪些挑战?正视存在的挑战才有可能把握带来的机遇,才可以构建起符合时代潮流的高校思想政治教育新模式。近年来,人工智能的高速发展开始影响高校思想政治教育,对作为思想政治教育对象的大学生、教育主导的教师、教育环境、思政课和文化氛围都有不同程度的冲击与影响,具体有以下五个方面的挑战。

### (一)学生主体性凸显

在人工智能新科技革命影响下,新时代大学生价值观的形成更加复杂、塑造难度更大。高校思想政治教育的对象是当代大学生。随着新科技革命的日益发展,科技对大学生形成全面、全程、全方位的影响。当前大学生主流是出生于2000年以后的世纪新人,关于这一代有很多称号,譬如"网络人""数媒原住民""数据人""移动互联网一代""互联网原住民""含着鼠标出生的一代""与网络深度融合的新一代"等,从这些称呼就可以看出,这一代人的最大特征是从内到外深深打着科学技术革命的烙印。高校思想政治教育改革中最重要的参考是大学生,这是提升高校思想政治教育效果必须研究清楚的。如果对于当前大学生的心理特征、思想政治状况都不清楚,谈再多

的教育方法、再多的技术手段都是徒劳无功的,无异于南辕北辙。当代大学生是伴随着人工智能的发展而成长起来的,人工智能因素是嵌入其基因中的。通过实地访谈及文献研究可以看出,人工智能时代大学生的显著特征是主体性凸显并带有圈层化、务实化、理性化、自我中心化倾向。

1.当代大学生特征概述

当代大学生主体性凸显主要表现在三个方面。一是思想、视野较为开阔。无论是生活还是学习都比较有主见,不管是从衣、食、住、行的选择上,还是学习、娱乐甚至是追星上,不会盲目服从权威。以大学生入党为例,据调查显示,大学生入党意愿更加清晰明确,入党积极分子比例逐年增加,同时不考虑入党的学生也有所增加,"没想好"的学生逐年减少。[①]这表明当代大学生对于政治信念选择上的目标越来越清晰,主观意识强、思想观念模糊、摇摆不定的人数在减少。二是人格独立和自我意识强。当代大学生有很大一部分作为"独二代",家庭中从小注重民主、独立、自主、自强,家长们也注重培养其独立人格,因而有较强的自我意识。三是崇尚个性化,没有太强的从众意识,喜欢小众的、个性化的甚至是异类、独特的东西。这种趋势是符合中国自改革开放以来国人心理演变趋势的。随着市场经济的确立,"个人的合理利益日益得到尊重与保护,打破了传统的依附心理定式,人们的自我意识和独立人格被唤醒,自主自强心理不断增强,个体在群体中的作用和价值得到应有尊重,人的主观能动性被激发,个人权利和利益得到合理保护,这在一定程度上促进了个体主体性的生成"[②]。改革开放多年来精神文明建设的成果积淀在当代大学生身上得到很好的体现。正像有的学者所讲:"当代大学生是未来社会的支柱和希望,是社会价值观念中具有超前性

---

① 郏浩、鄂炎雄、朱彤:《"90后"大学生群体基本特征分析》,《学校党建与思想教育》2019年第10期。

② 王仕民主编:《思想政治教育心理学概论》,中山大学出版社2015年版,第145页。

和先导性的价值群体。"①这生动地体现了大学生作为"时代最灵敏的晴雨表"的作用。

"圈层化"是指大学生在网络生活中由于信息获取定制化、个人社交圈子化、交互关系层级化而形成的一种只在自己的特定圈层中进行信息交互的现象和趋势。②大学生根据自己具体需求有选择地加入很多圈子,老乡圈、学习圈、兴趣爱好圈、生活圈、运动圈等。由于信息技术的日益发展,大学生圈层的趋向更加精细化和分众化。以宿舍为例,当代大学生与以前大不相同,宿舍作为一个小集体、小圈子也开始出现分化。之前大学生宿舍不管男生还是女生,通常一入学都会按照年龄大小排名,一个宿舍俨然就是一帮兄弟或姐妹。可是现在大学生却很少这样做,有的同一个宿舍的舍友间都不相往来或者分为几个"小团伙"。这种圈层的出现很容易形成信息传播中所谓的信息茧房效应,也称为"回声室效应"。研究者将这种效应归纳为,在网络空间内,人们经常接触相对同质化的人群和信息,听到相似的评论,倾向于将其当作真相和真理,不知不觉中窄化自己的眼界和理解,走向故步自封甚至偏执极化。③从思想政治教育的角度来看,主流意识形态的传播受到一个个圈层的阻碍,不利于开展思想政治教育。这种圈层化会形成主流意识形态层和非主流意识形态层,这会严重消解和遮蔽主流意识形态的传播及作用的发挥,造成主流意识形态在高校的"失声",影响高校思想政治教育效果。

务实化主要表现在注重现实经济利益,这与中华民族的优良传统——

---

① 王世杰、孙灯勇:《当代大学生人生价值观:现状、特点及引导——基于武汉市两所部属高校的调查》,《湖北社会科学》2017年第3期。

② 陈志勇:《"圈层化"困境:高校网络思想政治教育的新挑战》,《思想教育研究》2016年第5期。

③ 刘凯:《人民日报新媒观察:破解政策传播的"回声室效应"》,《人民日报》2018年4月19日第14版。

重义轻利的精神背道而驰,甚至完全走到其对立面去了,有重利轻义的倾向,凡事向钱看而不讲仁义与诚信。关于务实一词本是中性的,甚至偏褒义的,是务求实效之意。很多高校思想政治教育者认为:"显个性、够独立、求务实、更开放是'00后'大学生的鲜明特点。"①务实内含着踏实肯干的优秀特质,但就怕走向极端,只注重个人实际利益而把这当作最终奋斗目标。这方面最明显的例子是高校内出现的精致利己主义者,这些学生一般在老师和同学眼中顶着"品学兼优""学生骨干"的光环,但在层层伪装下实质是"只知有己不知有人",一切以自己利益为最终归宿点。高智商、善伪装是这类大学生的特点,拜金主义、个人主义、享乐主义是其最终滑向的深渊,这类人群是非常值得关注的。大学生日常表现务实化主要体现在选课和就业上。在选课过程中,"任务轻、要求低、给分高"成为很多学生心照不宣的"共识",因此当选课存在一定自由度时,学生更倾向于选择一些给分高的"水课"。给分高低而非授课水平及课程质量等要素成为学生评价任课老师的主要考量因素。②在就业择业上更是将薪资和福利待遇放置在首位,就业热点主要集中在新兴互联网企业,很少考虑国家社会需求及自己家乡建设和西部欠发达地区的需要。

理性化主要表现在崇尚科学、遵循法治观念,具有开拓创新意识。科技的进步使得理性得以张扬,大学生在遇到困难或纠纷时解决问题的手段逐渐从伦理道德、人情关系转向法律法治手段,相信法律的力量。改革开放以来,随着法制体系的逐步完善,大学生视野更开阔、法治意识更强、思考方式更理性。"00后"大学生的群体特点是"个性化的价值追求、自主化的学习方

---

① 项久雨:《品读"00后"大学生》,《人民论坛》2019年第9期。

② 代玉启、李济沅:《网络社会青年信仰功利化风险及其化解举措》,《中国青年研究》2020年第1期。

式、网络化的娱乐生活、理性化的处世哲学、务实化的人生理想"①。可见,理性逐渐成为当代大学生处世哲学的根本。以当代大学生追星为例,网上总结当代大学生追星所遵循的原则是始于颜值、敬于才华、忠于人品。这与"80后""90后"的狂热、迷恋大不相同,他们更看重的是明星对自己的激励作用。在消费方面表现得也很理性,不过度崇尚品牌,往往是有计划、有步骤地进行预算;对待出国留学也是根据家庭及个人发展需求而做决定,而不是一味地抱着崇洋媚外的心理。这种从感性向理性过渡的趋势在当代大学生身上都得到了最为明显的体现。

以上是当代大学生特点的概述,既是在科技革命推动下带来的新发展、新面貌、新气象,也有一脉相承的继承与弘扬;既是改革开放经济发展带来的可喜变化,也是全体国人思想、观念变革的缩影和发展趋向。新中国成立70多年来,大学生思想政治观念也发生着类似变化,从理想主义到物质主义,又转向后物质主义;从优先关注社会发展需求到追求个人经济物质安全,又转向关注个人幸福感、自我表现和美好生活等方面。②同时,当代大学存在的问题也是显而易见的,只有全面厘清当前大学生存在的不足,才能在人工智能赋能下解决高校立德树人中存在的"痛点"。

2.人工智能给当代大学生带来的挑战

一是深度思维缺失。随着自媒体的兴起,移动互联网深入大学生的生活学习之中,碎片化的学习时间、碎片化的学习内容会割裂知识的体系化和系统性。学习知识量上可能会出现迅猛增长,但是知识的厚度和深度上会出现退化,这将直接导致深度思维能力的缺失。当前大学生最常见的学习

---

①　王海建:《"00后"大学生的群体特点与思想政治教育策略》,《思想理论教育》2018年第10期。

②　邢鹏飞:《新中国成立70年来大学生思想政治观念代际特征及教育发展趋向研究》,《中国矿业大学学报》(社会科学版)2019年第5期。

途径是使用手机、平板电脑等通过各种App获取知识,最常用的有微信、QQ、微博、知乎、百科、网盘等,以及抖音、快手、哔哩哔哩、咪咕等短视频或直播平台。这确实打破了时间和空间的限制,可以实现在任何地方、任何时间进行学习,但带来的后果是觉得学习了很多又好像没什么具体收获,学到的都是些零碎的、杂乱的、无序的、跳跃的东西。从知识特点上看,碎片化学习收获的是些高度形象化、浅显的东西,很难启发人的高阶思维,引发人的深度思考,更难以形成具有系统化、体系化的知识。碎片化学习,"使得思维趋于平面化、浅显化,直观、单一,不断追求新鲜内容和信息的刺激,而缺乏对信息的编码、存储以及深刻、创新的分析、推理和理性思维等复杂的心理认知,懒于进行深层次思维,解决问题的能力弱化"[①]。客观上大学生身处知识的海洋中,面对的是良莠不齐、泥沙俱下的海量网络信息,这增加了获取有价值知识的难度。知识碎片化加上信息海量化将会给高校思想政治教育带来巨大的挑战。思想政治教育是以马克思主义为指导的,马克思主义理论体系本身就具有革命性、科学性以及实践性的特征。显然,深受当代大学生喜爱的碎片化学习与这种宏大的、深厚的、系统化的、严谨的理论体系存在冲突,如何化解冲突以提升高校思想政治教育效果是一个非常值得深思的问题。

二是自我中心化倾向。这主要表现为凡事以自己为中心和出发点,很容易忽视他人的利益及感受。自我中心化割裂了自我与他人、社会的关系,容易漠视和损害他人、群体和社会的利益,其核心是利己主义,目的是实现人际交往中的自我利益最大化。不管在现实中还是在虚拟世界中,都想要当主角而不当配角。在高校中主要表现为集体意识淡漠化,参与集体活动兴趣不高。目前高校公益志愿活动往往呈现两极化,一部分表现得较为积

---

① 马云霞:《"互联网+"时代高校思想政治教育研究》,人民日报出版社2017年版,第98页。

极主动,而又有一部分完全没有意愿。就其形成的原因而言,一是与独特的家庭模式有关系,现在很多家庭都是"421"结构,四个老人加父母再加一个孩子,从小就是家庭的"小太阳",被家长众星拱月般围绕。二是与高度网络化的生活、学习、娱乐有关。随着移动互联网的普及极大地方便了大学生的沟通交流,足不出户就能解决校园生活的各种问题。各种应用程序都是基于"用户中心"思维进行开发设计的,这对于成长中的大学生而言很容易滑向自我中心的深渊。正如网游、交通出行等软件,在使用体验中每个使用者都是虚拟世界的中心,世界随着使用者的意愿而动,作为互联网原住民的当代大学生自然深受这种网络生活的影响,不知不觉间加剧自我中心意识。三是中华优秀传统文化、革命文化和社会主义先进文化在校园文化中的作用发挥不充分。中华民族历来是注重民族、家族利益的,这本身就是一种集体主义精神。中华优秀传统文化中更是有着深厚而悠久的推己及人的优良传统,诸如"己欲立而立人,己欲达而达人"(《论语·雍也》),"己所不欲,勿施于人"(《论语·卫灵公》),这些都是反自我中心主义的。中国革命文化的鲜明特色在于倡导集体利益高于一切。从马克思主义原理来看,自我中心与人的本质——"人是一切社会关系的总和"是相违背的。这些主流文化在校园文化建设中的作用发挥不充分,对大学生影响力还有待加强。自我中心是过于强调主体性而走向极端的结果,故而在提倡人的主体性时要把握尺度而不能走向自我中心。

三是人文精神缺失。科技在人类发展史上发挥了重要的积极作用,促使人类大幅度向前发展。但是随着科学与技术日益密切的结合,科技的力量呈现出前所未有的爆发式增长,这就容易导致过度崇拜科技甚至迷信科技,认为科技乃"一万能必胜之利器",从而走向另一个极端,陷入唯科学主义或者技术理性之中进而导致人文精神的缺失。网络空间的诞生是当代大学生成长中最显著、最独特的环境变化。新一代大学生的特征是生产性、消费性,他们在"联结"的网络环境中学习,他们相互之间的"联结"高度依靠技术和媒体。[①]学习环境变了、学习内容变了、学习时空条件也变了,碎片化学习及泛在化学习也是随网络空间而出现的。信息技术在很多人看来是一个工具性的存在,但对于当代大学生来说就像空气和水一样,是生存环境中不可或缺的一部分。这种认识上的差别是当前高校师生间最根本的分歧。当前大学生人文精神缺失,一方面是成长环境的原因,另一方面是由教育的缺失或不足所致。人文的缺失与走进唯科技的实用主义圈子其实是一个过程的两个方面,即随着全部重心转向科技而使得人文教育"空心化",主要表现在人际交往高度人机化,线下人际交往能力渐弱;日常生活消费完全依赖网络,休闲娱乐游戏也是虚拟化的;学习呈碎片化方式,学习内容出现实用主义倾向,重实用型工科而轻人文综合学科;知行存在一定的脱节,实践动手能力变差等。在现代化进程中,对科学技术的价值认同深入人心,也容易使人们产生过度理性主义的偏向,对造就现代物质生产的科学技术顶礼膜拜,却忽视了人文精神的价值追求,工具理性的膨胀遮蔽了价值理性的张扬。[②]人文精神的缺失最终导致的是错误的价值观和人性的迷失。

四是劳动能力相对较差。马克思高度重视劳动,认为劳动是人的本质,并在《1844年经济学哲学手稿》中指出:"一个种的整体特性、种的类特性就在于生命活动的性质,而自由的有意识的活动恰恰就是人的类特性。生活本身仅仅表现为生活的手段。"[③]1875年马克思在《哥达纲领批判》中更进一步指出:"劳动已经不仅仅是谋生的手段,而且本身成了生活的第一需要。"[④]

---

① 曾贞:《数据人:大数据教育时代学习者特征分析及其教学对策研究》,《黑龙江高教研究》2017年第3期。

② 董雅华:《思想政治教育哲学问题研究》,复旦大学出版社2019年版,第130页。

③ 《马克思恩格斯选集》(第一卷),人民出版社2012年版,第56页。

④ 《马克思恩格斯选集》(第三卷),人民出版社2012年版,第365页。

可见劳动是人与动物的根本区别,尤其是随着生产力的进一步发展,未来劳动会成为人的"第一需要"。当前大学生的劳动意识淡化、劳动能力较差,外在表现为身体素质的下降,吃、住、学习、运动等高度依赖网络,并且还有尽可能减少体力劳动的趋向。由于自动化的普及运用,家庭体力劳动时间大大减少,同时中小学教育阶段过于重视智育,而劳育时间和机会被挤压。宏观上,大学生受传统思想中的一些不良观念影响,诸如"劳心者治人,劳力者治于人""万般皆下品,唯有读书高"等,以及很多时候错把劳动当作惩罚手段使得学生对劳动产生误解而在心中留下阴影。最终导致劳动意识淡薄、劳动能力下降等现象。当代大学生中出现连续逃课旷课、沉迷游戏、无节制消费等现象,究其根本都与劳动能力较差及由此引发的耐受力变差、意志力薄弱、艰苦奋斗精神丧失等有关。

概言之,人工智能带给当代大学生的是主体性突出,并带有圈层化、务实化、自我中心倾向,而对高校思想政治教育而言,最大挑战是使得大学生的深度思维缺失、自我中心化、技术理性倾向和劳动能力较差。只有积极面对、深入分析这些因素才会提高高校思想政治教育的实效性,进而提升高校教师施教的准确性。

## (二)教师主导性弱化

作为高校思想政治教育主要推动者的教师是最重要的主导力量,而人工智能新科技革命会给高校教师带来哪些挑战呢？主要表现在以下四个方面:

一是权威性弱化。高校思想政治教育既是高等教育的核心组成部分,也是教育中担负实现立德树人目标的最重要组成部分。思想政治教育者也就是高校从事思想政治教育的教师是这项工作的主导力量。人工智能会给高校教师主体地位或社会声望等带来诸多挑战。在传统观念中教师的主要功能是传道、授业、解惑,教师除了传授知识技能等外,还要解疑释惑,解决学生的思想和世界观、人生观、价值观的问题。其一,教师在知识传授方面的功能最先受到人工智能的冲击,教师的权威地位迅速下降。无处不在的网络空间中充满着各种各样的知识体系。大学生可以随时随地、随心所欲地学习相关专业知识,甚至随时可以观看顶级专家的讲座。教师在知识占有上,尤其是前沿知识上已经不占绝对优势了。在高校思想政治教育上也是如此。教师的知识传授功能将逐渐让渡给机器。人工智能技术的发展特别是非侵入性脑机接口结合人工智能技术而诞生的新型"教师机器人"、智能导师系统(ITS)、[①]作业批改、在线一对一辅导、情感陪护型聊天机器人等将直接冲击教师知识传授的功能,从而引发新一轮高校课堂授课的变革。传统上教师最重要的两样东西,一是知识占有量,二是传授技能,二者在智能化信息化的今天都已优势不在。其二,是教师在师生关系中的心理地位不断下降。传统教育观念中教师作为知识的权威已经趋于淡化,这在师生关系中会给教师的心理位势带来极大震动。未来师生关系将不断走向情感化、平等化、生活化,维系师生关系靠的是非权力性影响力。所谓非权力性影响力属于自然性影响力,是由一个人的品德、知识、才能、气质、作风和亲和力等因素构成的。[②]未来教师的品德修养、学识修养、人格魅力、生活态度等将发挥更重要的作用。

二是言传讲授弱化。教师人格魅力将成为教师更重要的素质。在当前高校思想政治教育模式中,讲授式仍然处于主要地位,以此形成了以教师为中心的讲授式教学,但其效果已经远远不能满足当代大学生的需求。首先,只要稍微留意下当前大学生的日常生活、学习状况就明白什么叫高度黏屏

---

① 李海峰、缪文升:《挑战与应对:人工智能时代高校应重视价值判断教育》,《中国电化教育》2020年第2期。

② 浮新平:《论教师的非权力性影响力的育人价值》,《教育探索》2010年第5期。

生活,在吃美食前"拍一拍"、课间之余"抖一抖"、睡觉之前"刷一刷",不论醒来还是睡前,第一反应都是手机。如果说计算机时代是依托鼠标键盘交流的时代,手机时代是依靠触摸屏交流的时代,而人工智能时代将则是自然语言和意识交互的时代。教师要想重新获得学生的认可与关注,就必须贴近学生活实际,了解其内心真实处境,这样才能激发大学生学习、交流的兴趣。其次,一对多、讲授式这种工业革命时代课堂教学的产物面临着空前的挑战。网络空间逐渐成为当代大学生获取知识的主要途径,传统课堂视域下的物理空间逐渐萎缩。因材施教这一古老的教育梦想会随着人工智能技术而逐渐实现,"一对一"式的线上线下相结合的教学模式将会淘汰这种一对多的千人一面的教学形式。VR、AR、全息技术等三维视听传媒逐渐代替讲授式教学。最后,师生间信息传递方式将改变。传统上信息传递是以教师向学生传递为主流,学生向教师流动为支流,且信息流动存在时差难以同步共频。在人工智能时代知识获取途径立体化,会有无数支流汇聚成主流,而师生之间可以实现双向交互,产生同频共振之效。故而,教师言传讲授的形式将面临巨大挑战,取而代之的应该是充分彰显教师人格魅力的"身教"式教育,以此充分弥补人工智能协作下思想政治教育在道德、情感、信念、价值观念等方面的弱势,这正是教师发挥用武之地的优势阵地。

三是教育理念落后。教师教育理念由定势思维走向开放、共享。理念是行动的先导。人工智能对高校教师传统的教育教学理念是一次全方位的冲击与挑战。传统思想政治教育止于简单、线性、静态的思维方式,而大数据促使思想政治教育复杂性、整体性、动态性研究和教学成为可能;大数据时代思想政治教育还应树立共享理念。[1]同时,知识更新周期不断缩短,教

---

① 罗红杰、平章起:《大数据驱动:思想政治教育现代化的重要引擎》,《重庆大学学报》(社会科学版)2019年第9期。

师如果还想着一本教材走天下的话已完全不合时宜了,这种思想已经严重落后于时代的发展,如今是知识爆炸的时代,联合国教科文组织曾经做过一项研究,结论是信息通信技术带来了人类知识更新速度的加速。进入21世纪,许多学科的知识更新周期已缩短至2~3年。这意味着知识每隔三年左右就能翻倍,对于个人而言,所掌握的相应知识就要大打折扣。所以只有不断学习更新知识才能跟得上时代的步伐。因此要树立开放、不断进取的理念方可立于不败之地。人工智能对思想政治教育带来的变革,也并不是仅仅限于表面的精准化和可视化,其本质性变化在于对人们的思维方式、认知图式和行为习惯带来的根本性变革。①教师理念的升级与变革势在必行。

四是教育教学技术手段的不适应。从教师综合素养来看,很多高校教师对于现代教育技术以及计算机操作相对薄弱,教师信息素养的提升一直是教师教育的重点之一。大学生一直走在信息网络前沿,当学生都纷纷走向网络时,教师势必也要利用好网络技术手段。人工智能时代高校思想政治教育的信息化、智能化、智慧化是满足当代大学生发展所必备的,也是提升思想政治教育效果的必由之路。将来的发展趋势是教师和人工智能进行协同和配合,"人机协作""人机共治"将成为一种教育"新常态"。"思政教育主体要操控人工智能来完成更多程序性的、重复性的复杂工作,利用人工智能拓展自己的认知疆界和能力阈限。"②然而当前高校教师在一定程度上出现了技术恐慌或者毛泽东所提出的"本领恐慌"。教育技术在新科技革命推动下呈现日新月异的迅猛发展,教师教学技术的提升远落后于新技术的发展速度,从而导致教师教学技术上的不适应。随着人工智能应用走向成熟,将会逐渐替代教师的部分工作,给教师专业发展提供了充足的时间。关于

---

① 林峰:《人工智能时代思想政治教育的价值定位与发展》,《思想理论教育》2020年第1期。

② 申晓腾:《人工智能时代思想政治教育生态转变与创新方略》,《未来与发展》2019年第12期。

教育是技术还是艺术的争论存在已久，随着科技的发展，技术的成分会逐渐减弱。将来教师的发展趋势将是朝着创新性和艺术性相结合的方向发展，这样会缓解教师技术上的不足，扬长避短，充分发挥教师非技术性方面的优势来提升育人实效。

可见，人工智能给高校教师带来的挑战主要有教师主体地位弱化、知识传授阵地萎缩、讲授技能的"失势"、教育理念的固化等问题。教师作为高校实现立德树人的主力军，与传统中过于聚焦知识传授形成鲜明对比，未来教师在世界观、人生观、价值观等方面的作用就更加凸显。人工智能时代所有高校教师课程思政的责任将会变得越来越重，要向实现立德树人的本质上回归。如若解决不好高校教师的教学技术手段问题，将大大影响高校思想政治教育的效果。

## （三）教育环境复杂化

新科技革命给高校思想政治教育环境带来的最大挑战是网络空间维度的增加。所谓思想政治教育环境是指对思想政治教育活动及思想政治教育对象的思想品德形成和发展产生影响的一切外部因素的总和。[1]一般意义上，环境分为自然环境和社会环境，自然环境又称为物理环境，而如今新开辟了网络空间。网络空间主要是依托计算机、移动终端、卫星、通信设备以及互联网、移动互联网而组成。作为第三维空间的网络空间是新时代思想政治教育环境的最显著特点。冯刚指出，随着信息技术的快速发展，网络已经成为高校师生学习生活的"第一环境"，也是思想政治工作面临的"最大变量"。[2]不论称为信息空间或互联网、网络还是移动互联，其重要性是不言而

---

[1]　陈万柏、张耀灿:《思想政治教育学原理》,高等教育出版社2015年版,第101页。

[2]　冯刚:《互联网思维与思想政治教育创新发展》,《学校党建与思想教育》2018年第2期。

喻的。网络空间产生的实质是在信息产生、传播、获取上发生了全方位、立体式的变化。科技革命的中心是能量与信息,新一轮的科技革命正是以信息为中心迅速袭来。网络社会成为人类社会的新形态,无论人们怎样称谓这个社会形态,诸如网络社会、信息社会、后工业社会、高风险社会和不确定社会等,都明确地认识到这个社会是一个以海量信息供应引起了快速流动的社会。[①]网络空间成为高校思想政治教育环境最大增量,其特征是信息内容的不确定性、海量性、复杂性;传播速度的便捷性、及时、迅速;形态上的流动性、动态化、易变性;还有传播通道的交互性与共享性等。这些带来的深刻社会影响是高风险和信息过载,最终会导致人们的思想多元化、价值观念多样化,并且这样的趋势愈来愈明显。

具体而言,网络这个最大变量对高校思想政治教育来说,既可视作一种技术手段也可视为一种教育环境。有学者认为网络具有二重性,"一种有代表性的观点是'工具论',即基于对互联网技术特征和工具属性的理解,把互联网视为开展思想政治教育的一种新技术、新手段和新方法。另一种代表性的观点是'环境论'或'社会论',即从网络环境、网络社会的视角来认识互联网,将互联网视为思想政治教育新的环境和社会空间"[②]。网络作为一种技术、一种工具使得思想政治教育传播通道从单向传播转到双向、多向的交互关系。传统信息传播一般都是自上而下的单向发布,途径主要是大众传媒。如今由于网络的出现彻底改变了这种传播方式,形成了一种万物互联、交互无处不在的新形式。传统上信息源单一且固定,只能通过主流媒体进行发送,而现在由于信息技术的迅猛发展而呈现百花齐放、百家争鸣,人人都是自媒体,都是麦克风、扩音器、广播台。相应地人们获取信息的途径也

---

① 刘少杰:《海量信息供应下的预期判断和选择行为》,《中国人民大学学报》2018年第1期。

② 张瑜:《论互联网的二重性与思想政治教育创新发展》,《教学与研究》2018年第7期。

就变得无处不在,可以说被淹没在信息的海洋中。

网络作为一种环境,对思想政治教育环境的最大冲击是泛娱乐化、游戏化、自由化等对主流意识形态的消解和遮蔽。有学者认为当前高校思想政治教育环境存在三方面问题,"生态环境污染、生态环境失衡、环境主体创新能力弱化"①。环境污染主要表现在受到不良思潮浸染,诸如西方国家传播的大量披着"普世价值"外衣实则是以西化、分化为目的的各种思想;以自由为口号实则是传播极端个人主义、享乐主义、利己主义等不良思想,这对思想政治教育环境造成了严重污染。环境失衡主要是主流意识形态或者主流文化因其权威性、严肃性、理论性等在网上受到冷遇,而各种娱乐化、庸俗化的网络文化思想大受追捧,造成本末倒置。环境主体创新能力弱化主要是在传播内容生活化、话语体系通俗化、传播方式去中心化等方面创新不足,完全不能适应网络媒体传播的特点,造成一定程度的脱节。

对高校大学生而言,由于高度依赖网络,而网络中充斥着大量泛娱乐化、游戏化、消费导向等信息,这对大学生思想观念的形成产生极大冲击与震荡。尼尔·波兹曼在《娱乐至死》一书中指出:"一切公众话语都日渐以娱乐的方式出现……其结果是我们成了一个娱乐至死的物种。"②这种现象在高校也有逐步蔓延的趋势,加之大学生正处于价值观形成与成熟的关键期,心理上属于"拔节孕穗期",更容易受到网络环境的影响。如马克思和恩格斯所说:"人创造环境,同样,环境也创造人。"③网络环境对大学生的熏陶渐染表现在各个方面,诸如话语体系、行为习惯、兴趣爱好以及价值观念,而这极大地消解了主流价值观和主流文化的影响力与吸引力,容易使大学生成

---

① 谷松岭、熊琳:《高校思想政治教育生态环境问题及应对》,《学校党建与思想教育》2019年第12期。

② [美]尼尔·波兹曼:《娱乐至死》,章艳译,广西师范大学出版社2011年版,第4页。

③ 《马克思恩格斯选集》(第一卷),人民出版社2012年版,第172~173页。

为消费至上、娱乐至死的享乐主义者。

人工智能对高校思想政治教育环境的冲击可谓是颠覆性、全方位的。首先是颠覆传统的二维环境,开辟了信息空间,而且这一空间逐渐成为人们获取信息的主要空间。其次,信息空间的出现拓展了信息源、改变了信息通道、丰富了传播方式而形成万物互联随时交互的物联网新环境。最后,作为青年一代的大学生既成长于网络又高度依赖网络,各种泛娱乐化、游戏化、自由化等非主流思想冲击着大学生的价值观,从而影响高校思想政治教育效果。

### (四)思政课主渠道的分流

高校思想政治理论课(简称思政课)通常都是采用班级授课制,这种一对多大水漫灌式教学如今难以取得实效,目前存在的最大问题是教师"在场"与学生的"不在场"之间的矛盾正在加剧。思政课作为高校思想政治教育主渠道的作用受到挑战。思政课不仅涉及教师的"教"、学生的"学",还涉及课堂环境手段等一系列因素,而思政课本身及其定位、教学方式、功能发挥等方面受到人工智能新科技革命的挑战。习近平讲道:"要用好课堂教学这个主渠道,思想政治理论课要坚持在改进中加强,提升思想政治教育亲和力和针对性,满足学生成长发展需求和期待。"①课堂教学是大学生系统获得理论知识的主要途径,也是提升学生理论深度和厚度、塑造社会主义核心价值观的主要阵地,但是随着课堂教学受到网络的冲击,其主渠道作用相对弱化,着眼未来思政课必然走向网络空间,使得线上线下混合式思政课教学成为主流。

传统思政课原本存在着一些问题,诸如"抬头率"不高,"配方"陈旧,"工

---

① 《习近平谈治国理政》(第二卷),外文出版社2017年版,第378页。

艺"粗糙,"包装"不时尚等,导致课堂亲和力不足。这是较为宏观的描述,也是很多学者认同的普遍现象。思政课本身所具有的特征与当代大学生的认知、思想、心理等特征先天地存在一定的对立或难以兼容的特质。"思想政治理论课程讲授的内容是马克思主义理论,是国家哲学、宏观哲学,而学生所关注的是微观、个人的问题,短期的问题;思想政治理论课程讲授的是社会主义核心价值观念,强调社会价值、社会利益至上性,而学生所经常感受到的是个体的价值;思想政治理论课程重视的是思想道德层面的发展,而现代大学生更多地表现为心理层面的问题;思想政治理论课程讲授的是一个规范化社会所必需的价值观念,或者说思想政治理论课程讲授的价值观念一般要超越个人的生活体验,而这种超越性会对人形成一定的困难。"①这深刻揭示了二者的矛盾与冲突。同时,大学生历来所共性的特征,如生活经验匮乏、心理有待成熟等又增加了大学生对思想政治理论理解的难度,成为传统思政课有待破解的顽瘴痼疾。

如今,人工智能对思政课的冲击造成学生课堂"身体"在场而"心思"却不在场的问题日益严重。根据中国互联网络信息中心(CNNIC)发布的第52次《中国互联网络发展状况统计报告》,截至2023年6月,我国网民规模达10.79亿,较2022年12月增长1109万人,互联网普及率达76.4%;手机网民规模达10.76亿,较2022年12月增长1109万人,网民使用手机上网的比例为99.8%。上网各类应用使用时间最长的前四位分别是:即时通信、网络视频、短视频和网络支付。换言之,当代大学生几乎百分百都是网民,人均每天四小时以上的网络在线时间,主要的活动就是通信和娱乐。思政课多为集体授课,课堂上学生很大一部分吸引力、注意力被吸引到网上,课堂之上形成了两个空间,大学生身体在教室而思想"流量"在网络空间中。这导致作为

---

① 余双好:《思想政治理论课程教学法探析》,中国人民大学出版社2018年版,第293页。

主渠道的课堂教学被分流。这仅是从课堂空间环境来讲,随之而来还有其他的挑战,诸如教育者主体权威性面临被弱化的风险、思政课所倡导的社会主义核心价值观面临巨大冲击、思政课教学所必需的反思性遭到削弱。[①]

思政课主渠道地位的弱化会直接影响其铸魂育人功能的发挥。思政课是高校思想政治教育中不可或缺的一部分,在今后高校思想政治教育中属于只能加强而不能减弱的重中之重。故而,思政课教学改革也必须注重网络空间的应用,提升教学的信息化水平,在人工智能助力下打造线上与线下相融合、虚拟与现实相结合的新型教学模式。

## (五)文化上的技术理性倾向

人工智能在思想、文化、价值观层面带来技术理性倾向,对高校思想政治教育形成巨大的挑战。技术理性是伴随着科技的发展逐渐兴起的,兴起之初带动着科技飞速发展,但是随着科技的进一步发展出现过度肯定科技的作用与地位,甚至置于人性之上,从而逐渐滑入异化的深渊。马克思对此曾说过:"技术的胜利,似乎是以道德的败坏为代价换来的。随着人类愈益控制自然,个人却似乎愈益成为别人的奴隶或自身的卑劣行为的奴隶。甚至科学的纯洁光辉仿佛也只能在愚昧无知的黑暗背景上闪耀。我们的一切发明和进步,似乎结果是使物质力量成为有智慧的生命,而人的生命则化为愚钝的物质力量。"[②]在很多时候技术理性也称为工具理性。技术理性与工具理性成了现代社会的一对孪生子,在此我们将二者作相同意义的理解。[③]技术理性一词源自德国社会学家、哲学家马克斯·韦伯,他认为工具理性是:

---

① 王倩:《关于"互联网+"背景下高校思政课改革的多元思考》,《学校党建与思想教育》2016年第4期。

② 《马克思恩格斯选集》(第一卷),人民出版社2012年版,第776页。

③ 李国俊、张信华:《技术理性与现代性的文化嬗变》,《自然辩证法研究》2006年第11期。

"通过外界事物的情况和他人的举止的期待,并利用这种期待作为'条件'或者'手段',以期实现自己合乎理性所争取和考虑的作为成果的目的。"①与之对应的是价值理性,这是要积极鼓励和倡导的。

宏观上,很多国家在科技推动下步入发达工业社会阶段,人们物质生活有了大幅度的提高,同时造就了人们对于科技的依赖和盲目崇拜,认为科技是万能的,没有什么问题是科技解决不了的,从而忽视了工业发展、技术进步带来的一系列问题,诸如环境污染、水土流失、植被破坏、病毒肆虐、转基因技术以及核武威胁等。人们在享受丰盛的物质生活的同时精神世界却逐渐萎缩,逐渐形成马尔库塞所谓的"单向度的人"。单向度的人,即所谓的丧失否定、批判和超越能力的人。这样的人不仅不再有能力去追求,甚至也不再有能力去想象与现实生活不同的另一种生活。②对科技的盲目崇拜会使人丧失批判能力而走向误区,碰到的任何问题都想着借助科学,这样就容易坠入恶性循环之中,从而走向极端,这造成人本质的迷失,将人的主体性遮蔽而让科技成为唯一的追求。改变现状的关键在于提升人文素养,以此激励人文精神、科学精神的回归。这里科学精神与技术理性、科学主义是有本质区别的,科学主义不是科学的一个必然产物,而是技术理性支配下的某种特定的意识形态。科学的"精神"高出具体"科学"的地方就在于"追求真理"。③一个国家、一个民族若没有科技的高度,发展结果是落后和挨打,但是如果没有人文精神可能不战自败。当前社会到处充斥着的技术理性或者"技术至上主义"倾向会侵蚀文化氛围,从而冲击高校思想政治教育的效果。

中观上,高校作为文化和思想的传承中心和创新之源,也是科技发展与

---

① [德]马克斯·韦伯:《经济与社会》(上),林荣远译,商务印书馆1998年版,第56页。

② [美]马尔库塞:《单向度的人:发达工业社会意识形态研究》,刘继译,上海译文出版社2008年版,第205页。

③ 吴国盛:《科学与人文》,《中国社会科学》2001年第4期。

传承的桥头堡。作为知识精英汇集地的高校既对科技的迅猛发展做出巨大贡献,又深受技术理性的影响。杨叔子院士认为当前我国高校存在"五精五荒",即精于科学而荒于人学,精于电脑而荒于人脑,精于网情而荒于人情,精于商品而荒于人品,精于权力而荒于道力。"五重五轻",即重理工,轻人文;重专业,轻基础;重书本,轻实践;重共性,轻个性;重功利,轻素质。[①]这非常精准而又深刻地指出了当前高等教育存在的问题,尤其是"五精",精确地刻画出了当代大学生的技术理性倾向。"五重五轻"则从高校整体视野下对学科布局、教育目标、培养方向上重视科技与知识传授,而轻视人文思想与精神。大学作为立德树人的场所,育人是其第一位的功能,而科研与服务社会是随之产生的次一级功能,不能本末倒置、反客为主。课堂教学作为学校育人的主要活动,是主渠道,然而在技术理性的冲击下,教学环境设置上充满浓重的技术理性气息。"当效率至上、效用至上、规范化、标准化、数字化、精确化、可操作性、可预测性等技术思维渗透到大学教学活动的各个环节,成为大行其道的教学理念时,大学教学将不可避免地陷入技术理性的泥潭。"[②]可见,高等教育上不论是教育目标、教育环境、教育内容、教学方式方法、教育评价乃至教育理念上都已处于技术理性极度膨胀的氛围之中,这对大学生的价值观形成带来强烈冲击与挑战。

微观上,大学生受技术理性影响较为严重,主要表现在两个方面。一是从人际关系向人机关系的转变。大学阶段是学生走向成人的关键时期,也是心理走向成熟的阶段,处理人际关系的能力日益完善。但当代大学生作为"网络原住民",从小伴随着互联网一起成长,先天对各种新科技有着浓厚兴趣和难以割舍的依赖感。从学习到生活再到消费、娱乐基本离不开各种

---

① 杨叔子:《人文教育现代大学之基——关于人文教育之我感与随见》,《职业技术教育》(教科版)2001年第10期。

② 朱德全、吕鹏:《大学教学的技术理性及其超越》,《教育研究》2018年第8期。

屏,手机屏、电视屏、电脑屏、平板屏等,人机交流占据主导地位。这在一定程度上消解和屏蔽了人际交往间情绪、眼神、态度、语气等只有面对面交流时才有的元素,弱化了人情味和情境性;加之人机交流时间的延迟性对人的思维要求也降低了。正如马尔库塞所言:"在技术进步基础上,形而上的东西势必变为形而下的东西。"①正是在各种科技工具的陪伴下,人的精神、思想、思维、自由意志等形而上学的东西被淹没在各种形象、感性、趣味丛生的网络化、虚拟化的人机世界中了。正如尼尔·波兹曼在《娱乐至死》一书中告诫人们注意技术垄断,警惕全民陷入娱乐至死的状态。约翰·奈斯比特则更直接认为:"科技为我们的身心带来愉悦,但是迷上它,却像灵魂被榨干,使人更想追寻人生的意义。"②二是价值取向上工具理性占主流,功利化明显。相当一部分大学生从入校起就报各种辅导班,诸如计算机等级、计算机编程、外国语以及各种资格认证,其最主要的目的是增加就业"砝码",能找一份更高薪的工作。这与之前的大学生形成鲜明对比。互联网兴起前大学生追捧的是文学、历史、传记、哲学、诗歌,热衷于诗歌会、辩论会、演讲、读书会等文学文艺活动。之前大学生追求的是启迪智慧、深化思想、陶冶感情、丰富精神,而当前大学生的价值取向是以功利性、实用性、技术性、经济性为目标。价值取向的转变正是受到科技高速发展的冲击,技术理性在默默影响着当代大学生的价值观念体系。

从社会到高校再到学生无不在渲染、强调一种科技至上的风气,技术理性的观念逐步为更多人群所接受、崇拜、信仰,这既对人们价值观产生巨大影响从而造成价值观短视化甚至扭曲,又逐渐形成一种文化或者思想风潮

---

① [美]马尔库塞:《单向度的人:发达工业社会意识形态研究》,刘继译,上海译文出版社2008年版,第182页。

② [美]约翰·奈斯比特等:《高科技·高思维:科技与人性意义的追寻》,尹萍译,新华出版社2000年版,第1页。

使得人忘记"人之为人"的本质而一味追求身体的、物质的、外在的感官世界并流连忘返。"教育贵于熏洗,风气赖于浸染。"大学生置身其中,会在无形之中受到社会风气浸染,从而影响大学精神、侵蚀大学生的价值观,进而影响其人生观、世界观。

## 四、人工智能带给高校思想政治教育的机遇

人工智能几经兴衰迎来第三次发展高潮,是新一轮科技革命的最主要推动力,随着人工智能的飞速发展有人持有"机器威胁论",例如著名科学家霍金;也有人支持"发展机遇论",如未来学家迈克斯·泰格马克,认为人工智能可以实现解放人类、实现自由全面发展。无论哪种观点都是对未来的预测,其最终走向还是取决于人类自身,是人类发展中合力的展现。我们要做的就是抓住机遇,使之最大地、最有力地造福人类。思想政治教育作为党和国家的生命线,在人工智能时代将迎来前所未有的发展机遇。英国哲学家怀特海说:"教育的成功取决于对许多可变因素的精妙调整,这是因为我们面对的是人类的思想,那不是死物。学生的好奇心、判断力、对复杂环境的掌控力、在特殊情况下运用理论来洞察事态发展的能力——所有这些能力,是统一的教学规则所传授不了的。"[①]教育培养的是德智体美劳全面发展的人,而高校思想政治教育培养的则是"教育"这个目标群中最核心、最关键的一个,即"育德"。人工智能给高校思想政治教育带来的前所未有的机遇,正如怀特海所讲,可以打破那种统一的教学规则,拓展时空维度的情景化学

---

① [英]阿尔弗雷德·诺思·怀特海:《教育的本质》,刘玥译,北京航空航天大学出版社2019年版,第8页。

习、实现精准化的个性教育、教育资源共享以及大数据思维下相关性规律总结等四个方面的突破,提升立德树人实效。

## (一)时间、空间、情境拓展思想政治教育

### 1.自由支配时间的增多

马克思在《政治经济学批判(1857—1858年手稿)摘选》中说:"财富的尺度决不再是劳动时间,而是可以自由支配的时间。"[1]财富的实质是可以自由支配的时间,随着科技的进步,人们工作时间日益缩短,从工业革命初期每天十七八个小时到20世纪初的八小时工作制,随着人工智能时代到来,自动化、智能化程度的提升工作时间还会进一步缩短,甚至可能到两三个小时,这样人们的自由时间就更加充足,可以实现马克思和恩格斯所描绘的"随自己的兴趣今天干这事,明天干那事,上午打猎,下午捕鱼,傍晚从事畜牧,晚饭后从事批判"[2]。这时人的精神文化生活就成为绝对的主流,这时人的思想情况、道德情操、理想信念、兴趣爱好的重要性就更加凸显,一方面思想政治教育的作用和地位变得比以往更加重大;另一方面也为开展思想政治教育活动赢得更加充裕的时间,思想政治教育将成为促进个人自由全面地发展和社会进步的主要推动力。

### 2.拓展思想政治教育空间

在空间上,由于信息空间的产生拓展了思想政治教育的空间,并赋予思想政治教育境域性特征。信息空间的出现改变了知识的存在状态以及知识的传播方式,使得知识呈现出泛在化,人人随时随地都可以获取知识。在知识获取基础上方可形成高阶思维能力进而形成价值观,而价值观具有弥散

---

① 《马克思恩格斯选集》(第二卷),人民出版社2012年版,第787页。

② 《马克思恩格斯文集》(第一卷),人民出版社2009年版,第537页。

性、隐蔽性和持久性等特征,正如俗话所讲,"冰冻三尺非一日之寒",只有在不断的熏陶渐染中才能逐渐形成,一旦形成后又具有相对稳定性而不容易改变。价值观既是思想政治教育的核心又是一个民族或国家思想、文化的精髓,对一个人来说是人的灵魂,犹如电脑的操作系统决定着电脑的功能及效用。人工智能给高校思想政治教育尤其是其核心价值观教育带来新的机遇。人工智能不仅以人类的本质实现和人类的自由解放为指向,而且是使之实现的现实力量,即人工智能只有与人共生,才被称为"人工智能",人类只有诉诸人工智能,人类的本质和人类的自由个性才能实现。[①]可见,人工智能与思想政治教育都是指向人的自我实现,不同的是人工智能更多的是作为手段、工具,是其实现的桥梁和纽带。

在实现的形式上,人工智能最主要的用途是构建情景化的学习空间并使得价值观念在这种情境中、境域中当场生成、当场构成着,这是人的思想观念、价值观形成的根本所在。思想、观念、价值观等与纯粹的知识传授的不同之处在于思维的深度不一样,纯粹知识传授可以仅限于识记,随后可以慢慢领悟其背后的原因甚至不需要知道原因,只要会运用就可以了;但是观念、思想、价值观等不是只要记忆的东西,而是需要打动人并能和原有的思想、观念、价值观形成共识并融入原有的思想体系中,这一过程类似于心理学中的"同化",所以要产生共识、形成共振才能共融,这就相对比较困难一些。德国哲学家、教育家雅思贝尔斯所说,"教育就是一棵树摇动另一棵树,一朵云推动另一朵云,一个灵魂唤醒另一个灵魂。"尤其最后一句这就是价值观教育的真实情景,只有在这种情境中才会发生"化学变化",才会真的起作用。这并不是人工智能时代所独有的,而是从口耳相传到文字再到互联网时代一直都存在,只是在不同时代背景下,物质条件环境会有所不同,但

---

① 庄忠正:《人工智能的人学反思——马克思机器观的一种考察》,《东南学术》2019年第2期。

是育人的本质不会发生变化,就是要触动人的心弦,使人在价值判断基础上产生认同感,进而内化到自己思想体系中并在实践行动中实现外化。在新的时代背景下,在科技赋能下可以拓展思想教育空间、丰富场景从而降低触人心弦的阈值,这是思想政治教育产生实效的根本所在,其核心就是情境中人的真实参与并融合为一体,达到共同融合、浑然一体、物我两忘之境。

3.情境性、境域性、居间性的"第一存在"凸显本体性

从哲学角度出发,这种境域、情境消除了思想政治教育主客体的二元对立,使得这种居间的情境成为一种第一性的存在。"人工智能技术的快速进展、智能机器的产生及大量应用、人与智能机器的交互甚至融合将导致哲学本体论的改变。"[①]人工智能带来的情境性、境域性正是教育对象——大学生的思想、观念、价值观等形成的本源性、根本性存在,只不过相较于传统单一的文字形式更因增添了丰富性的情境而更易于对象产生共识。有学者就提出将"人工智能+"视为一种居间性构成,"人工智能+"最终提供的只能是这个交互的构成性作用得以实现的教育环境,最终以真人受到文化的教育为皈依。[②]这里文化的教育更多指向的是思想、观念和价值观的形成。举例来说,比如教学生以"仁",单从字面上讲每个人都认识,也知道其含义就是仁者爱人之意,但是如何把这种仁的思想融入其价值观念体系中,成为恪守的伦理道德规范呢? 这就需要在一定境域、情境中去交互,把仁化为一种情境性的存在,"是一种在当场、当下的情境中正在构成着、生成着、开显着的情境自身,故把握它的方式、方法只能是情境反思式的,而不是那种概念、观念化了的反思"[③]。这种境域才是思想政治教育实践活动中最为本源的东西,是"第一性的存在"。任何东西"在什么样的情境、境域下它就是什么。这个

① 刘复兴:《论教育与机器的关系》,《教育研究》2019年第11期。

② 宁虹、赖力敏:《"人工智能+教育":居间的构成性存在》,《教育研究》2019年第6期。

③ 康中乾:《中国古代哲学的本体思想》,中国社会科学出版社2019年版,第266页。

'什么'并不是固定的和第一性的,它实际上是第二位的,比它更根本、更本质、更本原的东西是情境、境域,这才是第一性的存在"①。这种境域性也就是一种"中"的存在,一种居间的构成,这才是真正的本体。正是在这种活的、正在进行的交互中形成同频共振,相应的思想、观念、价值观进入生成性的发展之中。因而这种境域性实质就是一种活的、当场生成、当场构成的存在,是思想政治教育本源的所在,也是思想政治教育由"教育"转向"自我教育"的关键所在,关乎其最终成效。

从心理学角度来看,这种情境、境域是一种意识、思想之"流",是库尔特·勒温所谓的一种"心理场",正是在这种场域中进行意义建构。詹姆斯从机能主义心理学角度出发对意识的功能进行阐释,认为意识是一种连续不断的整体。人的意识或意识活动本来就是个"流"(stream),这个"流"以两种形式或状态来呈现或存在,一种是实体相,另一种是流动相或过渡相。实体相是一种对象,是"什么",是易于认识和把握的;而流动相则是一种"趋势",是不易把握的。②思想、观念的形成需要这两者相互配合,而其中更容易忽视的是这种过渡部分,但恰恰又是最为重要的。从认知心理学角度来看,是从人的感觉、知觉、注意、思维等出发认识外部世界,倾向于用计算机加工处理信息的方式类比人的学习过程,要对输入的信息进行编码从工作记忆逐渐转化为长时记忆,从而实现信息内化,其中的关键因素就是对输入信息的编码,人与电脑的不同之处在于人的情感、灵感、顿悟、态度等不可控因素的存在,所以丰富、生动、鲜活的境域性有利于编码,也有利于长时记忆的形成。这两个心理学派只是从整体上对意识或者认知结构进行功能上的阐释,进而认为情境对于思想或知识的习得具有重大作用和意义。

---

① 康中乾:《中国古代哲学的本体思想》,中国社会科学出版社2019年版,第264~265页。

② 康中乾:《中国古代哲学的本体思想》,中国社会科学出版社2019年版,第8页。

随着心理学研究的进一步发展,心理学家发现思想、知识是动态的,并且是在个体原有经验基础上建构而成,建构主义心理学派对发生过程进行了详细的研究。建构主义者高度肯定个体在知识或思想观念形成中主体的主动性而拒斥来自外面的被动灌输,认为其中最重要的三个因素是:主动建构、社会互动性和情境性。情境性认知是"强调学习、知识和智慧的情境性(situativity),认为知识是不可能脱离活动情境而抽象地存在的,学习应该与情境化的社会实践活动结合起来。知识是生存在具体的、情境性的、可感知的活动之中的"①。由真实的任务情境才能激发和引起真正有效的学习,高度情境化的过程才能产生有效的互动交流,离开了情境便无从谈起知识建构,更不用说思想、观念、价值观的构建与塑造了。从心理学角度可以确证真正的价值观念是由认知主体主动建构而成,强调了认知主体的主动性和能动性,同时明确了境域、情境作为生成中最为重要的"过渡部分",是一种鲜活的、当场生成、动态化的意识流,也是意义建构中最关键、最为核心的部分,具有决定性作用。

从历史渊源来看,如前所述境域性、情境性是思想政治教育的一种本体性存在,是实现其有效性的最本质特征,但这并不是进入人工智能时代后才有的,而是在文字时代甚至是更为遥远的口耳相传时代就有的,尤其是中国古代文化思想中就非常注重这种本体论或称为"形而上学"思想。关于这一点,从诸子百家、两汉经学、魏晋玄学、隋唐佛学到宋明理学都有所涵摄,而这里面最值得一提的是唐代佛学中的禅宗,是中国化佛教中最典型的一支。从释迦牟尼"拈花微笑"妙传佛法起,就把"不立文字,教外别传,直指人心,见性成佛"作为最主要的思想,在禅宗修行中有很多思想对思想政治教育具有重大启迪,诸如很多妙趣横生的棒喝、公案、偈语和话头等,这些都是在一

---

① 陈琦、刘儒德:《教育心理学》(第2版),高等教育出版社2011年版,第156页。

定情境中引导学者进入当场生成的情境中从而实现顿悟。

德国著名哲学家雅斯贝尔斯认为："（顿悟）是灵魂的眼睛抽身返回自身之内，内在地透视自己的灵肉，知识也必须随着整个灵魂围绕着存在领域转动。因此教育就是引导'回头'即顿悟的艺术。"①这种灵光乍现式的领悟往往会令人豁然开朗从而明白一些道理或实现某种思想转变。在信息时代之前，这种顿悟作为思想政治教育方式因太过抽象而操作起来比较困难，但随着人工智能的到来，作为第三维空间的信息空间出现，情境可以辅以声音、图画、视频、动画以及味觉、嗅觉、触觉等，从而更容易使人进入情境之中。从传播的角度称为沉浸传播，是指借助各种科学技术手段诸如虚拟现实、增强现实、混合现实等技术营造逼真、生动、立体的三维环境，使人沉浸其中如同置身真实情境之中。人工智能不仅在传播中成为提升传播实效的关键手段，而且在思想政治教育中也将成为最关键的因素。"从教育的历史来看，决定教育质量和水平的因素有很多，但在数据时代，人工智能技术的水平、教育机器人的水平将是影响教育改革、教育质量的革命性、决定性的一个变量。"②以人工智能为主要组成的信息空间已成为思想政治教育环境的重要组成部分，根植于思想政治教育活动过程之中。

根据最新研究表明，人的认知不仅仅是大脑参与的人的一种意识活动，而且也需要身体参与，是一种身心一致的共同参与的过程。由于"眼、耳、鼻、舌、身、意"等全身心参与其中，更凸显了以人工智能作为支撑而营造的情境、境域的重要性。"认知是具身的、情境的、发展的以及动力学的；心智是嵌入大脑的，大脑是嵌入身体的，身体是嵌入环境的，环境是认知系统的一

---

① ［德］雅斯贝尔斯：《什么是教育》，邹进译，生活·读书·新知三联书店出版1991年版，第14页。

② 刘复兴：《论教育与机器的关系》，《教育研究》2019年第11期。

部分。"①具身认知心理学认为身心一致的,同时又是和周围环境融为一体的,有效克服了传统认知观,认为思想、认知都是大脑的职能,学习是"颈部以上的活动"。故而实现这种境域化只有身心相互配合,共同发力才能实现将软硬件合二为一,产生最佳效果。

概言之,人工智能一方面增加了人的自由支配时间,赋予人全面发展的时间基础;另一方面拓展了发展空间,通过新增的信息空间结合物理空间、社会空间形成三位一体的立体发展通道。人工智能的突出作用在于消弭思想政治教育过程中主客二元对立,赋能构建情境性、境域性、居间性的"第一存在",从根本上提升思想政治教育有效性和实效性。

## (二)精心、精湛、精准的个性化教育

### 1.精心对待每一位学生、精心打造师资队伍

一是精心对待每一位学生。习近平指出:"青少年阶段是人生的'拔节孕穗期',最需要精心引导和栽培。"②这是对广大思想政治教育者提出的要求,而要对青少年做到精心引导,就必须符合每一位学生的性格特征和独特的知识结构。从心理学角度来看,每一个个体都有自己一套独特的认知图式和独一无二的经验体系,这正是"一千个读者就有一千个哈姆雷特"的原因。在传统条件下很难做到按照每个学生的认知特点进行有针对性的教育,但是随着人工智能的日渐成熟这一难题终会逐步得到解决。高校思想政治教育难以进行因材施教的最根本原因是师生比问题,即教师的数量远远落后于学生,而且不管时代怎么发展,这种差距始终是难以彻底改变的。人工智能为其提供了一种解决的可能。人工智能最大的优势之一就是所有

---

① 余宏亮:《数字时代的知识变革与课程更新》,《课程·教材·教法》2017年第2期。

② 习近平:《用新时代中国特色社会主义思想铸魂育人 贯彻党的教育方针落实立德树人根本任务》,《人民日报》2019年3月19日第1版。

信息的可复制性和传递的便捷性,一堂优秀的课、一个生动的案例、一场精彩的讲座都可实现瞬间精准传送到学习者面前。很多学者提出构建基于人工智能的智慧教育,所谓智慧教育是一种高度信息化、智能化、智慧化的教育形式。高校思想政治教育在人工智能赋能下也将实现智慧化,而智慧化的基本特征之一就是做到精心对待每一位学生,实现因材施教。智慧化思想政治教育是依靠大数据对学生进行数据采集和整合,从而实现对学生精准"画像",掌握学生的个性特征、学习风格、心理特点、知识体系等状况,随之构建起侧重于道德、理想信念和价值观体系等相关认知的人机交互场景中的自适应性学习;随后针对不同学生的学习情况和困惑之处进行线上线下结合的互动交流,旨在弥补人机交互中情感、态度、心灵等方面的缺失,最终引导学生树立正确的价值观、远大的理想信念,培养深厚的爱国爱党爱社会情怀。

二是精心培养师资队伍。习近平在全国教育大会上指出:"要精心培养和组织一支会做思想政治工作的政工队伍,把思想政治工作做在日常、做到个人。"[1]邓小平指出:"一个学校能不能为社会主义建设培养合格的人才,培养德智体全面发展、有社会主义觉悟的有文化的劳动者,关键在教师。"[2]教师工作的本质是塑造灵魂、塑造生命,由此可见教师的极端重要性。什么样的教师才算是优秀的教师呢?习近平提出了"四有好老师",即有理想信念、有道德情操、有扎实学识、有仁爱之心。这是对教师较为宏观的要求,处于人工智能时代的教师还要适应角色上的转变,与传统教师迥异,教师将从"全才"转为"专才",从"教学者"转向"辅助者",从"教练"转变为"导师"。[3]

---

① 《习近平在全国教育大会上强调　坚持中国特色社会主义教育发展道路　培养德智体美劳全面发展的社会主义建设者和接班人》,《人民日报》2018年9月11日第1版。

② 《邓小平文选》(第二卷),人民出版社1994年版,第108页。

③ 张优良、尚俊杰:《人工智能时代的教师角色再造》,《清华大学教育研究》2019年第4期。

作为新时代高校教师必须努力克服信息化初级阶段的一些弊端,如教学方式方法不变而仅限于用技术进行知识传授,推送不成体系的数字资源等。努力做学生理想信念、价值观的引导者、培育者,心灵、情感的交流者、呵护者,在人工智能赋能下重塑新时代高校教师队伍的新形象与新角色。

2.精湛的思想政治教育工艺

2018年出台的《新时代高校思想政治理论课教学工作基本要求》中指出,努力实现思想政治理论课教学"配方"先进、"工艺"精湛、"包装"时尚。所谓工艺精湛就是针对问题或者教学任务采取科学而行之有效的方法。毛泽东曾用"河"与"桥"形象地比喻方法的重要性,他说:"我们不但要提出任务,而且要解决完成任务的方法问题。我们的任务是过河,但是没有桥或没有船就不能过。不解决桥或船的问题,过河就是一句空话。不解决方法问题,任务也只是瞎说一顿。"①思想政治教育方法是实现"立德树人"这一根本任务的关键,而所谓工艺就是技术与艺术融为一体。如何达到精湛呢?一方面,加强新科技的运用,人工智能时代最为显著的特征是三维空间的形成,按照潘云鹤院士的看法,传统社会是由物理空间和社会空间组成,随着信息技术迅猛发展而形成了信息空间。这对高校思想政治教育来说可以构筑三位一体的立体教学方式,即网络教育、课堂教育与实践教育相结合。另一方面,由于人工智能带来思维与创新能力的提升,造就人工智能时代教师所应具有的相关性思维、大数据思维、去中心化思维以及精准化思维。这样,便实现外在技术的加持和内在思维、理念的升级合二为一,并使得思想政治教育工艺更加"精湛",从而实现入心入脑。

3.精准化的思想政治教育过程

立德树人是一项全方位、全过程都需要持续发力的实践活动,任何一个

---

① 《毛泽东选集》(第一卷),人民出版社1991年版,第139页。

环节的疏忽都会影响效果,传统条件下是很难做到全程跟踪与记录的,但是在人工智能时代迎来了巨大转机,可以实现全程追踪、详细记录,从而实现精准思政。所谓精准思政是在传统教育模式供需失调、信息技术迅猛发展、人的网络化生存样态不断深化的背景下产生的,是继思政课程、课程思政之后的一种崭新教育模式。①这终结了大水漫灌模式授课,使得思想政治教育走向精准识别、精准定制、精准滴灌、精准评价。学生学习内容整体上的"私人订制"强化了针对性,而按能力分配学习内容和按需分配相结合,全程辅以智能化、情境化的环境,使教育过程实现教与学的"有虚有实、有棱有角、有情有义、有滋有味",确保学生在精准滴灌下茁壮成长。

人工智能带给高校思想政治教育方式方法上的重要机遇,主要着眼于三个"精"上,即精心对待每一位学生,精心打造师资队伍;用技术与理念合二为一的精湛工艺打造教学方法;全过程、全方位的精准滴灌,最终实现因材施教的个性化教育。

### (三)共建、共治、共享高校思想政治教育资源

人工智能在推动高校思想政治教育教学资源开放共享、克服发展不平衡不充分的困境上将发挥关键性作用。我国经济、社会、教育等方面客观上的发展存在城乡对立、东西部不均衡等问题,这严重影响着不同地区思想政治教育的质量。整体上看,无论是在师资水平还是思想政治教育教学资源上都存在一定失衡,城市优于农村,东部优于中西部地区。人工智能时代将逐步减少或者消除这种差距,实现资源共建、共治、共享,从而满足每位大学生全面发展和对美好生活的需要。

---

① 吴满意、景星维:《精准思政:内涵生成与结构演化》,《学术论坛》2019年第5期。

1.知识"比特化"是实现资源共建、共治的基石

知识形态的变化使得教育资源呈现比特化和泛在化,人人都可便捷地获取所需资源。有学者就指出:在图书数字化、知识网络化、技术智能化的驱动下,正从过去实体的"原子"转化为当下虚拟的"比特",以二进制数字的形态涌向网络,使得虚拟世界的知识疆域因太大而变得无形。[①]相对于文字图书时代以及电化教育阶段,信息传递都是以看得见的实体形式传播,主要是纸质、音频、视频等,其最大的障碍就是传递距离问题;而网络时代有效解决了传递距离的问题且极大地节约了时间成本,这是信息化带来的最基本的优势。但是这个阶段存在的最大问题就是信息过载和知识的不确定性、碎片化,人们都淹没在信息的海洋中却又在忍受着知识的饥渴,这句话非常形象地刻画出了这个阶段的困境。到了人工智能时代,也就是信息化的高级阶段就可以将信息资源进行精准化选择,实行按需分配和按照学习个性分配的智能化呈现方式,从而使得不同地区、部门之间资源可以无缝衔接,实现思想政治教育资源共建、共治。

2."人机一体化"是实现资源共建、共治、共享之肯綮

突如其来的新冠肺炎疫情加速了人工智能等技术与教育的融合,不仅在线教育获得史无前例的发展,而且人工智能等技术在学习辅导、智能化推荐以及情感陪护上发挥了重要作用。相应地,这些人工智能教育应用在高校思想政治教育中也能发挥积极作用,诸如在情感陪护、心理辅导、大学职业生涯发展与促进等方面。有学者指出,随着人工智能时代的到来,面对尖锐的问题"机器人可以教知识,无法培育价值观吗?"我们的回答是,机器人不仅能够教知识而且可以培育知识里的价值观。[②]思想政治教育的核心就

---

①　余宏亮:《数字时代的知识变革与课程更新》,《课程·教材·教法》2017年第2期。

②　陈思宇、黄甫全:《机器人可以教知识无法培育价值观吗》,《中国电化教育》2019年第2期。

是价值观的培育,通过人工智能机器人虽然可以分担一部分立德树人的任务,但终究不能取代教师,价值观的塑造毕竟还是更需要人与人之间情感的流露、教师的人格魅力感染以及真实情景中的感动。这种人机一体的方法可以大面积推广使用,尤其是在相对偏远或者师资匮乏的地区可以实现方法的共享共用,还能提升教育者的教学水平,极大地提升了高校思想政治教育的效益。

3."认知外包"是实现资源共建、共治、共享的保障

人工智能时代思想政治教育的重心将迎来转换。美国著名教育心理学家布鲁姆将学习者认知能力按照智力活动的复杂程度由简单到复杂可以划分为:知道、领会、应用、分析、综合、评价。[①]前面的三种都是属于较为初级的思维方式,而分析、综合、评价等则属于高阶思维,思想政治教育要真正取得实效靠的就是学生高阶思维能力的培养,但并不是说知道、领会、应用并不重要,它们是基础,是高阶思维形成的前提条件。在传统高校思想政治教育中初级思维占用大量时间和精力,主要表现在过度强调识记、知识传递,从而把真正核心的工作,即在分析、综合、评价等高阶思维能力的培养中蕴含着大量情感、态度、理想信念等有利于价值观形成的关键因素给忽视了。当然,这种忽视并不是主观上的,而是由于客观条件所限制。随着人工智能的发展,初级思维的培育可以通过人机一体的形式实现认知外包。所谓认知外包是指:"借助外部设备的思考和认知的方式的核心是将人类认知能力上的不足外包给外部智能设备。"[②]当前运用较为成熟的就是各种可穿戴智能设备,这拓展了人的认知存储空间,为人的全面、自由发展奠定基础。对教师而言,可以专心于创造性、艺术性的工作;对学生而言,可以在高阶思维

---

① 何克抗、李文光:《教育技术学》,北京师范大学出版社2002年版,第170页。

② 余胜泉、王琦:《"AI+教师"的协作路径发展分析》,《电化教育研究》2019年第4期。

能力及自我实现上投入更多精力。教师的那些重复性、简单化的工作以及学生那些记忆性为主的低阶思维方面都可以借助认知外包，这既有利于思想政治教育资源的共建、共治、共享，又大幅提升了思想政治教育的效率。

## (四)新规律、新理念、新模式丰富理论体系

习近平在全国高校思想政治工作大会上指出："做好高校思想政治工作，要因事而化、因时而进、因势而新。要遵循思想政治工作规律，遵循教书育人规律，遵循学生成长规律，不断提高工作能力和水平。"[①]这明确指出了思想政治工作的开展要遵循的"三大"规律。诚然，思想政治教育随着时代的发展处于不断动态发展变化中，这就需要思想政治教育者研究规律、把握规律、运用规律来提升思想政治教育效果，人工智能为探寻把握规律提供了契机。

### 1.以大数据思维推动思维方式的革新

恩格斯指出："在自然界中没有孤立发生的东西。事物是互相作用着的，并且在大多数情形下，正是忘记了这种多方面的运动和相互作用，阻碍我们的自然科学家去看清最简单的事物。"[②]在高校思想政治教育上亦是如此，囿于各种客观条件所限，人文社会学科中很多事物之间的联系只凭借主观经验是很难总结成规律性的成果的，这也是人文社会学科被自然科学所诟病的地方。人工智能时代可以有效提升其科学性，实现样本即"全体"，凭借大数据可以收集大学生思想状况、心理特点、学习风格等信息及社会思潮、舆论舆情、网上意识形态等数据，在对数据进行深入挖掘、精准分析和归纳总结后，一方面可以及时发现存在的问题从而研判形势、做好防范，提升

---

[①]　《习近平在全国高校思想政治工作会议上强调　把思想政治工作贯穿教育教学全过程　开创我国高等教育事业发展新局面》，《人民日报》2016年12月9日第1版。

[②]　恩格斯:《自然辩证法》，人民出版社1971年版，第157页。

"一叶知秋"的洞察能力,"见瓶水之冰而知天下寒";另一方面可以在海量数据中发现相关性,诸如当代大学生行为特点、心理特征、上网习惯、舆论导向等,从而使思想政治教育更加具有针对性和方向性。"运用大数据技术,我们能够把握社会环境、教育活动同教育对象思想道德素质之间的关联,并进行横向和纵向的对比,形成多层次的思想政治教育规律,为得出人的思想品德形成规律提供经验基础。"①在数据各种相关性基础上,可以不断总结当代大学生思想政治教育的有效方式、特征以及发展趋势,进一步完善思想政治教育理论体系。大数据思维的根本就是打破传统思想中的因果关系式的肯定性思维,把人带入相关性为代表的大数据思维中,避免在科技高度发达的今天由于肯定性思维的流行,使人成为所谓的"单向度的人"。这是大数据思维给高校思想政治教育带来的新思维、新理念。

2.以深度学习推动探索教学新模式

思想政治理论课是主渠道、主阵地。以人工智能为基础支撑涌现出很多新颖的教学方式,诸如深度学习、自适应学习、个性学习、泛在化学习、差异化学习等。深度学习是其中最突出的代表,又是新一次人工智能浪潮的直接推动力之一。第一,深度学习是相对于表层学习、机械学习、无意义学习而言的,是学习者认知、情感、思维高度摄入的一种学习方式,不仅突出学习者对学习内容的深度理解和个体建构,而且强调学习者基于个体经验实现对学习内容的同化、顺应,进而内化到个体的认知结构,并在差异化的情境中实现迁移。②迁移是教学中非常重要的一项能力,可以通过对已拥有知识、经验实现对类似的新知识的理解、同化,有举一反三之效。第二,"深度学习是信息时代教学变革的必然选择……是发展素养的学习,是理解性学

---

① 常宴会:《大数据时代思想政治教育理念的三重反思》,《思想教育研究》2017年第8期。
② 崔友兴:《基于核心素养培育的深度学习》,《课程·教材·教法》2019年第2期。

习,是符合学习科学基本原理的学习。"①思想政治教育重点在于"德",德性的培养就需要对道德认知进行深层次理解,浅尝辄止的认识是不可能让"德"在学生心中生根发芽的,只能是镜中花、水中月。第三,人机协同是人工智能时代的必然要求,人工智能的"智能"源于深度学习。在实践教学中,深度学习的运用是实现人机一体化的结合点。这种基于人机交互及线上线下相结合的方式丰富了思想政治教育教学模式,在推动了教育资源共享性、开放性的同时,有利于提升思想政治教育教学的有效性和亲和力。

3.以"黑箱"理论推动探索思想政治教育新规律

人工智能时代人们的知识观将会更新。一般认为,知识包括明知识和默知识,所谓明知识就是可言可传授的,而默知识是难以言传只能体会的。人工智能时代将迎来暗知识的增长,暗知识是既不能言传也不能为人类所感知的,是人工智能所独创的知识,是人工智能的"黑箱",但又是确实存在的一种知识类型。在人工智能时代,大数据通过相关性思维发现了数据间的关系,进而归纳出有用的信息。数据其实类似工业革命时代的原油,不经过提炼是难以直接使用的,就像"DIKW模型"所讲的,数据进一步提炼分析会形成有用的信息,而信息经过人们的加工,从中萃取的对人类有益的成分就形成了知识,知识的精华与核心是智慧。大数据等人工智能技术就是从大学生日常学习、生活的海量数据中提取有用信息,进而逐渐形成关于人的思想观念、价值观、成长规律等相关的知识,为思想政治教育研究和理论体系的形成奠定基础。当前,除大数据之外,最重要的人工智能实现路径是机器学习,它是人工智能的核心,也是具备智能属性的源泉。最广为人知的就是阿尔法围棋(AlphaGo)2017年5月在乌镇的围棋峰会上以3:0战胜世界排名第一的柯洁,AlphaGo是通过观察学习了16万次人类围棋比赛进行自我学

---

① 郑葳、刘月霞:《深度学习:基于核心素养的教学改进》,《教育研究》2018年第11期。

习的。2017年10月,一款比 AlphaGo 更强大的 AlphaGo Zero 面世了,它从游戏规则开始一步步学习围棋,击败了曾战胜柯洁的版本 AlphaGo Master,战绩为 100∶0。对人类而言,机器学习往往在自己的"内部"形成一个"黑箱"。①人类是很难理解其内部到底如何运作的,但人工智能可以通过其独特的方式建构模型、提炼结论。对于未来高校思想政治教育来说,随着越来越多的教育教学实现人机一体化,人工智能就可以从千万大学生中提炼共性、指明困境、探索方法、总结规律,最终总结出行之有效的新规律。

美国人工智能专家特伦斯·谢诺夫斯基(Terrence Sejnowski)在其专著《深度学习》一书前言中指出,"随着基于深度神经网络的机器智能日渐成熟,它可以为生物智能提供一个新的概念框架"②。人工智能发展的最终指向还是造福有机界,而作为培育灵魂、塑造生命的思想政治教育也会随之不断升级。怀特海说:"如果今天我们故步自封,那么明天随着科学的进步,那些不重视教育的民族便无法获得命运的青睐。"③当前人工智能对于高校思想政治教育可谓是"恰逢其时、恰乘其势。"

---

① 李彦宏:《智能革命:迎接人工智能时代的社会、经济与文化》,中信出版社 2017 年版,第90页。

② [美]特伦斯·谢诺夫斯基:《深度学习》,姜悦兵译,中信出版社 2019 年版,前言。

③ [英]阿尔弗雷德·诺思·怀特海:《教育的本质》,刘玥译,北京航空航天大学出版社 2019 年版,第21页。

# 第二章 高校智慧思政的背景与发展逻辑

人工智能给当前高校思想政治教育带来巨大挑战,这些挑战在影响着高校思想政治教育成效的同时也带来了机遇,如不及时抓住机遇并融入当前的高校思想政治教育中为我所用,势必会削弱、消解思想政治教育的效果。高校智慧思政正是为应对人工智能所带来的挑战与冲击而提出的,正是要把握住时代赋予的机遇。高校智慧思政是一种对新时代高校思想政治教育模式的探索,与"三全育人"机制具有内在契合性,同时也是充分践行"三全育人"理念的产物。在分析相关概念的基础上对高校智慧思政作出界定,并分析其必要性、可行性以及发展现状,以此明晰高校智慧思政的发展逻辑。

## 一、高校智慧思政的由来及内涵

高校智慧思政这一概念的产生,既是高校思想政治教育历史发展脉络的必然要求,又是思想政治教育理论创新发展的客观选择。要深入厘清这一概念就要从几对相近概念的辨析入手,主要有:智慧与智能;智能教育与智慧教育;智能思政与智慧思政。另外还有智慧社会、智慧校园、智慧教室、智慧学习等相关概念。

## (一)智慧与智能

智慧与智能从词义上看,两者既相近而又有所区别。智慧在《汉语大词典》中是指:①聪明才智。②梵语"般若"的意译。按照最新版《辞海》(2009年)的定义,智慧是对事物认识、辨析、判断处理和发明创造的能力。智能在《汉语大词典》中是指:①智谋与才能。②指智力。这是词义上的定义,在心理学中也有智慧与智能的界定。美国当代心理学家斯滕伯格认为:"智慧是以价值观为中介,运用智力、创造力和知识,在短期和长期之内通过平衡个人内部、人际和个人外部的利益,从而更好地适应环境、塑造环境和选择环境,以获取公共利益的过程。"[①]美国著名心理学家、多元智能理论创立者加德纳将智能定义为:"一种生理心理的潜能,它可以处理在一定文化背景下被激活的信息,去解决问题或者创造一种在特定文化中有价值的产品。"[②]

无论从词义上还是心理学上可知,二者都含有智力、才能的成分,但是智慧所蕴含的思想更深厚、悠久,更有意蕴。祝智庭教授认为,智力强调认知、推理、决策和问题解决能力,主张一种较为纯粹的理性思维能力。智慧则更加强调(默会)知识、智力、创造力的综合运用以及心智运算向外部实践的转换,重视伦理道德和价值观在学习、生产和生活实践中的引领作用。[③]

从心理学角度来看,智慧更多地指向人的内外之间的关系,是以人的价

---

① 汪凤炎、郑红:《智慧心理学的理论探索与应用研究》,上海教育出版社2014年版,第174~175页。

② Gardner H., *Intelligence Reframed:Multiple Intelligences for the 21st Century*, Cambridge:Basic Books,1997,pp.33-34.

③ 祝智庭、贺斌:《智慧教育:教育信息化的新境界》,《电化教育研究》2012年第12期。

值观为桥梁、平衡人与外部之间的关系，从而获得和谐状态；而智能则是内部潜能的外化，是直接转化、创造成有价值的产品。从词语使用对象上看，智慧指称的一般是人，而智能则多是指物。英国著名哲学家、数学家、教育家怀特海认为，智慧指的是运用知识的方式，包括如何处理知识，如何选择知识解决相关问题，如何运用知识来为我们的经验增添价值。这种对知识的掌控便是智慧，是我们所能获得的最充分的自由。[①]智慧与知识有密切关系，知识是智慧的基石，但智能与知识则不存在这种联系。有学者认为："智慧不同于知识，但智慧源于知识，知识是智慧得以发展的充分但非必要条件。""智慧是个体对环境的一种适应，是个体与环境之间达成的一种平衡。"[②]可见智慧是与知识密不可分的。智慧与智能都与智力、谋略有关系，但是又有不同之处。张汝伦教授认为："谋略或计谋是不讲是非，只讲成功，而智慧总是与德性相关，与价值理性为邻。""受智慧驾驭的知识是人类之福；而没有智慧的知识，很可能使人类迷失方向"。[③]这深刻道出智慧与知识、谋略之间的联系与区别。智慧与德性、价值理性息息相关，是以芸芸众生、人类福祉为指向，为的是人类未来的发展宏图而不仅是当下的一时之利。智慧应该包含智能成分，而倾向于更高层、更高级、更深谋远虑的智谋，不但含有一定的灵性感悟和创造力，还有美好德行、价值观和情感因素蕴含其中。

从技术或科学的角度来看，智慧与知识、信息、数据存在着密不可分的联系，这四者构成的体系称为"DIKW体系"或"DIKW模型"。这一体系最早

① [英]阿尔弗雷德·诺思·怀特海：《教育的本质》，刘玥译，北京航空航天大学出版社2019年版，第42页。

② 罗生全、王素月：《智慧课程：理论内核、本体解读与价值表征》，《电化教育研究》2020年第1期。

③ 张汝伦：《以智慧之名，把握人生》，《光明日报》2011年5月27日第15版。

是管理学家罗素·艾可夫(Russell.L. Ackoff)在其撰写的《从数据到智慧》中提出的。数据、信息、知识与智慧共同构成了DIKW体系,如图2-1所示。[1]数据作为最底层是离散、不相关的事实、文字、数字或符号,是没有实际价值或使用价值的;数据经过筛选、整理、提炼与分析形成信息后就具有一定价值了;把信息应用于实际与一定文化背景、个人经验等相结合,并经过时间积累形成的相对正确的便是知识;知识不断积累和升华后形成的关于未来的前瞻性看法与想法就是智慧。可见,智慧就是人们所追求的最高层次的东西,是人类知识的精华所在。

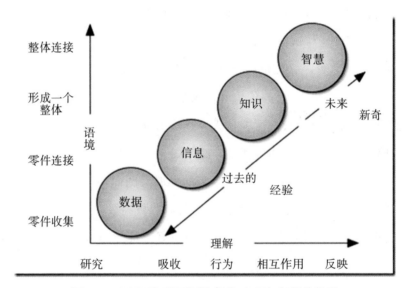

**图2-1　DIKW体系下数据、信息、知识与智慧的关系**

## (二)智能教育与智慧教育

智能教育在学界研究相对较少,追溯其前身应该是专家系统、程序教学机等,这都是教育技术学领域的成果。随着人工智能的发展,智能教育是以

---

① 舒文刚:《DIKW体系下数字图书馆的大数据服务模式》,《图书馆学刊》2015年第7期。

人工智能的教育应用为出发点,是利用人工智能技术加强数字校园乃至智能校园建设,建立在线学习教育平台及教育分析系统从而形成以学习者为中心的新型教育体系,是人工智能教育的初级应用。智能教育侧重点是在教育上,其聚焦点主要是教育技术或教育信息化的发展,而"高质量、高效率的思维能力培养是智能教育的核心灵魂"[①]。

　　关于智慧教育学界尚存在分歧,主要存在两种观点,一种是将智慧教育视为 Smart Education;而另一种是 Education for Wisdom。前一种认可度较高,是国际上较为通用的对智慧教育的翻译形式,学术界将智慧教育翻译为 Smart Education 也间接反映出其研究旨趣在于以技术化路线实现教育的最大成效,是教育信息化的高级形式。因而,下文将智慧思政翻译成英文也是采用 Smart Education 这一方式,将智慧思政译为 Smart Ideological and Political Education,简称为 SIPE。

　　祝智庭教授曾撰文指出:"智慧教育是教育信息化的新境界、新诉求。它需要以智慧学习环境为技术支撑、以智慧学习为根本基石、以智慧教学法为催化促导。"[②]这种定义更多是从信息化的角度出发,以打造智慧化环境为手段,实现更高效更适切的育人。与之不同,也有学者侧重于提升人的智慧,旨在人的自我实现,认为智慧教育是指以"人的智慧成长"为导向,运用人工智能技术促进学习环境、教学方式和教育管理的智慧转型,在普及化的学校教育中提供适切的学习机会,形成精准、个性、灵活的教育服务体系,最大限度地满足学生的成长需要。[③]这两种取向的界定其实是由不同的侧重点而导致的。侧重于过程与手段就更注重价值理性,研究中偏向于人本主

　　① 张进宝、姬凌岩:《是"智能化教育"还是"促进智能发展的教育"——AI时代智能教育的内涵分析与目标定位》,《现代远程教育研究》2018年第2期。

　　② 祝智庭、贺斌:《智慧教育:教育信息化的新境界》,《电化教育研究》2012年第12期。

　　③ 曹培杰:《智慧教育:人工智能时代的教育变革》,《教育研究》2018年第8期。

义视域下的技术应用;而注重结果与目的则重在工具性价值或技术理性,偏向于目标的达成与实现。故而,一种是以典型的价值理性为指引,另一种则是以工具理性为主导。

当前关于智慧教育界定比较多,从已有的研究来看,以教育技术为视角的研究成果较多构成研究的主流。智慧教育是不断将物联网、云计算、大数据、移动互联网、人工智能、虚拟现实等新一代信息技术手段与教育理念和实践融合,构建网络化、数字化、智能化的学习空间、学习生态以及现代教育模式和系统,旨在促进教育利益相关者的智慧养成与可持续发展,推动教育的创新与改革。[①]技术最终是服务于人的全面发展与成长成才的,要将这两种路线充分融合,既要注重技术因素也要关照价值因素。智慧教育不仅是教育基础设施的信息化、智能化,而且是教育理念与教育方式的转型升级,从注重"物"的建设向满足"人"的多样化需求和服务转变。[②]人工智能时代教育环境、教育对象、教育信息载体与传播途径、教育方式、教育评价等都迎来翻天覆地的变化,这就"促逼"教育主体主动变革以适应新时代社会发展的需要。智慧教育是基于新时代背景的产物,是一种全新的教育理念,也是一种立足当下面向未来的教育形态。

由此可见,智能教育与智慧教育有一定差异。智能教育的重心在智能上,而智能主要是指物的,因而智能教育强调的是以人工智能提升知识、技能培养的效率与效能。智慧教育更强调智慧化,除了知识传授,更关注精神世界的追求,诸如道德情操、价值观念、理想信念以及情感态度等。智能教育与智慧教育的相同之处主要表现在其出发点上,二者均是从人工智能新科技与教育的融合为原点;其不同之处主要是在融合程度上的差异,很多研

---

① 哈斯高娃等:《智慧教育》,清华大学出版社 2017 年版,第 19 页。

② 任友群等:《融合创新、智能引领、迎接教育信息化新时代》,《中国电化教育》2018 年第 1 期。

究都表明智能教育从初级到高级分为计算智能、感知智能到认知智能三个阶段,而智慧教育也是从数字化、网络化、智能化最后到智慧化而称为智慧教育。其实可以认为智能教育是专用人工智能或狭义人工智能与教育融合的产物,而智慧教育则是指向通用或者广义人工智能与教育融合的阶段,可以看作是智能教育的升级版,具体表现在全人成长上、在情感、在智慧"心"上。

### (三)高校智慧思政的内涵

　　智慧教育既是一种理念,也是一种教育实践,还是面向未来而构建的一种教育生态或教育环境,这种理念滥觞于 IBM 所提出的"智慧地球"概念。与智慧教育密切相关的还有智慧校园、智慧教室、智慧教学等,大体上也是将智慧理念运用于具体的某一个点上。譬如智慧校园,也被称为智慧学校。智慧学校就是以智慧教育理念为基本导向,借助物联网、大数据、云计算、移动互联网等信息化热点技术构建具有感知化、智能化、泛在化的智慧学习环境,基本目标在于促进信息技术与教学管理等学校主流业务的深度融合,根本目的是培养具有批判性思维、创新、协作等能力的智慧型人才。[①]再把范围缩小一点就产生了智慧教室。还有学者提出智慧教学,所谓智慧教学,是以"促进学生智慧发展"为原点,是"以学生为中心"的、灵活的、生成性的、富有人性的、积极应用信息技术的教学。[②]

　　思想政治教育与教育既有联系又有区别,尤其是在高校之中,二者关系更为紧密。教育的目的是培养人,而思想政治教育是立德树人,宏观层面上都是培养人的活动,具体来讲,教育是培养德智体美劳全面发展的人,培养

---

　　① 鹿星南、和学新:《国外智慧学校建设的基本特点、实施条件与路径》,《比较教育研究》2017年第12期。

　　② 杨鑫、解月光:《智慧教学能力:智慧教育时代的教师能力向度》,《教育研究》2019年第8期。

目标是一个能力群而不是单一方面的能力;而思想政治教育则是德育为主,相对于教育来说是"能力群"中最为核心的部分,是其中枢和焦点。思想政治教育的重心在于价值观的培育,对我国而言,就是社会主义核心价值观的培育。随着智慧教育、智慧校园等理念深入人心,高校思想政治教育也要与时俱进才能跟得上高等教育发展的趋势。将"智慧"理念引入高校思想政治教育中,从而不断提升高校思想政治教育效果。客观上,德育相较于智育、体育、美育、劳育等更适合或更需要这种在智慧之"心"上的、富有人性的、生成性的、充满情感与智慧的教育方式,因为德性、价值观的形成相对复杂、过程比较漫长,不是靠单一的灌输或者说教就会起作用的,更需要学生的主动建构和自我教育。正像雅斯贝尔斯所讲:"教师要唤醒人的潜在的本质,逐渐自我认识知识,探索道德。"[1]借鉴智慧教育、智慧校园等思想构建智慧化思想政治教育(简称智慧思政)以适应人工智能时代的发展要求,提升立德树人实效。

高校智慧思政概念在现有文献资料中鲜有提及,但有几个与之较为接近的概念,诸如智能思政、精准思政等。吴满意、景星维提出精准思政,认为"是指基于大数据、人工智能等前沿技术的介入,在精准思维和理念的引导下,实现思想政治教育的精准育人活动"[2]。周良发提出"智能思政",是指将人工智能嵌入思想政治教育过程中,推动思想政治理论课教学理念、平台、载体、方法等技术层面的智能化升级转型,形成精准、个性、灵活的思想政治教育教学体系,以最大限度地满足青年学生的成长发展需求。[3]精准思政和智能思政都是人工智能与思想政治教育融合的产物,只是囿于当前人工智

---

① [德]雅斯贝尔斯:《什么是教育》,邹进译,生活·读书·新知三联书店出版1991年版,第9页。

② 吴满意、景星维:《精准思政:内涵生成与结构演化》,《学术论坛》2019年第5期。

③ 周良发:《智能思政:人工智能时代的思想政治教育变革》,《重庆邮电大学学报》(社会科学版)2019年第5期。

能发展的程度,可以实现一部分较为初级的应用而达到思想政治教育的精准化和智能化。随着人工智能不断迭代更新逐步走向更为成熟的通用人工智能阶段,必将带来更大的改变和更为重要的应用。高校智慧思政的提出正是着眼于不远的未来,是面向通用人工智能时代的到来而构建的高校思想政治教育理念与实践活动,也是一种全新的高校思想政治教育环境或者生态。这时思想政治教育理念、内容、方式方法、途径、师生关系、环境、思政课以及评价都会带来巨大变化。吴满意、王丽鸽曾提及智慧思政并指出:"学者们给予智慧思政以不同的解读和分析,分别着眼于智慧教育环境的建设和智慧教育体系的建构两大维度。"[1]这一阐释主要基于数字技术、网络技术、云存储技术等应用以营造思想政治教育环境为侧重点。还有学者认为智慧思政是一种依托各类智能设备及网络所打造的向物联化、感知化、泛在化、智能化和个性化升级转型的思想政治理论课教学模式。[2]思政课属于高校思想政治教育的有机组成部分,而人工智能应用不仅仅限于思政课。所以,该定义相对比较狭隘,因为将智慧思政限定于高校思政课范畴内,这并不利于人工智能在思想政治教育中的广泛应用。

通过上述分析,智慧首先是一种高瞻远瞩的面向未来的理念,具有整体性、全局性意义,所以智慧思政第一层含义是立足当下科技,发展面向未来的思想政治教育理念;第二层含义是注重思想政治教育环境建设,是教育信息化和信息技术发展到高级阶段后互相融合而旨在优化高校思想政治教育环境;第三层含义是着眼于未来高校思想政治教育实践体系,这是一个动态生成的开放性命题,其内涵、形式或者体系框架会随着科技的发展和人们需

---

①  吴满意、王丽鸽:《从精准到智慧:思想政治教育创新发展的根本态势分析》,《马克思主义与现实》2019年第4期。

②  蒋孝明、马永强:《智慧思政:思想政治理论课教学信息化发展的进路分析》,《未来与发展》2021年第8期。

求的变化不断变迁、演化。

综上所述,高校智慧思政是以人工智能时代的思维、理念为指南,充分发挥人工智能优势,通过构建合物理空间、社会空间与网络空间三位一体的以泛在化、境域性、沉浸式为显著特征的思想政治教育生态,力图以个性化、差异化、精准化、智能化的教育方式,更科学、高效而适切地实现立德树人目标的高校思想政治教育新体系。高校智慧思政由智慧学习、智慧教学、智慧课堂、智慧思政课、智慧校园、智慧管理服务等部分组成。

简言之,高校智慧思政的提出是建立在数字化网络化校园建设的基础上,是为应对人工智能对高校思想政治教育的冲击与影响,是为提升新时期高校思想政治教育实效性而构建的新模式。智慧思政与高校实际相结合后对第一课堂、第二课堂进行重塑,通过强化理论武装体系、构建思政课教学新模式、重塑高校教师角色、升级辅导员工作体系以及优化质量评价体系等实现立德树人。一言以蔽之,高校智慧思政是发挥人工智能"投其所好"的优势,通过营造鲜活生动的情境吸引学生浸润其中,从而实现更轻松高效地入心入脑。"投其所好"就是人工智能的特长之一,即通过智能算法、深度学习等激发学习兴趣、触发学习动机,激活内驱力和主动性;而情境性则是人工智能中各种虚拟技术及全息技术的优势所在,通过营造情境实现长时段浸润而达到润物无声之效。骆郁廷教授指出:"吸引是网络思想政治教育的本质特征。"[1]作为网络思政的升级版,高校智慧思政的本质特征就应该是"浸润",是通过营造情境"吸引"大学生参与其中,并在此基础上让沉浸于具体情境中的人自由自愿地进行思想交流与碰撞,进而最终逐渐实现思想的内化。同时,由于情境高度逼真而鲜活,在长时段的浸润中思想道德意志力

---

① 骆郁廷:《吸引、判断、选择:网络思想政治教育的关键词》,《马克思主义研究》2016年第11期。

也会逐渐提升,从而巩固了入心入脑的成效。

　　值得注意的是,高校智慧思政中的"思政"是指思想政治教育。与思想政治教育密切相关的一个词语是思想政治工作,按照学界分析,思想政治工作应该是思想政治教育的上位概念。思想政治工作出现较早且外延更广,包括"思想政治教育"与"思想政治管理","思想政治教育"是核心。从语境来看,"思想政治工作"突出的是党的工作系统和政治系统,而"思想政治教育"凸显的是教育领域与学科领域。①可见,思想政治工作包含思想政治教育,除此之外还有宣传思想、政治工作等。尽管两者有所不同,但在高校视域下思想政治工作与思想政治教育在一定程度上是相通的。文中的智慧思政建设是指以高校作为主体而构建出面向当代大学生的智慧化思想政治教育新模式。

## 二、高校智慧思政建设的现状

　　如前所述,高校智慧思政建设在人工智能时代既是迫在眉睫势在必行之举,又具有较强的可行性,而在高校实践层面上的现状如何呢? 高校是否具备相应的基础进行智慧思政建设呢? 厘清现状是建构高校智慧思政这一新理论模式的信心与底气所在。

### (一)完善的指导思想与有力的政策制度

　　整体上看,智慧化理念成为国家、社会乃至高等教育发展的新趋势,这是智慧思政理念在高校思想政治教育生根发芽的思想基石。从国际上看,智慧化理念成为很多发达国家发展的方向,高校智慧思政的提出是极具前

---

① 刘建军:《寻找思想政治教育的独特视角》,中国人民大学出版社2017年版,第131页。

瞻性的。生产力是推动社会发展的决定性力量,而矗立其上的上层建筑要顺应社会发展大势顺势而为。从生产力的角度讲,人类社会经历了狩猎采集社会、农耕社会、工业社会和信息社会四个阶段,当前正是处于信息社会高度发展之际,未来社会发展将逐渐走向"社会5.0"形态,即智慧社会。日本把这种社会形态称为超智慧社会(Supper Smart Society)。[1]2014年新加坡政府公布了《智慧国家2025》计划,这被视为智能城市的升级版,也是最有希望成为世界上第一个智慧国家。智慧化正日益成为一种世界潮流。

我国在党的领导下经历28年奋斗终于迎来新中国的诞生,又经历70年筚路蓝缕、披荆斩棘实现全面建成小康社会,中国特色社会主义站在了新的历史方位上。作为党和国家"生命线"式的存在的思想政治教育,不仅是凝聚人心的一种社会实践活动,而且是事关社会主义事业建设者和接班人、事关国家前途和民族命运、事关民族复兴大业的铸魂工程,因而必须紧紧跟随社会发展并勇立潮头。一系列"智慧"概念的出场,诸如智慧学习、智慧校园、智慧社会、智慧城市、智慧教育、智慧教室等,从中就能洞悉这本身是一种社会发展趋势的召唤,也是时代的必然选择。党和国家高度重视并在党的十九大报告中首次提出了"智慧社会"。随后,智慧城市、智慧交通等理念在全国各地得以纷纷响应。人工智能将在智慧社会或智慧城市建设中发挥关键性作用,未来社会是人工智能社会,而智慧社会是未来建设追求的目标。有学者指出,智慧城市的本质特征是人类智慧驱动城市发展,一般认为,智慧城市发展需要经历四个阶段:数字化、网络化、智能化、智慧化。[2]不论是智慧城市还是智慧社会都是指向智慧化的发展方向。作为必须放在优先发展的战略地位的教育事业,是实现中华民族伟大复兴的基础工程,正如

---

① 任仲文:《智慧社会:领导干部读本》,人民日报出版社2019年版,第201页。

② 任仲文:《智慧社会:领导干部读本》,人民日报出版社2019年版,第113页。

习近平所讲："教育决定着人类的今天,也决定着人类的未来。"[①]传统教育教学的改革必须紧密结合当前科技发展以不断适应新一轮科技革命带来的影响,其发展方向为教育智慧化。

高校思想政治教育智慧化既是顺应社会潮流和教育发展的大势所趋,又彰显着其作为思想上层建筑对经济基础的反作用力。从宏观上看,当前高校的智慧思政建设既有着较为坚实的思想基础,又有着相应的政策和制度支持,故而高校智慧思政建设拥有丰沃的成长土壤。

### (二)良好的物质基础与丰富的实践经验

从高校思想政治教育实际出发,数字化网络化已呈现普及化并朝着智能化、智慧化方向发展。高校思想政治教育事关未来人才质量,而高校智慧思政建设是对新时代背景下高校思想政治教育的有益探索,并且这种探索符合教育信息化、现代化的大趋势。就高校整体发展而言,相较于中小学信息化程度高出很多,一直走在教育信息化的前沿。高校在国家宏观政策的指引下,诸如《教育信息化2.0行动计划》《智慧校园总体框架》等文件,高校的数字化、网络化建设都已经实现,开始朝着智能化、智慧化方向发展,主要建设目标在于智慧校园、智慧教学、智能安防以及信息安全保障机制等。以智慧校园建设为典型代表,并不断催生着高校智慧思政建设的发展。目前,高校智慧思政建设有着坚实的基础,主要呈现在以下三个方面:

一是在思想政治教育主客体方面,高校师生的信息素养不断提升,为智慧思政的实施确立了最重要的人的因素。智慧思政是建立在人的深度信息化基础上的。思想政治教育的终极价值在于促进人的发展,而具体实施者

---

① 习近平:《清华大学苏世民学者项目启动仪式在京举行》,《人民日报》2013年4月22日第1版。

也是人。只有能驾驭新科学技术的人才能实现以更科学、更适切的方式育人。教育信息化的根本在于人的信息素养。所谓信息素养是人们在现实生活中就信息应用方面的综合表现，具有鲜明的权变性和综合性，主要包括信息知识、信息意识、信息能力、信息道德。①高校智慧思政要想取得理想的效果，就需要教师和大学生都具备良好的信息素养，身处信息化时代而不具备相适应的信息素养就如新时代"文盲"一样，很难在这个社会立足。

从高校教师来看，高校教师普遍信息素养较好，但存在一定的不平衡和不充分问题。根据调查显示，高校教师的信息意识都相当强，拥有一定的信息知识，但在信息应用能力和信息伦理道德上存在较大差异。究其原因，高校作为国民教育的顶端，高校教师普遍拥有较高的学历，因而知识储备上都比较全面。高校又是知识创新和发展的前沿阵地，是新知识、新理论的发生场与传播点，所以高校教师都有一定的信息知识和良好的信息意识。在信息能力方面存在的差异主要表现在不同年龄阶段的教师之间，年轻教师基本经历过研究生教育，而且是随着互联网成长起来的，信息应用能力较强。年长教师则由于工作时间比较长，加之知识更新不及时，对各种新技术适应起来较慢，信息能力自然稍弱。当然这也不是绝对的，也有很多老教师一直走在科技最前沿。另外，在不同学科教师间也存在一定差异，总体上理工学科高校教师信息素养较高，而文史哲教师相对较弱。在信息道德方面存在的差异主要表现在学术诚信上，部分教师出现不尊重他人科研成果而随意剽窃以及科研数据造假等问题，但是随着高校不断加强学术道德规范管理和职业道德操守教育，高校教师信息道德都在稳步提升。

大学生信息素养普遍良好，这是高校智慧思政建设的先天优势所在。

---

① 杨琰、胡中锋：《"互联网+"时代高校教师信息素养现状与提升策略》，《中国电化教育》2019年第4期。

当代大学生都是伴随着网络成长起来的,号称"网生代""数媒原住民",从小就离不开互联网,而在经历中小学教育后更具有良好的信息意识和知识储备。调查结果表明,使用网络获取专业及事业发展所需信息者占比高达81.2%;同时,伴随智能手机普及程度的日益提高,利用手机获取信息占比达67.7%。且呈迅速上升趋势。①大学生的信息意识、信息知识与技能普遍较高,而在信息能力和信息道德上还需要提升,这主要表现在信息甄别能力薄弱,信息整合、转化能力有待加强。信息时代对大学生来说,最大的困境是信息过载,由于经验和社会阅历不足,很难进行甄别和整合。这也是大学生深度思维缺失的原因之一,由于缺乏信息能力而沉迷于碎片化学习所致。信息伦理道德方面,大学生急需加强。调查发现,在引用他人具有版权的信息时,仅15.4%的人总是标明出处,43.1%的人表示多数会标注。②同时,对于网络道德及网络法律法规的认识上普遍较为模糊。比如经常可以看到大学生由于在网上或者自媒体平台散布谣言而被公安机关处理,还有大学生在网络中传播抹黑英雄人物或者英雄事迹的信息,甚至还有"精日"分子发表奇谈怪论,出现这些问题的原因之一在于信息道德不足与网络法律意识欠缺。

二是以智慧校园建设带动思想政治教育环境不断换代升级。目前各大高校都在推进智慧校园建设,智慧校园旨在通过推进高校的信息化程度,全面提升教育教学质量从而培养德才兼备的高素质人才。高校智慧思政建设的目的在于提升立德树人成效,核心在于育德,所以智慧思政建设是智慧校园建设的核心与关键。纵观智慧校园建设的发展历程可以发现,智慧校园建设与思想政治教育发展互相促进、互相影响。智慧校园的早期形态主要

---

①　李蔚然等:《高校拔尖创新人才信息素养培养现状调研与分析》,《当代教育论坛》2019年第1期。

②　李蔚然等:《高校拔尖创新人才信息素养培养现状调研与分析》,《当代教育论坛》2019年第1期。

是以数字图书馆、电子教案、校园一卡通、电子门禁等形式出现的;而进一步发展逐渐走向校园无线网、自动身份认证、一体化信息处理平台、网络在线课程等形式。随着科技革命的发展,在自然语言处理、智能感知以及深度学习等技术推动下,情感计算、智能教学助手、教育机器人、智能学伴等智能化智慧化的教育教学方式会逐渐成为主流。目前,各高校智慧教室数量不断扩大,以此突破班级授课制一对多的教学局面。智慧教室无论是在桌椅板凳的设置,还是多媒体设备的采用上,都突出了以学生为中心的理念,旨在促进个性化教学,打造"沉浸式"教育环境,激发"场景力"的育人功能。以在陕西高校为例,所有高校都建设出一批智慧教室,尤其是部属院校,对传统教室都进行了升级,配备了大量新媒体设备。同时,随着人工智能付诸实际运用,各高校马克思主义学院开始大力兴建虚拟仿真实验室,通过这种"全息化"的教育情景营造更具感染力和影响力的高校思想政治教育环境。在其他校园环境设施上也是不断更新。譬如,很多高校都已经实现无线网络全校区覆盖,各种在线课程比例不断攀升,人人可网、时时可学的态势已基本形成。

三是基于云网端的立体传播模式成为高校思想政治教育的新介体。传统纸质媒介逐渐失去主流位置,尤其受新冠肺炎疫情影响,在"停课不停学"号召的大力倡导下,各类在线教学、实时视频互动以及在线会议等形式的网络化平台迅速崛起,高校思想政治教育的介体不断更新。"端"主要是指各种客户端,众所周知,智能手机已经成为大学生的标配,可以说是大学生须臾不可离的"私人助理",这为进行分众化传播和个性化教育奠定了基础。无数终端在移动互联网的联结下形成一张巨大的网,互联互通的网络生活已经是大学生日常的一部分,而且所占比例逐渐提高。中国互联网络信息中心(CNNIC)发布第51次《中国互联网络发展状况统计报告》显示,截至2023年6月,我国网民的人均每周上网时长29.1小时。大学生由于有在线课程等线上学习任务,使用手机的时间肯定远远大于这个上网时长。可见,手机已经成为开展大学生思想政治教育最重要渠道之一。"网"主要是指以互联网为基础,后发展到移动互联网,再到物联网,由此把人、机、物三者紧紧联系在一起,把人置身于一个万物互联互通的新世界之中。"云"是网络中产生的大量数据的存储地与资源共享池,同时还可对海量复杂的网络数据进行优化分析处理。这样,就把物理空间、社会空间和网络信息空间三者深度融合为一体。所谓思想政治教育介体是指思想政治教育的基本要素中传递主体对客体作用的中介因素,包括思想政治教育的方法、手段、设施等。[1]对高校智慧思政建设而言,思想政治教育介体已发生重大变革,信息空间的产生使得传播方式与途径网络化,并高度依赖各种新媒体和在线平台。同时大数据分析、智能算法、云计算以及深度学习等新技术逐步应用于高校思想政治教育之中,并初显成效。

首先,大数据运用于高校思想政治教育呈普遍化。大数据是高校智慧思政建设的基础性支撑条件之一。高校陆续成立学生大数据中心以收集学生在校期间的各种数据,并依托大数据对学生进行"画像",这样可随时全面了解学生的在校状况。目前较为成熟的是利用大数据进行精准资助、成绩预测、舆情监测等。譬如,西安电子科技大学通过大数据分析,比对家庭经济困难学生数据库,直接精准地对困难学生进行帮扶,实现"隐形资助",彰显了人文关怀与育人温度。大数据的另一个应用是对大学生网络舆情监测与预测,通过学生自媒体平台,如微博、微信、朋友圈和QQ空间以及主流网站、网络社交平台、校园论坛等上的热门话题,全面搜集信息并进行大数据分析,从而把握学生思想动态和舆情发展。

其次,借助智能算法助力精准育人初步显成效。智能算法是人工智能的核心,运用于思想政治教育中可以克服信息过载而造成的大学生难以获

---

① 蔡成效:《关于思想政治教育基本结构的哲学思考》,《甘肃社会科学》2008年第2期。

取有价值的思想政治教育信息的问题,而根据个体画像可以实现精准推送思想政治教育信息,促进思想政治教育的精准化和个性化。比如,短视频平台抖音的推送就是建立在智能算法基础上,而随着抖音用户的爆发式增长,基于抖音平台出现了"抖友文化",有学者指出,可以有效借助"抖友文化"开展翻转课堂、混合课堂等网络教学,如理论宣讲小视频、学习笔记分享、红色电影解说等,构建参与式、体验式、个性化的思想政治教育新模式。[①]将来借助智能算法还可以实现更多个性化教育,诸如自适应学习等,打造出因材施教式的高校思想政治教育。

最后,思想政治教育教学资源基本实现数字化网络化。高校纷纷开辟网络思想政治教育平台,利用各种新媒体开展思想政治教育,诸如官方微博、微信公众号、官方抖音等,这些新媒介的应用确实增强了学校思想政治教育的吸引力与亲和力。思想政治教育介体中很重要的组成部分是实践活动,就高校而言是第二课堂,这也是高校思想政治教育最重要的阵地之一。以笔者所在学校看,为更好发挥第二课堂的育人功能,学校建立"大学生素质拓展计划网上认证系统",与之配套的还有学生端的"青春西邮"App,将第二课堂活动分为思想政治与道德修养、社会实践与志愿服务、科学技术与创新创业、文体艺术与身心发展、社团活动与社会工作、职业资格与技能培训等六个方面,实现线上活动与线下活动相结合。这不但激励学生积极参与课外实践活动,而且有力地促进了思想政治教育的数字化网络化。学生可以足不出户选择喜欢的校园活动参加,学校也可以及时将活动情况通过网络进行宣传,提升主流价值观的覆盖面与影响力。

质言之,从世界与中国、社会与高校、理论与实践等不同视角来看,在人工智能新科技革命的催化下智慧化理念已经成为国内外发展的大趋势,作

---

① 温旭:《智能算法助推高校精准思政的逻辑进路》,《思想理论教育》2020年第6期。

为铸魂育人工程的高校思想政治教育也已踏上智慧化的发展道路。高校智慧思政的提出不仅是顺应时代潮流之举,还是高校实现立德树人目标的必由之路;不仅有正确的理论指导与政策制度支持,还有丰富的实践与坚实的物质基础。放眼未来,高校智慧思政终将会为中华民族伟大复兴提供充足的精神动力和思想保障。

## 三、高校智慧思政是"三全育人"格局的具化

"'三全育人'作为新时代高等教育发展的创新理念和实践模式,反映了党和国家对教育本质和教育规律的深化认识,体现了高等教育立德树人的内在要求,顺应了人才培养的发展趋势,契合了高校思想政治工作的发展规律。"[1]人工智能日益渗透到教育的每个环节之中,作为一种居间性存在,人工智能与"三全育人"具有天然的一致性而充盈于育人活动的方方面面。在全过程育人中,人工智能可以提供跟踪记录与数据支持,在全员育人中提供各主体间的实时交流与互动支持,在全方位育人中发挥协同与联结作用。同时,"三全育人"是人工智能时代高校思想政治教育创新发展的根本指南,而人工智能则是高校智慧思政新模式构建的载体和纽带,二者共同构成高校智慧思政的"两翼"。

### (一)"三全育人"的指导思想与核心要义

"三全育人"是以习近平新时代中国特色社会主义思想为指导,尤其是习近平总书记关于教育的重要论述为根本遵循,是为提升新时代高校思想政治教育实效而指明的实现路径。

---

① 梁伟等:《高校"三全育人"理念的内涵与实践》,《学校党建与思想教育》2020年第2期。

首先,思想政治教育的根本指导思想是马克思主义,马克思主义是思想政治教育大厦的基石。马克思主义是一套完整的、系统的、科学的理论与实践体系,在此思想指引下思想政治教育必然是整体性与系统性相结合、价值性与真理性相统一的学科体系。同时马克思主义与中国实际相结合产生的一系列新成果更是思想政治教育能保持旺盛活力的根源所在。当前来说,最为重要的是把习近平新时代中国特色社会主义思想贯彻好、实践好,具体落实到高校思想政治教育领域,习近平新时代中国特色社会主义思想"是新时代思想政治教育工作的核心要义和根本遵循"①。新时代高校思想政治教育就要将习近平新时代中国特色社会主义思想的精髓彻底贯穿其中。

其次,习近平新时代中国特色社会主义思想中有大量关于高校思想政治教育的重要论述,这些论述既是开展思想政治教育活动的根本指导,又是"三全育人"思想的重要源泉。习近平一方面继承了党的生命线理论,又不断创新和丰富高校思想政治教育理论体系。既高屋建瓴地把握了新时代思想政治教育的根本,又从微观上讲清了思想政治教育的原则、方法和重点任务。关于"为谁培养人"的问题,习近平凝练出"四为",即为人民服务,为中国共产党治国理政服务,为巩固和发展中国特色社会主义制度服务,为改革开放和社会主义现代化建设服务。②关于"培养什么样的人"的问题,习近平在党的十九大报告中指明是能够担当民族复兴大任的时代新人。关于"怎样培养人"的问题上提出了"三因"和"三个规律","三因"即因事而化、因时而进、因势而新,"三个规律"即遵循思想政治工作规律、遵循教书育人规律、遵循学生成长规律。③"三全育人"思想正是在这些众多理论成果中逐渐凝

---

① 成媛、张鲲:《论思想政治教育工作的整体性》,《中央民族大学学报》(哲学社会科学版)2020年第1期。

② 《习近平谈治国理政》(第二卷),外文出版社2017年版,第377页。

③ 《习近平谈治国理政》(第二卷),外文出版社2017年版,第378页。

练出的最具代表性的、最能指导新时代高校思想政治教育活动的一种理念与机制。

再次,"三全育人"是实现高校立德树人的现实需要与内在诉求。习近平关于高校师生提出很多具有开拓性和重大启迪意义的经典论述,从而指导新时代高校思想政治教育的开展,其中最重要的理念或者机制是要实现思想政治教育的"三全育人",即全员育人、全程育人、全方位育人。"三全"是手段、是实现路径,而"育人"是目标、是预期结果。人的思想观念的形成是一项复杂的系统工程,需要长时段全方位的精心呵护,没有全员参与主体力量就会匮乏,没有全程的陪伴与关注可能就会出现思想滑坡或者倒退,没有全方位的助力就很难打动人感染人。因此,"三全育人"是整合所有可用力量、资源、因素于一体,服务于立德树人工作,是实现立德树人的现实需要。在"三全育人"思想指引下逐渐形成大思政格局,而在具体构成上逐渐演化为"十大"育人体系,即课程育人、科研育人、实践育人、文化育人、网络育人、心理育人、管理育人、服务育人、资助育人、组织育人。这十大育人实际是"三全育人"思想精髓的外化与直观表现,是满足高校立德树人内在诉求的有效路径。

最后,新科技是"三全育人"作用发挥的有力保障。习近平特别强调做好新时代高校思想政治教育要运用好新科技。"科学认识网络传播规律,提高用网治网水平,使互联网这个最大变量变成事业发展的最大增量。"①"网络空间是亿万民众共同的精神家园。"②"要运用新媒体新技术使工作活起来,推动思想政治工作传统优势同信息技术高度融合,增强时代感和吸引力。"③可见,新媒体、网络已经深深地融入高校思想政治教育之中,是能否取

① 《习近平谈治国理政》(第三卷),外文出版社2020年版,第311页。

② 《习近平谈治国理政》(第二卷),外文出版社2017年版,第336页。

③ 《习近平谈治国理政》(第二卷),外文出版社2017年版,第378页。

得育人实效的重要因素之一。新时代高校思想政治教育要紧紧抓住人工智能科技革命兴起这一机遇期,让科技更好地服务于高校思想政治教育。"三全育人"同样也是提升高校思想政治教育成效的关键一招,只不过人工智能提供了技术支撑与保证,而"三全育人"提供的是机制与理念,二者共同作用便可全力推进高校立德树人任务。

习近平总书记关于高校思想政治教育重要论述的核心与精华是"三全育人",这既为高校智慧思政这一新模式的构建提供了坚实的理论支持,又为其指明了发展方向,具有重要的指导意义。

### (二)"三全育人"是高校思想政治教育创新的客观要求

教育部等八部委文件中明确指出:"以建立完善全员、全程、全方位育人体制机制为关键,全面提升高校思想政治工作质量。"[①]党和国家将"三全育人"作为加快构建高校思想政治工作体系的关键,同时也是高校思想政治教育创新发展的指南。

1."三全育人"是构建高校智慧思政的根本遵循

"三全育人"中的"三全"要求的实质是形成合力效应,是动员参与学生成长过程中的每个人都发挥育人作用,是长时段全过程的精心精准呵护与支持,是要求挖掘与统筹一切可以运用的教育资源,而育人是其根本目标。高校智慧思政作为思想政治教育创新发展的一种新模式,其最终目标也是育人,二者具有内在目标的一致性。不同的是,"三全育人"作为一种理念或机制是任何一种思想政治教育形态都需要遵循的法则之一,尤其是作为创新性发展的模式更要充分遵循"三全育人"原则,只有这样才会取得实效。

---

① 中华人民共和国教育部:《教育部等八部门关于加快构建高校思想政治工作体系的意见》,http://www.moe.gov.cn/srcsite/A12/moe_1407/s253/202005/t20200511_452697.html,访问时间:2021年9月11日。

传统思想政治教育中存在一些困境从而影响育人效果,诸如存在协同性缺乏、耦合性不强、实效性欠佳等突出问题,严重影响了思想政治教育的实效性。[①]"三全育人"作为一种理念还没有完全深入人心,由于客观教育生态环境的变化,现在比以往任何时候更加需要全员、全程、全方位的参与,才能应对具有许多新的历史特点的伟大斗争和世界百年未有之大变局。

2."三全育人"机制是高校思想政治教育改革的"硬标准"

教育部先后印发《高校思想政治工作质量提升工程实施纲要》和《"三全育人"综合改革试点工作建设要求和管理办法》,其目标均在构建一体化育人体系,从而培养德智体美劳全面发展的社会主义建设者和接班人。立德树人事关国家前途和民族命运,是一项高度复杂的系统化工程,没有强而有力的制度机制支撑是很难得到贯彻落实的。制度建设是管根本、管长远的,是推动"三全育人"落细、落小、落实的有力保障。[②]就高校而言,十大育人体系是"三全育人"的具体实施机制,十大育人体系离不开相关配套政策的制定,同时还需要合理的顶层设计以完善协同机制,增强教育合力。这些制度机制是"硬标准",是高校思想政治教育改革的四梁八柱。随着科技革命的迅猛发展,与之配套的是法律法规的建设,以保证科技造福人类而不危害甚至是毁灭人类。所以,随着人工智能时代的到来,作为意识形态工作最重要组成部分的思想政治教育更是离不开制度机制来保驾护航。高校智慧思政的出场亦是如此,"三全育人"机制是其建构过程中的蓝图,内在规定并约束着新模式新实践的生成。

3."三全育人"理念是高校思想政治教育创新发展的"软实力"

"三全育人"的精髓在于其先进的理念价值和方法论意义,形成"三全育

---

① 丁丹:《新时代高校"三全育人"探赜:机理、问题与路向》,《思想教育研究》2020年第6期。

② 杨晓慧:《高等教育"三全育人":理论意蕴、现实难题与实践路径》,《中国高等教育》2018年第18期。

人"格局的关键在于理念要深入人心、方法要深得要领。①"三全育人"作为思想政治教育理念已经开始逐渐发挥出应有的功效。在全员育人的指引下学校群团组织、党政、教务、宣传、保卫、图书馆乃至后勤等部门都积极参与到育人之中；在全程育人的引领下大中小一体化进程成为研究热点；在全方位育人指导下立体化、多维度育人体系正在形成。这种理念突破了之前各自为战的落后状况，使得"孤岛化"的各个部门走向协同成为岛链；突破了育人时间上的"鸿沟"，使得课上课下、上学放学走向互联互通成为闭环；突破了教育空间"碎片化"，使得育人场所、资源、载体、途径等走向融合，成为育人共同体。"三全育人"既真正彰显了新思政观，又遵循了思想政治工作规律，这也是高等教育的一次回归。2018年6月，教育部召开新时代全国高等学校本科教育工作会议，会议精神中无不渗透着"三全育人"理念，"四个回归"中回归初心就是以知识体系教、价值体系育、创新体系做，倾心培养建设者和接班人，此外还将协同育人新机制写入《新时代高教四十条》之中。

高校智慧思政是新时代高校思想政治教育创新发展的一次有益探索与实践，"三全育人"是这一理论模型构建的蓝图，也是其思想精髓的外化。只有将"三全育人"真正融合与渗透到高校智慧思政模式的每个环节中，才能发挥其最大效能。若将"三全育人"喻为构建高校智慧思政的灵魂，那么人工智能就是骨骼支架体系，依靠日益成熟的硬科技手段来支撑起整个身躯，这样才不会出现身体跟不上灵魂前进步伐的问题。

## 四、高校智慧思政建设的必要性与可行性

通过对高校智慧相关概念的分析以及与"三全育人"的关系就可以清楚

---

① 王艳平：《高校"三全育人"的特征及其实施路径》，《思想理论教育》2019年第9期。

智慧思政的基本内涵。但是对于何以必要,即构建高校智慧思政的必要性;何以可能,即高校智慧思政的可行性分析,这是非常必要的,也是研究得以继续的前提条件。

## (一)高校智慧思政建设的必要性

### 1.思想政治教育基本矛盾的必然要求

思想政治教育的基本矛盾决定智慧思政这一新形态会逐渐走上历史舞台。按照马克思主义的观点,矛盾也就是对立统一规律,是推动事物发展的根本原因,厘清当前思想政治教育的基本矛盾是非常关键的,但是关于思想政治教育的基本矛盾众说纷纭,远未达成共识。思想政治教育的基本矛盾可以从两个向度进行研究,一个是较为宏观的思想政治教育中的矛盾;另一个是关注思想政治教育过程的矛盾。关于前者王习胜总结到,思想政治教育主要矛盾已经逐渐凸显为主体与客体、理论与实践、诉求与境况、手段与效果之间的矛盾。[1]关于后者陈万柏、张耀灿认为思想政治教育过程的基本矛盾是"一定社会的思想品德要求与受教育者的思想品德水平之间的矛盾"[2]。张澍军认为,立足双重视角,从思想政治教育的目标和效果的层面上分析其基本矛盾,直接表现为社会期待与个人选择的矛盾,即思想政治教育者所代表的社会期待与受教育者个人思想行为选择的矛盾。[3]纵观这些比较具有代表性的观点,都认为基本矛盾是思想政治教育者所代表的社会期待与受教育者个体之间在思想政治上的差距,并把这种差距称为张力。这种张力是高校思想政治教育发展的根本动力。

从社会期待与个人选择来看,人工智能时代信息海量化、泛在化,任何

---

① 王习胜:《当前思想政治教育的主要矛盾与发展趋向》,《马克思主义研究》2015年第9期。

② 陈万柏、张耀灿:《思想政治教育学原理》,高等教育出版社2015年版,第143页。

③ 张澍军:《思想政治教育理论前沿论略》,人民出版社2015年版,第50页。

一个人在任何地方任何时间都可以获取信息,这必然造成思想、意识的多元化。而从个体角度来看,选择是多种多样的,但对于社会经验相对欠缺的大学生来说则因良莠不齐、鱼龙混杂而真假难辨。人就其本质来说是一切社会关系的总和。人的这种社会性势必要求人在不管信息如何纷繁复杂的情况下都要做出选择,在不断地选择中逐渐形成一定的思想或意识形态。俞吾金指出:"一个试图逃避意识形态教化的人只可能是自然存在物,而不可能是社会存在物,也就是说,掌握一种意识形态正是人们在任何特定的社会中从事任何实践活动的前提。"①显然,由于人工智能时代社会形态的变化使得社会中每个个体面临的形势更为纷繁复杂,这直接增加了思想政治教育的难度。以传统思想政治教育的思路应对这种新形势无异于削足适履,因而构建适应时代需求的高校思想政治教育体系是顺势而为之事,高校智慧思政应运而生。人工智能如前所述作为一种居间性存在,是在人与社会之间架构的智慧桥梁,是作为提升育人成效的利器,助力实现社会的稳定和谐与人的全面发展。

从思想政治教育者与受教育者角度分别来看,两者在供需上存在很大差异。当前思想政治教育活动供需不平衡的根本原因,在于教育者难以做到识别每一个教育对象的个性化需求。②根据高校思想政治教育现实情况,大学生呈现圈层化、务实化、劳动能力弱化、自我中心化等倾向;而教师存在教育地位上权威弱化、知识传授阵地萎缩、讲授技能"失势"、教育理念固化等问题,这直接导致二者之间的差异日益扩大。高校思想政治教育在面对这种师生关系的错位时很难发挥其应有的作用。高校智慧思政正是基于这种师生关系的困境而尝试提出的针对性的破解方案。通过人工智能转移教

---

① 俞吾金:《意识形态论》,人民出版社1993年版,第130页。

② 吴满意、景星维:《精准思政:内涵生成与结构演化》,《学术论坛》2019年第5期。

师知识传授部分的工作以及重复性工作,转变思想政治教育理念,转化角色而更多地从事辅助、引导、陪伴、情感交流等工作,努力打造私人定制化与线上线下相结合的思想政治教育模式。人工智能与思想政治教育的融合会成为师生思想交流、灵魂碰撞的契合点和生长点,从而切实发挥出高校智慧思政解疑释惑、铸魂育人的作用。

从社会期待与教师角度来看,教师是社会期待的代表,是社会所要求的思想品德的典型代表,但现实情况不容乐观。随着人工智能科技革命的到来,人类知识更新速度呈几何倍数增长,进入21世纪每隔三年左右知识就会翻倍,更重要的是这种更新速度还在不断加速。作为教师时刻都面临着诸多冲击与挑战,如知识结构的更新、教育技术与手段的换代、教育理念与教育思维能力的提升。最终表现在思想政治教育中,一方面是思想品德符合社会期待,但在教学技术、能力、信息素养等方面出现固化与落后;另一方面是教育理念、思维的脱节以及对党和国家的新思想、新精神学习的欠缺,从而导致思想水平不能满足社会要求。不管是哪一种情况都会削弱高校思想政治教育的育人效果。人工智能时代可以通过认知外包实现知识快速更新,还可以通过人机协作弥补教师在知识、技术上的不足。高校智慧思政所蕴含的大数据思维、精准化理念、相关性思维、分布式思维、情境化理念等可以提升教师的思维、更新理念,使得教师可以全面胜任新时代赋予的立德树人重任。

从以上三种视角可以看出,高校智慧思政作为人工智能时代思想政治教育的实现形式是应对思想政治教育基本矛盾必由之路,也是高校思想政治教育发展的根本动力之源。

2.思想政治教育理论体系发展的现实需要

恩格斯说过:"每一个时代的理论思维,包括我们这个时代的理论思维,都是一种历史的产物,它在不同的时代具有完全不同的形式,同时具有完全不同的内容。"①思想政治教育并非现在独有的社会现象,不论古今中外都存在,只不过在不同时代、不同国家具有不同的表现形式而已。单从时间维度上看,正如恩格斯所讲的,思想政治教育随着时代发展会有不同的形式和内容。在信息技术高度发展的今天,若还是沿用着工业革命时期的内容和教育形式的话,只能导致低效甚至是无效,正如顾明远所讲:"互联网、人工智能正在改变世界,也改变着教育,它改变了教育的什么呢? 教育的概念、教育的定义、教育的生态环境、教育的形态、教育的方式、师生关系以及家庭的关系等等都发生了改变。这种变革是非常深刻的,可以说是颠覆了整个的传统教育观念。"②高校思想政治教育亦复如是。环境、形态、内容、师生关系等都在变化,思想政治教育理论体系势必也要随着变化。更何况高校思想政治教育面对的是朝气蓬勃、思维活跃、思想前卫的当代大学生。"始终站在理论和实践的前沿,是实现思想政治工作创新的最重要、最核心、最根本的观念。"③实际上,从我国思想政治教育发展的历程可以清晰地发现,不同时代的思想政治教育都带有深深的时代烙印。新中国成立前思想政治教育是为了革命胜利而以军事动员为导向;新中国成立之初,是为了巩固政权而以政治为导向的;改革开放后,是为了物质文明而以经济为导向的;而进入21世纪后,则是为了实现人的全面发展及人与社会的和谐而以政治社会化为趋向的。从这一历程中可以看出,党和国家始终把思想政治教育创新发展作为时代赋予的重大使命。这一次次的创新发展为国家健康稳定的发展提供了保障。新时期思想政治教育环境可谓日新月异,思想政治教育的创新要如影随形般紧跟时代的步伐。随互联网兴起而产生的网络思政,再到大数据、移动互联、自媒体的横空出世而造就了精准思政、智能思政,如今人工

---

① 《马克思恩格斯选集》(第三卷),人民出版社2012年版,第873页。

② 顾明远:《互联网时代的未来教育》,《清华大学教育研究》2017年第6期。

③ 荆惠民、董耀鹏:《思想政治工作概论》,中国人民大学出版社2007年版,第195页。

智能又如雨后春笋般发展起来,智慧思政应运而生。只有这样,才能永葆高校思想政治教育的生机与活力,才能为党和国家的铸魂育人工程贡献应尽之力。

高校智慧思政是思想政治教育理论体系在新时代的创新发展,是适应时代发展的需要,也是时代理论思维、时代精神的具体体现。

3.思想政治教育理论体系发展的实践需要

思想政治教育作为一项社会实践活动,是以人的德性、价值观培育为主要目标,目标的实现需要付诸实践,而检验目标的达成情况同样需要实践来检验。毛泽东在《实践论》中就指出:"只有在社会实践过程中(物质生产过程中,阶级斗争过程中,科学实验过程中),人们达到了思想中所预想的结果时,人们的认识才被证实了。"①思想政治教育内在的表现是撼动人的主观认识的实践活动;外在的表现为舆论、宣传、教育、教学等客观世界的活动,思想政治教育正是通过实践而实现主客观的统一。正如毛泽东所讲:"改造客观世界,也改造自己的主观世界——改造自己的认识能力,改造主观世界同客观世界的关系。"②思想政治教育正是通过改造主观世界进而同客观世界发生联系的实践活动。德国著名哲学家教育家雅斯贝尔斯曾指出:"政治教育一定要通过实习来完成,在最小的团体中共同完成任务就是政治的实践,而这种实践对政治教育具有决定性的意义。"③高校智慧思政是人工智能时代思想政治教育新模式,实践仍是其最基本的特性。同样,高校智慧思政作为一项实践活动是主动地适应不断变化的客观世界,通过不断改造人的主观世界而实现两个世界的协调统一。

概言之,高校智慧思政既是思想政治教育基本矛盾的客观要求,又是思

---

① 《毛泽东选集》(第一卷),人民出版社1991年版,第284页。

② 《毛泽东选集》(第一卷),人民出版社1991年版,第296页。

③ [德]雅斯贝尔斯:《什么是教育》,邹进译,生活·读书·新知三联书店1991年版,第59页。

想政治教育理论发展的现实需要,还是社会实践不可或缺的一部分,是实现人与社会、人与人之间以及人与自身协调发展的必然要求。

## (二)高校智慧思政可行性分析

高校智慧思政得以付诸实践既源自人工智能备受重视而逐渐走向成熟,又源自思想政治教育理论体系的完善与创新发展。在国家大力支持下,人工智能昭示着未来科技的发展方向,在与高校思想政治教育融合后一并指引着未来立德树人的实现路径。

### 1.人工智能经过60多年的发展逐渐走向成熟

目前,人工智能开始与各个领域密切融合发展,形成了智慧教育、智慧交通、智慧金融、智能生活、智慧医疗、智能社会、智慧城市等。人工智能在教育和高等教育中的应用日渐成熟,成为推动教育和高等教育发展的重要力量。人工智能已成为推动高等教育变革的六大技术之一,和混合现实技术一起是中期技术的代表,报告认为,人工智能具有提供个性化体验、减少工作量和协助分析大型复杂数据集的能力,这为教育应用程序提供了借鉴。[①]凯文·凯里在《大学的终结:泛在大学与高等教育革命》一书中认为:"人工智能将判断每位学习个体的优势和劣势,为其制定相应的教育策略,在不会让人感到沮丧和失败的前提下,不断挑战和刺激人们更努力、更好地工作。"[②]人工智能与教育相结合不是一种简单地加法运算,而是会深刻影响教育理念、运行模式以及评价方式等,进而形成人工智能时代全新的教育生态体系。

---

① 兰国帅等:《"智能+"时代智能技术构筑智能教育———〈地平线报告(2019高等教育版)〉要点与思考》,《开放教育研究》2019年第3期。

② [美]凯文·凯里:《大学的终结:泛在大学与高等教育革命》,朱志勇、韩倩等译,人民邮电出版社2017年版,第226页。

人工智能在高校思想政治教育中的应用由边缘开始走进人们视野之中，并日益走近舞台的中央。相关研究开始聚焦人工智能在价值观培育、思想政治教育、思政课教学、辅导员工作等方面。有学者认为，人工智能可应用于价值观教育方面，与人类教师相似，机器人教师能教知识，也能通过知识培育价值观。具有价值体系的智能体能培育价值观，德性AI教师更能有效地培育价值观。[1]还有学者认为，目前的人工智能只能用于思想政治教育的教学过程，如学生自主在线学习平台、自动化测评系统等方面，用于了解受教育者对信息知识的接收、理解和掌握程度。它不仅是提升思想政治教育精准化和智能化的一种技术依托，而且其现实应用与未来发展都隐含着鲜明的意识形态色彩。[2]在思政课教学方面，人工智能的增强现实、全息技术、及时精准反馈等功能，突破了"教师中心"与"学生中心"的边界逻辑。教师在教学过程中可以充分利用信息技术与人工智能手段，挖掘其背后的信息资源（如声音、图像、文字资料、信息、技术等），通过视觉、触感、身临其境的刺激，达到预期的目标。[3]还有将人工智能应用于辅导员工作中，依托"大数据"融合人工智能，重构辅导员工作范式，有效破除事务羁绊，在时间和精力上提供有效保障，借助"大数据"手段，重构资源组织策略、搭建交互共享数据库、组建协作互助团队。[4]就当前来说，人工智能与高校思想政治教育的融合还属于起步阶段，但在实践中已经开始应用并对思想政治教育者的思想理念产生一定影响。

① 陈思宇、黄甫全：《机器人可以教知识无法培育价值观吗》，《中国电化教育》2019年第2期。

② 林峰：《人工智能时代思想政治教育的价值定位与发展》，《思想理论教育》2020年第1期。

③ 李泽林、陈虹琴：《人工智能对教学的解放与奴役——兼论教学发展的现代性危机》，《电化教育研究》2020年第1期。

④ 马加名等：《"大数据"视域下新时代高校辅导员理论素养提升的理路探析》，《高校辅导员》2018年第4期。

2.国家政策重视人工智能并成为未来发展的主流方向

宏观上,各个国家甚至国际组织都高度重视人工智能的研究与应用。联合国教科文组织发布了《教育中的人工智能:可持续发展的挑战与机遇》,欧盟已经于2019年4月发布了《人工智能伦理准则》;2016年10月,美国出台《为人工智能的未来做好准备》;日本于2018年12月发布了《以人类为中心的人工智能社会原则》;中国2017年7月发布的《新一代人工智能发展规划》,2018年4月,教育部印发《高等学校人工智能创新行动计划》,2022年9月出台《科技部关于支持建设新一代人工智能示范应用场景的通知》(国科发规〔2022〕228号)。这一系列文件或制度的出台,一方面表明了各国对人工智能这一新科技的高度重视;另一方面也显示着这是未来发展的方向,是各个国家将来发展必须占领的制高点。教育是面对未来最重要的战略性工程,旨在培养未来的建设者和接班人,而思想政治教育则是保证未来人才质量的最重要的措施。2019年习近平向国际人工智能与教育大会致贺信中指出:"中国高度重视人工智能对教育的深刻影响,积极推动人工智能和教育深度融合,促进教育变革创新,充分发挥人工智能优势,加快发展伴随每个人一生的教育、平等面向每个人的教育、适合每个人的教育、更加开放灵活的教育。"①顺应时代潮流,将引领未来发展方向的人工智能与高校思想政治教育紧密结合起来,既是国家政策制度上的需求,也是培养时代新人的需要。所以,人工智能与高校思想政治教育的结合,既有肥沃土壤的地利,又具有恰逢其时的天时。

3.思想政治教育研究积累丰硕成果与经验

思想政治教育一直是党的优良传统和政治优势。在新中国成立之前主要是为救亡图存凝聚进步力量而进行革命斗争,最初萌芽与发展是在军队

---

① 《习近平向国际人工智能与教育大会致贺信》,《人民日报》2019年5月17日第1版。

之中,最具标志性的是古田会议及出台的《古田会议决议》,这是党历史上第一个关于思想政治工作的纲领性文件。随后,1944年在毛泽东主持和修改下出台《关于军队政治工作问题的报告》,报告中正式提出了生命线理论,即政治工作是军队生命线。我们党正是凭借着良好的思想政治工作取得了新民主主义革命胜利。新中国成立后,思想政治教育发生了新的变化,开始作为主流意识形态动员、教育群众,经历新中国成立初期的稳定发展以及"文革"期间的曲折与破坏,随着改革开放的到来而步入健康发展的快车道。在百年党史上,思想政治教育有过挫折失败,而更多的是经验和成果,这些都为新时期的思想政治教育繁荣发展奠定坚实的基础。将成果和经验总结起来实现思想政治教育"三化",即科学化、学科化和现代化。

一是思想政治教育科学化。"实现科学化,就是要按照精确化、规范化的标准来创造和提升思想政治教育学的新范畴。"①改革开放以来,思想政治教育的发展并非一帆风顺,也经历了一些挫折。1989年邓小平曾说过:"十年来我们的最大失误是在教育方面,对青年的政治思想教育抓得不够,教育发展不够。"②这是邓小平对改革开放初期思想政治教育重视不够而做的评价。随后党和国家对思想政治教育高度重视而进入稳步发展期。邓小平指出:"(思想政治工作)这决不是改头换面地抄袭旧书本所能完成的工作,而是要费尽革命思想家心血的崇高的创造性的科学工作。"③思想政治教育正是建立在马克思主义基石之上,并把思想政治教育视为创造性的科学工作,这就为思想政治教育的发展指明方向并注入新活力。

随后,国家又出台一系列文件廓清了思想政治教育的指导思想、基本原则、主要任务、实施途径以及队伍建设等,为其科学化发展指明方向。这一

---

① 张耀灿等:《思想政治教育学前沿》,人民出版社2006年版,第62页。

② 《邓小平文选》(第三卷),人民出版社1993年版,第287页。

③ 《邓小平文选》(第二卷),人民出版社1994年版,第180页。

系列权威文件的出台规范化了思想政治教育的范畴,提升了工作的精确性和针对性,从而推进了思想政治教育方法的科学化。具体表现在高校思想政治教育基础设施建设的现代化与信息化,以及在汲取心理学、管理学、社会学以及最新哲学思想的有益成分后思想政治教育理论的科学化。人工智能作为新科技浪潮之巅的明珠自然可以为其他学科所借鉴或应用,与思想政治教育的结合亦是水到渠成之势。

二是思想政治教育学科化。1984年开办思想政治教育本科专业,再到硕士点和博士点的设立,最后到成为马克思主义理论的二级学科并开始招收思想政治教育专业博士研究生。思想政治教育从以实践经验为主逐渐走向专门化、职业化、学科化。党的十八大以来,党和国家高度重视思想政治教育学科建设,其中最显著的措施是加强各个高校的马克思主义学院建设。马克思主义是思想政治教育学科的根本指导思想,马克思主义学院建设既为思想政治教育学科的发展搭建了重要平台,又为专业人才的培育发挥了强有力的支撑作用。同时,中宣部、教育部颁发了一系列文件,如《关于加强马克思主义学院建设的意见》《高校思想政治理论课建设标准》《关于建设全国重点马克思主义学院的实施方案》等,这对各高校加强思想政治教育学科建设起到了极大的促进作用,不断促使高校加强师资队伍建设并配套以资金、制度支持。同时由于马克思主义学院建设带动了思想政治教育专业毕业生就业形势的火热,推动了思想政治教育学科建设和专业发展进入良性循环。随着学科体系不断完善,在借鉴、吸收、融合相关学科的基础上不断形成新成果,诸如吸收哲学、管理学、生态学、社会学、心理学、系统科学、信息科学等知识,实现了与思想政治教育理论与实践的结合,深化了对思想政治教育对象的认识、拓展了教育路径、丰富了教育方式、更新了教育内容、提升了教育效果。未来,人工智能也可以协同优化思想政治教育环境,还可以拓展教育途径、方法以提升思想政治教育的有效性。

三是思想政治教育现代化。现代化是一个"集大成"的过程,也是一个保持与时俱进的状态。现代化的真谛在于博采众长而实现在思想、技术、管理与环境等诸方面的百花齐放。萨缪尔·亨廷顿认为:"现代化是一个多方面的进程,它涉及人类思想和活动的所有领域中的变化。"①思想政治教育作为一项事关人们思想观念体系的社会实践活动,最急需的是不断丰富自己的理论体系,要集各学科和科学成果之所长为我所用,所以思想政治教育现代化就表现为学科范畴开放化、体系综合化、方法最优化、路径多元化和载体信息化,在实现理念的现代化、思想的现代化的过程中铸魂育人。思想政治教育现代化主要表现为以下四个方面。

首先,思想政治教育的研究领域扩大。改革开放以来,人们经济物质条件不断提高,从而对精神领域的追求增多起来,并且这种需求越来越迫切,"个体作为独立的主体地位的确立,个体作为主体需要的全面性和多样性逐渐成为思想政治教育的领域,与之相适应,个体的道德素质、法律素质、心理健康素质日益成为思想政治教育作用的领域,被纳入思想政治教育范畴"②。

其次,不断借鉴现代科学最新研究成果。在借鉴传统学科诸如哲学、教育学、社会学等基础上,还有系统论、信息论、生态学、耗散理论、混沌理论、脑科学理论等,并吸取西方的存在主义、符号主义、联结主义、后现代主义以及现象学、解释学等的精髓。譬如张澍军教授就从耗散结构理论视角研究思想政治教育:"人的思想系统既然可以看作是一种耗散结构……从耗散结构理论的角度看,思想政治教育的目的就是希望受教育者在思想上形成某种特定的相对稳定结构,即耗散结构,以此解决其自身的思想认识问题,并

①　[美]萨缪尔·亨廷顿:《变动中的政治秩序》,王冠华译,上海译文出版社1989年版,第35页。

②　余双好:《改革开放以来思想政治教育的基本经验及发展趋势》,《思想理论教育》2009年第1期。

通过耗散结构运转中信息的流动影响和辐射其他人的思想状况。"①这就深化了对思想政治教育的认识并且使其更具科学性。

再次,思想政治教育方法不断升级。随着科技的发展思想政治教育方法不断吸收最新科学理论和现代研究成果。引入统计学、数学建模、回归分析等用以弥补量化研究的不足,极大地提升了其科学性;将社会学中社会工作方法运用于高校学生管理与服务中,提升了工作的规范化程度;将心理咨询引入思想政治教育谈话交流中从而诞生了心理疏导法,极大地提升了教育的实效性和亲和力。注重人文关怀和心理疏导的思想政治教育方法甚至被写入党的十七大报告之中。不久的将来,还可以将脑科学、神经认知、脑机接口等更能直接影响人的思想和意识的科学成果应用于高校思想政治教育,以提升其实效性。

最后,思想政治教育载体信息化。没有信息化就没有现代化。随着信息时代的到来,纸质载体垄断地位逐渐没落,先后出现了从BBS到博客、人人网、校内网,又到微信、微博、QQ空间,直到如今出现的抖音、快手、哔哩哔哩等直播、短视频平台。这些新媒体对新生代大学生具有天然的吸引力,比如抖音是集合了短视频、音乐、社交三种功能于一体,信息内容的呈现上既新潮又能获得"即时满足感",很容易让人沉迷其中。这对思想政治教育最大的启示就是及时变革教育载体增强其吸引力与时代性。同时,思想政治教育载体要随着信息化不断升级,近些年研究比较集中的是网络思政,它的异军突起有望成为主流,而作为思想政治教育者不得不重视。习近平指出:"要把网上舆论工作作为宣传思想工作的重中之重来抓。宣传思想工作是做人的工作的,人在哪儿重点就应该在哪儿。"②网络思政是思想政治教育现

---

① 张澍军:《思想政治教育理论前沿论略》,人民出版社2015年版,第64页。

② 中共中央文献研究室编:《习近平关于全面深化改革论述摘编》,中央文献出版社2014年版,第83页。

代化的重要标志之一,网络空间的出现改变了人的在场方式,形成了人的"信息化在场"。在人工智能助力下,未来网络与物理空间高度融合从而形成更加情境化、境域化的"虚拟在场",极大地提升了高校思想政治教育吸引力与亲和力。所以,既要把握载体、方法及形式上的与时俱进,更要把握其本质化不变的东西,即服务于立德树人这一根本目标。

概言之,人工智能作为新科技革命的引领者开始走进科技世界的中央,逐渐融入各个领域并付诸现实应用中。在发展保障上,国家把人工智能定位于国家战略而高度重视并大力支持其发展;思想政治教育积累了丰富的成果与经验并在发展中实现其科学化、学科化和现代化,两者的融合不仅具有可行性,而且是应对新时代高校意识形态领域各种新问题、新挑战的不二选择。

# 第三章　高校智慧思政的理路与特征

人工智能的不断升级带来的不仅是生活、交通、娱乐、购物、教育、医疗以及金融等各方面的改变,更会给人们的思想观念体系带来变革,改变人的思维与理念。人工智能和互联网最大的不同之处在于,人工智能和某一行业紧密融合后会带来颠覆性变革,与高等教育的融合也会改变高校的存在形式。教育强则国家强。教育作为国家优先发展的战略任务,纵观各个发达国家的崛起无不是从发展教育入手,发达的教育体系为国家腾飞插上翅膀。面对世界百年未有之大变局,必须未雨绸缪,提前擘画教育发展蓝图,而高等教育在教育体系中至关重要,习近平强调:"高等教育发展水平是一个国家发展水平和发展潜力的重要标志。"①高校思想政治教育关系高校培养什么样的人、如何培养人以及为谁培养人这些根本问题。因而要积极探索适应于人工智能时代的高校思想政治教育新模式。模式的建立首先需要更新思想政治教育思维与理念。只有拥有先进的面向未来的思维与理念,才能构筑起未来高校思想政治教育的大厦。高校智慧思政正是以人工智能

---

① 《习近平谈治国理政》(第二卷),外文出版社2017年版,第376页。

时代的新思维与新理念为建构指南的。

## 一、高校智慧思政建设的新思维

思维与理念是一对意义相近的概念,但思维是理念的下位概念。思维最初是指人脑借助语言对事物的概括和间接的反应过程。通常意义上的思维,涉及所有的认知或智力活动。它探索与发现事物的内部本质联系和规律性,是认识过程的高级阶段。思维一般分为抽象思维、形象思维、灵感思维。相较而言,理念是在思维基础上主客观相统一的更高层次的理性认识。因而从理念生成的角度来看,首先需要思维方式的转变,而这是一个经由量变到质变的转化过程。只有在思维不断实现转化后,才可能带来理念的升级与生成。思维具有一定的时代性,正如恩格斯所讲:"关于思维的科学,也和其他各门科学一样,是一种历史的科学,是关于人的思维的历史发展的科学。"①人工智能时代,就要树立与之相适应的科学思维方式,要完成智慧思政新模式的建构就要具备相应的思维方式。高校智慧思政作为人工智能时代的思想政治教育新形态是建立在新思维方式的基础上,并在新理念的指引下进行构建。

### (一)大数据思维

舍恩伯格在《大数据时代:生活、工作与思维的大变革》一书的序言中指出大数据时代带来的三大转变:要全体不要抽样,要效率不要绝对精确,要相关不要因果。这三大改变其实就是大数据思维的精髓所在。

大数据之大在于可以对全体数据进行分析而不是抽样。小数据时代对

---

① 《马克思恩格斯选集》(第三卷),人民出版社2012年版,第873~874页。

数据采用的最科学简便的方法是抽样调查。这曾在科学史上发挥过巨大作用,其最大优势是可以用最少的数据获得尽可能多的信息,当然其不足之处在于,要做到抽样的绝对随机性是很困难的,从而导致准确性不够高。尤其是在人的思想领域中,即使抽样准确度达到90%以上,但在那10%中仍可能隐藏着至关重要的信息。由于人的思想具有较高的不确定性,只有尽可能多地把相关因素全部考虑在内,也就是在大数据下才可能无限接近真相。正如舍恩伯格所说:"在大数据时代进行抽样分析就像是在汽车时代骑马一样。在某些特定的情况下,我们依然可以使用样本分析法,但这不再是我们分析数据的主要方式。慢慢地,我们会完全抛弃样本分析。"①大数据之大除了数量巨大外还体现在高速和多样上,这使得效率大大提高。思想政治教育的研究对象是人,是一个个活生生的现实中的人。人是这世界最为复杂的存在,要想实现绝对精确化本来是不现实的,而现今,大数据可以在大量数据的基础上进行全面而相对精确地刻画,为促进人的发展提供支持,在一定程度上提升了高校思想政治教育的科学性。相较于之前,工作主要是建立在个人经验基础上的,具有很强烈的主观色彩,难以具有普适性。

大数据思维最具革命性的成果是对相关性思维的推动。近代科学体系是建立在因果关系基础上的,从现象入手,寻找现象背后的原因,可以说先有果后有因。因果思维是伴随工业革命的兴起而出现的,因而与机械思维息息相关。"机械思维更广泛的影响力是作为一种准则指导人们的行为,其核心思想可以概括成确定性(或者可预测性)和因果关系。"②正是这种研究模式对人们的思维影响很大,导致形成思维定式。凡事要考虑个为什么,这是典型的因果思维。后来人们开始发现"上帝也会掷骰子",世界存在很多

---

① [英]维克托·迈尔–舍恩伯格、肯尼思·库克耶:《大数据时代:生活、工作与思维的大变革》,盛杨燕、周涛译,浙江人民出版社2012年版,第14页。

② 吴军:《智能时代:大数据和智能革命重新定义未来》,中信出版社2016年版,第104页。

不确定性,逐渐形成与因果思维大不相同的相关性思维。这是一种不确定性思维,大数据分析就是典型的相关性思维的运用。相关性思维与因果性思维,属于两个不同层次的思维方式,不存在替代关系。前者是面对复杂系统的一种横向思维,后者则是面对简单系统的一种纵向思维。①从 21 世纪起,人类知识呈几何倍数增长,出现所谓知识爆炸。人们面对海量的信息,每天都被各种信息轰炸,淹没在知识的海洋里,这是人工智能时代的显著特征。在思考问题时如果一味遵循因果思维的话,有些问题可能永远找不到所谓的"因",这就客观要求人们逐渐向相关性思维转变,根据相关性进行判断、作出决定。正如马尔库塞在《单向度的人:发达工业社会意识形态研究》中所描述的发达工业社会的人的显著特征是只具备肯定性思维,凡事需要一个确定的结果或者原因,马尔库塞说过:"单向度的人,即所谓的丧失否定、批判和超越能力的人。这样的人不仅不再有能力去追求,甚至也不再有能力去想象与现实生活不同的另一种生活。"②这实际上就形成了人的机器化,是对人的异化,这与高校思想政治教育的根本目标是背道而驰的。

　　大数据思维是人工智能时代必备的思维方式,也是每个教师必须有的思维。如果没有这种思维方式,高校思想政治教育就会远远落后于时代,就像大数据的主要提出者舍恩伯格所强调的,大数据开启了一次重大的时代转型。就像望远镜让我们能够感受宇宙,显微镜让我们能够观测微生物一样,大数据正在改变我们的生活及理解世界的方式,成为新发明和新服务的源泉,而更多的改变正蓄势待发。③大数据思维必将给高校思想政治教育学

---

　　①　成素梅:《智能化社会的十大哲学挑战》,《探索与争鸣》2017 第 10 期。

　　②　[美]赫伯特·马尔库塞:《单向度的人:发达工业社会意识形态研究》,刘继译,上海译文出版社 2008 年版,第 205 页。

　　③　[英]维克托·迈尔-舍恩伯格、肯尼思·库克耶:《大数据时代:生活、工作与思维的大变革》,盛杨燕、周涛译,浙江人民出版社 2012 年版,引言。

科研究范式以及高校思想政治教育实践活动带来突破性进展。

## (二)分布式思维

以教师、教室、教材三者为中心的经典教学模式是工业化的产物,在工业化进程中曾经起着非常重要的作用,但是到现在已经完全落后于时代的发展了。不足之处在于不利于发挥学生的主动性,忽略个体差异性,从而束缚个性。人工智能的基础是互联网,而互联网最显著特征之一是分布式管理,是去中心化的。分布式思维的核心是去中心化。随着自媒体的兴起,人人都是自媒体、麦克风、中转站,信息传播也打破了自上而下的线性模式。从信息传播角度来看,这对高校思想政治教育是个巨大的挑战。由于去中心化导致主流传播途径的影响力被消解、削弱,所以传统的教育方式就难以应对这种新形势,逼促着思想政治教育者在思维上进行更新和改变。去中心化并不是没有中心,而是说原有固定的中心消亡而新的中心呈现分散式或者弥散式存在。客观上,高校中每个大学生都是思想政治教育的对象,都是中心;在社会中,每个思想上还与社会要求存在差距的人都是教育对象,也是工作中心。从思想政治教育空间来看,这是对以教室为中心的消解。由于网络空间的产生,网络无处不在,导致时时可网、处处可网、人人可网,人们在网上停留的时间大大增长,最终成为思想生成、发展的主要场所。正如习近平在网络安全和信息化工作座谈会上讲话时强调:"网民来自老百姓,老百姓上了网,民意也就上了网。群众在哪儿,我们的领导干部就要到哪儿去,不然怎么联系群众呢?"[1]从信息载体上看,传统的纸质教材逐渐走下神坛,从"原子化"走向"比特化"。比特化的特点是将信息变得丰富多彩,图文、视频、动画等融为一体,使之更具吸引人与亲和力。可见,传统的中心

---

[1] 《习近平谈治国理政》(第二卷),外文出版社2017年版,第336页。

都已经瓦解，只有真正意识到这种中心的消亡，并树立去中心化思维才可以使当前的工作跟上时代的步伐。在高校中一个值得回味的现象是当教师们开始普及微信时，学生们却纷纷转移到QQ或者抖音去了。师生之间这种分歧正是去中心化思维的体现。加之青年一代，将新媒体情境作为个人情绪宣泄的平台，个体言论"失范"，"抗争性"话语滋生、蔓延。[1]这样就更加难以达成思想共识，势必削弱思想政治教育效果。去中心化思维要求在师生双方信息传播途径上多点呈现，坚持一元主导与多元化并存的原则，与学生建立平等对话，形成新型的交互关系。

　　分布式是科技发展的趋势之一。作为科技前沿的人工智能，其最重要的一块基石是人工神经网络，这是一种并行分布式系统；还有作为最新科技成果和热点的区块链，实质是分布式的具有不可篡改性的智能账本，这是专门为去中心化提供技术保障和支持的新技术。有学者指出："区块链去中心化的点链式传播形式及其分布式账本记录，能够有效形成网络化、分散式的激励相容机制，把教育主体的内在活力激发出来，并通过各种网络形式嵌入于教育全过程，转化为教育实效。"[2]这只是区块链初步发展带来的有限的实际应用场景，随着进一步发展可能会给思想政治教育带来突破性进展，主要应用于改善高校思想政治教育评价机制。思想政治教育评价的难点在于过程素材的记录、收集、整理等，区块链本身就是智能账本，可以实现"学分银行"式的评价，将学生在校期间的思想、道德进行记录，由于其不可篡改性，可以最大程度地保障真实性和公平性。这会给高校思想政治教育评价带来颠覆性变革。

---

　　① 史宏波：《解构与重构：新媒体情境中青年价值观建设路径探析》，《教学与研究》2019年第9期。

　　② 高维峰：《实效性、参与度与信任关系重建：基于区块链原理的信息时代思想政治教育思维创新》，《当代教育论坛》2019年第4期。

　　传统社会是典型中心化式的组成,国家的中心是中央政府、各地市区县乡镇都有政府驻地作为中心。自从封建社会以来,古今中外莫不如此,中心化思维的根深蒂固是有其历史原因的。随着科技的发展,这一思维将会被颠覆,技术赋能给每个人以平等的权利,这种趋势现在已经日趋明朗。从国家运行体系来说,越来越受到网络舆论的影响与制约,网络反腐成效显著,使得权力的笼子越扎越严。就广大民众而言,获得的自由越来越多、发展的空间越来越大。以出行为例,作家尼克·比尔顿在《翻转世界:互联网思维与新技术如何改变未来》中有段非常精彩的描述,"你朝街上任何一个方向前进,无论哪个方向,整个画面都会随你位置移动,这是个重大转变,在纸张世界,地图和位置是以地方或地标为根据,而不是你的所在地"①。这段话生动地描述了人们出行的巨大变化,其中最显著的是去除了传统固定的中心而形成了以每个人为中心的新形态。这种类似的改变还有很多,诸如电子政务、电商、团购外卖、在线教育等,正如有人所说"所有行业都将成为服务业"。反映到高校中,就是学生主体性的凸显,教师中心地位的消失。去中心化体现在高校思想政治教育领域中的实质是工作重心的下移,是教师中心地位的消失,取而代之的是一个个学生地位的崛起。其实每个人的成长过程也是一个去中心化的过程,人在出生时是分不清自己和外界的区别的,因而没有中心可言。人真正开始分清外界是随着自我意识的出现,这大约在人出生18个月时,其标志是客体永久性的获得。这时人就产生了自我为中心,但随着人的不断成长、思维不断发展、社会化程度不断加强,人逐渐学会处理自己与他人、集体、社会之间的关系,其实这是学会凡事不能以自己为中心点,而要衡量各方面因素,这又是一个去除自我中心的历程。最终在

---

① [美]尼克·比尔顿:《翻转世界:互联网思维与新技术如何改变未来》,王惟芬等译,浙江人民出版社2014年版,第161页。

科技赋能下,人类世界会像宇宙一样,每一个人都是一颗闪闪发光的星星,共同组成了星河璀璨的宇宙。宇宙是没有中心的,而人类世界也将逐渐走向这种状态,没有中心,只有联结。

故而,无论是从高校思想政治教育发展还是科技发展趋向都可以看出,去中心化是一种大势所趋。高校智慧思政是面向人工智能时代的思想政治教育新形态,要牢固树立这种分布式思维。当然,思维养成是一个循序渐进的过程,正如"地心说"走向"日心说",把人们的视线从地球带向太阳系甚至银河系,使得人们的视野更广阔。思想政治教育是塑造人灵魂的工程,在活动中每个学生、每位老师都是有温度会发光的恒星,需要互相照耀、互相温暖、互相吸引从而共同构成璀璨星空。

## (三)精准化思维

精准化意味着个性化、分众化。传统思想政治教育中师生关系最明显的特征是一对多,尤其是在高校思想政治教育中更明显。一名辅导员至少要面对二百名学生,一个思政课老师也要面对十几名或上百名学生,这很难谈得上精准化,采取的教学方式依旧是大水漫灌式的教育。这客观上导致教师无法详细了解、掌握每个学生的情况,从而很难进行有针对性的教育或授课。由于人工智能技术的逐渐成熟,技术的进步正在倒逼高校思想政治教育改革。

教育的个性化既是历史发展的方向,也是我国教育方针的要求。毛泽东在《论联合政府》中讲道:"民族压迫和封建压迫残酷地束缚着中国人民的个性发展,束缚着私人资本主义的发展和破坏着广大人民的财产。我们主张的新民主主义制度的任务,则正是解除这些束缚和停止这种破坏,保障广大人民能够自由发展其在共同生活中的个性。"①革命年代的浴血奋战为的

---

① 《毛泽东选集》(第三卷),人民出版社1991年版,第1058页。

就是挣脱压迫与束缚、获得个性化的自由发展。新时代,更要把个性化作为教育的一个发展方向。2018年教育部《高等学校人工智能创新行动计划》中提出,"鼓励发展以学习者为中心的智能化学习平台,提供丰富的个性化学习资源""加快人工智能在教育领域的创新应用,利用智能技术支撑人才培养模式的创新、教学方法的改革、教育治理能力的提升,构建智能化、网络化、个性化、终身化的教育体系"①。教育部印发的《教育信息化2.0行动计划》中提出:"探索在信息化条件下实现差异化教学、个性化学习、精细化管理、智能化服务的典型途径。"②作为教师就要顺应时代和国家的要求,树立个性化思维。

客观环境和教育对象共同呼唤个性化的到来。随着科技的发展,一方面,技术赋能教育已经深入校园、进入教室。作为学校育人主阵地的课堂教学来看,现在开始出现精准教学,是在信息化环境中最大限度地照顾每个学生的智慧发展。有学者认为:"信息技术支持的精准教学是一种旨在借助信息技术实现高效减负的个性化教学方法,属于人本主义指导的教学实践。"③在思想政治教育方面,有人提出"精准思政"模式,是基于学生画像的方式实现精准化滴灌式个性化教育。同时,在信息技术支持下思想政治教育资源可以实现共享共用和精准推送。另一方面,个性化是符合当代大学生性格特征的必然选择。如前文所述,当代大学生的最大特点是自我意识强、主体地位显著,传统班级集体授课式的教育方式必然难以被广大学子接受,真正的个性化教育就要遵循每个人的成长规律,用一把钥匙开一把锁式的教育

---

① 中华人民共和国教育部:《教育部关于印发〈高等学校人工智能创新行动计划〉的通知》,http://www.moe.gov.cn/srcsite/A16/s7062/201804/t20180410_332722.html,访问时间:2018年9月17日。

② 中华人民共和国教育部:《教育部关于印发〈教育信息化2.0行动计划〉的通知》,http://www.moe.gov.cn/srcsite/A16/s3342/201804/t20180425_334188.html,访问时间:2019年9月17日。

③ 彭红超、祝智庭:《面向智慧学习的精准教学活动生成性设计》,《电化教育研究》2016年第8期。

才能打动学生、感染学生从而塑造学生。

个性化的实现是基于精准化,即对资源的精准供给、对学生的精准化了解,在科技赋能下教师可以实现人机协作共同为学生提供辅导与引领,从而让学生在自己独特的土壤上苗壮成长。在精准化思维关注下自然而然地便可提升高校思想政治教育的吸引力与亲和力。

(四)非标准化思维

标准化是工业革命的显著标志之一,正是在产品标准化、生产流程标准化、价值评判标准化的引领下实现了生产能力突飞猛进的发展。标准化逐渐从客观世界浸入人的主观世界,从而形成标准化思维。教育就是最明显的领域,作为传承人类文明、构建人类精神家园的社会实践活动,深深地打上标准化的烙印。整齐划一的班级授课制、标准化的教材、程序化的教学方式、统一的评价标准,教育沦为工业时代工厂流水线化生产作业的翻版。随着科技发展,标准化给教育带来的弊端越来越暴露无遗,表现在严重忽略人的唯一性和特殊性而仅仅追求结果的一致性,扼杀了人的好奇心和创造性,对人的自由而全面地发展带来严重冲击。这些也同样存在于高校思想政治教育中。比如思政课中同学们处于同样的教室、同样的老师、同样的内容、同样的考核、同样的答案,与19世纪的教育模式相比基本没什么改变。蒂姆·库克说过,不必担心人工智能像人一样思考,而真正令人担心的是人像计算机一样思考。这无疑戳中了传统教育方式的痛点,表达了对那种标准化培养方式的担忧。因而要改变这种千人一面的教育方式,就要树立非标准化的思维,世界上没有完全相同的两片树叶,何况人呢?以非标准化思维构建起尊重个体差异、注重细节过程而淡化结果的思想政治教育理念。

纵向思维与横向思维相结合。非标准化是以个体为基点制定适合于个体的标准,是一种以纵向发展为主要维度的标准;而标准化注重的是在横向比较中寻找最大公约数作为标准。具体而言,纵向思维是与个体的过去进行比较,是一种历史思维;横向思维是和相关群体进行比较。纵向比较有利于发现个体进步的快慢,而横向比较则有利于发现在相关群体中处于什么样的位置和层次。可见,非标准化思维的重心在于注重历史思维。习近平多次提到历史思维,2017年5月他在中国政法大学考察时强调:"青年时期是培养和训练科学思维方法和思维能力的关键时期,""养成了历史思维、辩证思维、系统思维、创新思维的习惯,终身受用"。①善于以史为鉴,从历史中汲取营养才能更好地理解当下,从而预测未来、把握未来。缺乏历史思维往往就会以静止、孤立、片面的眼光看待问题,把事物看成一成不变的,容易导致思维的僵化,这是标准化思维容易产生的结果。所以,非标准化思维就是要坚持历史思维,微观上关照个体发展的历程,宏观上关注人类前进的历史过程,站在时间的长河中审视一切才能得到相对全面、立体的看法。

非标准化思维侧重于开放性、动态性。一切存在都处于不断运动和发展之中,作为万物之主的人类更是处于不断发展变化之中。高校思想政治教育是以"思想"激发"思想"、塑造"思想",是一项铸魂的系统工程。只有让学生敞开心扉才能走进学生心中,才能促进其思想意识的形成。无论是一个人还是一所高校都可以看作是一个系统,要想维持系统的运行与发展,就要开放才会有能量的输入,才能实现其成长。因为人是处于运动之中的,并且状态是与时俱进的,以标准化思维来考察很容易固化和阻碍人的发展。非标准化与个性化思维既有相似之处也有区别。非标准化的目标是指向个性化,是为了实现个性化发展,但非标准化思维重在发挥历史思维的作用,以动态的、开放的、发展的眼光看待问题,不存在一成不变的事物。标准化

---

① 《习近平在中国政法大学考察时强调 立德树人德法兼修抓好法治人才培养 励志勤学刻苦磨炼促进青年成长进步》,《人民日报》2017年5月4日第1版。

强调以客观的"标尺"为准绳,但对万物之灵的人而言,只要标尺一经制定出来就失去了发展性和先进性,走向千人一面。

这里强调非标准化思维并不是排斥标准化思维,而是要实现两者有机结合。比如互联网,如果没有传输协议的标准化就不会实现全球互联。再比如集装箱,只有标准化后才大幅度提升了工作效率。关于标准化思维最形象的隐喻是"巴别塔",也称为通天塔。人类想建造一座高塔直通天庭,上帝为了阻挠人类就让人们说不同的语言,从此人类之间产生了沟通隔阂,就无法建成通天塔。这折射出了标准化的重大作用和意义。在高校思想政治教育中面对的是人,是世界上最为复杂的且具有唯一性的存在,就要两者兼顾,在涉及公平时要有标准;在涉及具体个人时要顾及个性和特殊性。要实现立德树人的目标就得两者兼顾,不可偏向于一方,就像工业时代只追求标准化而置人的特殊性于不顾是很难实现人的全面发展的。

## (五)批判性思维

批判性思维是一种合理的、反思性的思维,可以说是思维技能,也是一种思维倾向。批判性思维自古有之,古代先贤在看待周围世界时很注重批判性,不盲从权威,勇于自我反思反省,这是中华优秀传统文化的重要组成部分。《礼记·中庸》中有:"博学之,审问之,慎思之,明辨之,笃行之。"审问、慎思、明辨就是典型的批判性思维。苏格拉底说过未经审验的生活是不值得过的。这把批判性思维推到人生的高度上,是有价值的人生所必备的。毛泽东非常注重批判,他在《新民主主义论》讲到国外文化时说:"把它分解为精华和糟粕两部分,然后排泄其糟粕,吸收其精华,才能对我们的身体有益,决不能生吞活剥地毫无批判地吸收。"[①]毛泽东非常形象地道出了批判的

---

① 《毛泽东选集》(第二卷),人民出版社1991年版,第707页。

重要性,不能"生吞活剥",必须仔细甄别加以分辨地吸收。当今,由于海量化信息的出现,批判性思维地位更加重要,是人们立足信息时代所必需的。

客观上,当今信息量增长迅猛,知识的权威性弱化。信息时代最显著的特点是信息过载和呈现形式的碎片化,这导致发现有价值的信息变得特别重要。现在高校乃至广大网民存在一个认识误区,认为网络中的信息就是知识。其实网络信息良莠不齐,充斥着大量无用甚至有害的信息,这就特别需要对信息进行分析、辨别和反思。在信息化之前,各种信息的重要载体是纸质的,所承载的信息较为体系化而且经过层层审核,是较为权威和正式的;而现在任何一个人都可以在网络上发布信息,由此造成权威性和体系化不足,客观上要求人们必须批判性地看待一切,决不能生吞活剥地接受网络中的信息。

从大学生角度而言,主体意识强有利于批判性思维的形成。从对当今大学生特征的分析可知,当代大学生自我意识强、主体性突出而不会盲从权威,敢于质疑和探索新领域,善于表达自己的观点,不循规蹈矩更喜欢标新立异,这些特质就为培养批判性思维奠定了良好的基础。美国东北大学的第七任校长奥恩在《教育的未来:人工智能时代的教育变革》一书中谈到,通过对全球顶级企业高管的访谈可知,社会最急需的人是具有全面的系统性思维和批判性思维的人,这对适应未来的工作具有至关重要的作用,就像橄榄球队的"四分卫"。随着人工智能的发展,机器的功能会越来越强大,但机器难以克服的弱点在于想象力、人文情怀以及动机等的缺失。与机器相比,人类可以利用批判性思维从数据分析和情景分析两方面进行评估,来判断"这个计划将会或不会奏效"。批判性思维是我们在教育中所做的很多事情中最终期待的结果。[1]批判性思维将成为人类与机器的发展竞赛中人类最

---

① [美]约瑟夫·E.奥恩:《教育的未来:人工智能时代的教育变革》,机械工业出版社2018年版,第81、54页。

重要的砝码,所以面向人工智能时代的高校思想政治教育不仅要培养教师的批判性思维,而且要着力培养大学生的批判性思维能力。

王竹立认为,批判性思维的核心是质疑与求证。[①]要养成批判性思维就要凡事多问几个为什么,然后再去探索和证实。同时批判是培养大学生创新能力的基础。如果认为一切都顺理成章、历来如此,就不会产生创新也就难以实现人类的不断进步。王竹立认为,网络时代的学习是一个零存整取、不断重构的过程,创新比继承更加重要。[②]思想政治教育是涉及世界观、人生观、价值观的教育活动,要想取得实效不仅仅是让学生记住某些知识,而是需要学生形成高阶思维并逐渐在心灵深处得到内化。批判性思维就是一种高阶思维能力,是建立在记忆、理解等基础上的分析、综合、评价,这其实是一个"转识成智"的过程。

心理学研究表明,每个人都因其独特的经历和个性特征而会形成相对固定的思维模式,每个人看待世界都像是戴着自己特制的有色眼镜一样,这对于批判性思维的形成是固有的阻力,犹如地球引力是每个人都难以逃脱的。我们要做的且能做的是在减轻阻力系数的同时加强动力系统。人工智能时代批判性思维是更宝贵和更难得的思维方式,既是在这个知识爆炸时代推动知识新陈代谢的绵绵不绝的动力,也是"人之为人"而不是机器的独特性所在。

## 二、高校智慧思政建设的新理念

思维不断累积而实现飞跃性升华就成为指导人们行动的理念。高校智

---

① 王竹立:《碎片与重构:面向智能时代的学习2》,电子工业出版社2018年版,第141页。

② 王竹立:《碎片与重构:面向智能时代的学习2》,电子工业出版社2018年版,第115页。

慧思政的建构是在一定新理念的指导下完成的,包含着新时代人们对思想政治教育理论与实践的深刻领悟和未来发展的愿景,是这个时代思想政治教育发展的思想根据和精神引领。

所谓理念,最早可追溯到苏格拉底,他认为理念"是思想想到的在一切情况下永远有着自身同一的那个单一的东西"[①]。随后,柏拉图、康德以及黑格尔等哲学家都从不同维度对理念进行过界定。《辞海》(1989)对"理念"一词的解释为理性概念。由思考或推理而得的概念,有别于感性的认知。一般地认为理念与观念比较相近,都是人的大脑思维活动的结果。理念是观念发展上升到理性高度方可称为理念。所谓"理念",是指人们对于某一事物或现象的理性认识、理想追求及其所形成的观念体系。[②]

关于思想政治教育理念,钟启东在其专著《思想政治教育理念创新逻辑论》中认为:"是包括思想政治教育本质、价值、目的、任务、原则、规律等基本规定性理论问题展开的整体性审视和前提性反思,实现对这些问题的形上理解和内在凝练,进而确立起思想政治教育理论建设和实践发展的思想前提、基本精神及主要方向。"[③]思想政治教育理念其内涵可概述为,对思想政治教育"是什么""应当是什么"基本问题的根本性追问与回答,凝结着人们在特定社会历史阶段理解和开展思想政治教育的理论精神和实践结晶。[④]这属于思想政治教育创新发展的基础理论研究范畴。高校智慧思政是人工智能时代思想政治教育的一种新形态,更是一种新理念,也属于思想政治教育创新发展研究领域,是对既往思想政治教育经验总结提炼的升华,也是对

---

① 颜一:《流变、理念与实体——希腊本体论的三个方向》,中国人民大学出版社1997年版,第93~94页。

② 韩延明:《理念、教育理念及大学理念探析》,《教育研究》2003年第9期。

③ 钟启东:《思想政治教育理念创新逻辑论》,人民出版社2016年版,第36页。

④ 钟启东:《思想政治教育理念创新逻辑论》,人民出版社2016年版,第36页。

未来思想政治教育发展蓝图的擘画。王竹立针对未来教育方式上曾告诫过,如果教师的教育理念不发生改变,可能最终的结果依然是"智慧灌"或"全方位灌"。[①]这句话其实很深刻,之前的若干次教育技术革命并没有真正动摇传统教育的根基,其中一个很重要的原因就是教师教育理念没有改变,这充分说明理念在实践中具有举足轻重的作用。面对未来的高校思想政治教育,首要的是理念上的革新和改变。以下高校思想政治教育新理念就是人工智能时代师生所必备的。

## (一)人机一体理念

从教师角度来看,人机一体化是人工智能时代的必备素养,是造就"超级教师"的必由之路;从学生角度来看,要善于运用智能设备实现"认知外包"才能跟得上知识更新的速度、把握时代的脉搏。人类能够在自然界中胜出,主要依靠的是人善于运用各种工具,从最初的石刀石斧到铜质刀剑再到机械电力,随着人类进入人工智能时代,没有改变的依旧是人们要运用好新的工具,即各类智能化设备。人机一体化只不过是人与自然相处的新形态、新阶段,这种理念本身可谓是历史悠久,但是随着人与自然交互融合程度的深化,二者间的关系不断进行着微妙的调整,从最初的畏惧大自然,到工业时代无视大自然,再进一步到敬畏大自然,最终会走向融合、共生的一体化。有学者指出:"人机共生,人与机器要和平共处、友好竞争,背后真实体现出来的是人与人之间要和平共处、友好竞争。如果人与人之间能够和谐相处、公平竞争,那么对于人与机器之间的关系同样成立,因为从本质上说,人与机器的关系是由人与人的关系决定的。"[②]人本身是大自然的一部分,只不过是

---

① 王竹立:《碎片与重构:面向智能时代的学习2》,电子工业出版社2018年版,第20页。

② 张学军、董晓辉:《人机共生:人工智能时代及其教育的发展趋势》,《电化教育研究》2020年第4期。

其中最具活力和主观能动性的一部分,人机关系大而化之其实是人的世界观。

　　具体到高校思想政治教育中,人机一体理念对于教师而言要善于借助智能设备提高教师的育人能力。未来教育活动中离不开各种信息技术设备的支撑,作为教师要有基本的信息素养、数字素养、科技素养,这是立足未来的基本能力,犹如印刷时代教师的读写能力一样,是最基础的素养。教育作为优先发展的具有战略性地位的社会活动,在面对科技革命的到来时,"可行的办法就是重新正确定位教师在信息时代、人工智能时代的角色,积极拥抱新技术,借助互联网、大数据、人工智能等新技术,拓展我们的大脑和双手的功用,把我们打造成可以不知疲倦的、可以细心照顾到每一位同学的、几乎无所不会的'超级教师'"①。人机之间的关系犹如鱼水共生般,人离开机器(在此指广义的各种人工智能设备)那么教育必然落后而难以取得实效;机器离开人也失去存在的终极意义。有学者指出,人工智能时代教师需要重新定义,即人工智能不是替代教师的某些角色或功能,以智能导师为代表的机器导师与人类教师共同作为教师系统的子系统,参与构造教育复杂系统。②这种复杂系统到底如何组成? 如何运转? 这都需要将来进一步研究与探索,现在唯一可以确定的是二者间宏观上是相辅相成、相得益彰的。高校思想政治教育需要针对每个学生个体进行更加个性化的引导与教育。特别是思政课教师,要具备人机一体化的意识,因为思想的形成与塑造比单纯的知识传授要更加漫长而困难。在一定意义上,未来的每个教师都是思想政治教育教师,知识传授的功能逐渐由人工智能所取代,教师功能的发挥主要表现在情感交流、价值传递、思想引领上,是学生成长的心灵导师、知心朋友、思想引路人。

---

① 尚俊杰:《未来教育重塑研究》,华东师范大学出版社2019年版,第77页。

② 逯行等:《人工智能时代的教师:本体、认识与价值》,《电化教育研究》2020年第4期。

## （二）供给侧理念

宏观上看社会形态处于不断演化中,社会关系处于动态发展中,作为一种极其重要的社会实践活动的思想政治教育亦复如是。党的十九大报告中明确指出,社会主要矛盾已经转化为人民日益增长的美好生活需要和不平衡不充分的发展之间的矛盾。在此之前是人民日益增长的物质文化需要同落后的社会生产之间的矛盾。从物质文化向美好生活需要的转变中折射出对精神文化追求的增长;另外是社会生产力由相对落后逐渐到不平衡不充分的问题。高校思想政治教育也存在这样的转变,从教育资源相对匮乏到泛在化的唾手可得,从供不应求转化到供大于求,这时供给侧理念就显得格外重要。高校思想政治教育的供给侧理念,是将经济学领域中的"供给理论"与教育思想相结合的一种提高高校思想政治教育成效的新思路,即侧重于思想政治教育的供给。具体是高校在对大学生的政治意识、道德素质、法律观念等进行教育时,为达到学生所具备的与社会主流意识形态要求的一致,并且使学生获得更具吸引力、更有影响力的思想政治教育。①供给侧理念的提出主要是由于教师与学生之间、教与学之间出现的一系列供需错位与矛盾,有学者就指出当前教育供需上存在的三大失衡:"泛化的教育供给与精准的教育需求之间的结构性失衡;低效的教育供给与新兴的教育需求之间的结构性失衡;高投入与低产出之间的构性失衡。"②

高校智慧思政的提出是基于教育信息化的进一步发展,是网络思想政治教育的新形态、新阶段,是以信息技术的集大成者——人工智能为主要支撑,根本目的是实现立德树人。高校智慧思政之所以称为"智慧",在于高扬

---

① 肖彩泳:《高校思想政治教育供给侧改革路径研究》,《现代教育科学》2019年第10期。

② 冯晓英等:《"互联网+"时代三位一体的教育供给侧改革》,《电化教育研究》2020年第4期。

人性之光、在于"顺木之天,以致其性"、在于春风化雨、润物无声之中实现育人的任务。供给侧理念为破解思想政治教育的有效性难题带来一种新的视角。借鉴供需理论,从不同角度去看待高校思想政治教育存在的问题。有学者指出,网络思想政治教育供给侧改革的核心在于解决"供需错位"的问题,强调以精准的供给提高思想政治教育质量,以供给能力的提升解决思想政治教育存在的供需矛盾,实现需求与供给的精准对接。①供给侧强调的是在思想政治教育资源供给的精确性、个性化上下功夫。当前思想政治教育资源上存在信息冗余、信息过载的问题,对于社会经验相对欠缺、辨别能力较差的大学生就要严把供给侧,而教师要主动提供有利于其成长成才的知识。供给侧强调的是以学生真实需求为根本出发点,而不是以教师的经验为主,这就要求教师必须走进学生真实生活、了解其真实心理特征、准确把握其思想状态。供给侧强调师生关系的转化与升级,教师作为知识的生产方就要保证教育资源的正确性和有效性,同时做好"把关人",尽可能地净化网络教育环境。吴满意指出,从供给侧入手,优化教育供给体系、统筹教育供给资源、优化教育供给方式,将有效提升思想政治教育的育人功能。②

高校智慧思政的供给侧理念就是教师走出传统理念中师道尊严的藩篱,以服务学生、围绕学生、关心学生为根本,及时为学生进行解疑释惑并准确地提供学生成长所必需的思想政治教育资源,为学生成长成才保驾护航。

## (三)浸入式教育理念

浸入式教育理念最初是学习第二语言最有效且广为流传的教育教学方

① 邹国振:《需求识别·精准供给·数据治理:网络思想政治教育供给侧改革之道》,《湖北社会科学》2019年第10期。

② 吴满意、王丽鸽:《从精准到智慧:思想政治教育创新发展的根本态势分析》,《马克思主义与现实》2019年第4期。

式,其最显著的特点是在真实的情境中去练习语言,在这种境域性中进行渗透,从而熟练掌握第二种语言。这不仅是学习语言行之有效的方法,还是撼动思想、塑造灵魂的不二法门。高校思想政治教育实际上是以特定的"思想"作用于教育对象的"思想",把教育对象的思想按照一定的方向、要求、标准进行"改造"与再生产,促使教育对象完成思想内化与思想外化的过程。[①]思想的形成并非一朝一夕之间的事,是一个绵绵用力、久久为功的过程,加之思想、价值观等较为抽象,理解和接受起来有一定难度。如前所述人工智能带来的最大机遇之一就是可以借助各种智能设备创设一种情境化、境域性的空间,这种境域、情境消除了思想政治教育主客体之间二元对立,使得这种居间的情境成为一种"第一性"的存在,即思想政治教育的本体性存在。人工智能的优势是通过虚拟技术、增强现实技术以及各种感官体验打破时空界限,不论在实体活动中还是虚拟实践中,可以极大地拓展浸入式教育的活动空间,最终可以有效提升教育效果。

网络思政是高校智慧思政的幼年形态,而目前网络思政日益成为高校思想政治教育最重要的阵地。这在20世纪来说还是难以想象的,但就在这20年左右的时间里成为现实。我们可以大胆想象人工智能时代的高校思想政治教育,它应该在网络思政的基础上实现更大的飞跃,可以提供更多的便利条件和技术上的跃迁。有学者指出:"互联网+思想政治教育"本质上可以视为情景交融,就是在于网络思想政治教育目标的实现,是离不开对不同现实情境的把握、综合与统整的,也离不开网络自身情境创设。[②]可见,网络思政离不开情境、脱离不了浸入式的教育方式。转眼间5G已经投入运营,6G又开始崭露头角,信息技术快速发展的步伐从未停歇,客观上要求高校思想

---

① 张苗苗:《思想政治教育本质论》,社会科学文献出版社2019年版,第103页。

② 唐亚阳:《网络思想政治教育》,人民出版社2016年版,第199页。

政治教育决不能裹足不前。正如林肯所说,预测未来最好的办法就是创造未来。未来万物互联化、交互可视化,浸入式教育理念在人工智能时代将更加普遍,这是高校智慧思政取得实效的有效举措之一。

### (四)以情育人理念

情感是新时代背景下高校思想政治教育取得实效的关键环节,是整个育人过程的催化剂。不管是教育还是思想政治教育离开了"情"都会失去灵魂,而沦为工厂式的流水线,就很难谈得上立德树人了。以情育人理念主要是在高校智慧思政全过程中将"情"贯穿其中。正如上文浸入式教育理念所述,智慧思政首先依赖于良好情境的生成,进而由情境唤起人的情感,在情感的感染下产生共情(共情也称为同理心),在共情基础上对新的价值观或者思想产生迁移,最终形成新的情愫或情结。这时可以形成共识,实现所谓入心入脑。只有在各种情的不断浸染下久而自会形成一定社会所需的思想、道德。情境、情感、共情、移情(迁移)、情愫或情结这一系列情的参与犹如空气般充盈着整个思想政治教育过程,最终达到入芝兰之室久而自芬芳的效果。

以情育人并不是说"说理"不重要,而是重心应该向"共情"转移。说理是基础,是实现共情的铺垫。就如当下最流行的直播带货一样,参与者多为年轻人,主播推荐的产品到底有什么独特之处或者质量特别过硬之处吗?其实并不尽然,人们主要是冲着主播的人格魅力去的,是因为信任、喜欢主播才购买其推荐的货物。当前有很多官员开始为当地产品代言,很多人其实并不是对其产品特别喜欢,大多是因为出于官员的信赖及对农产品、农民、农村的情怀才萌发购买欲望的,这些都离不开一个"情"字在其中发挥关键作用。究其本质,以情育人体现了人的本质力量。马克思在《1844年经济学哲学手稿》中强调:"人作为对象性的、感性的存在物,是一个受动的存在物；因为它感到自己是受动的，所以是一个有激情的存在物。激情、热情是人强烈追求自己的对象的本质力量。"[1]思想政治教育作为塑造人灵魂、塑造生命的工程当然离不开情的投入。

随着人工智能时代的到来，首先，虚拟现实等技术的出现使得师生交互的过程中情境性得到全面提升；其次，教师知识传授等方面的工作被人工智能所分担，情感交流与陪护成为最主要的工作职责，也是教师职能中不能被机器所取代的关键领域之一；最后，由于技术的支持，教师与学生一对一的交流与沟通会变得前所未有的便利，从而有利于发挥教师的人格魅力，去感染、影响学生。技术的支撑为以情育人奠定了良好的基础。

当以情育人的"情"达到一定境界后会产生敬畏之心、虔敬之心，是对真理的敬畏，对师长的虔敬。在技术理性支配下很容易忽视对人性的尊敬，尤其是师生关系中一味强调平等、民主，但前提绝不能缺少最为核心的"情"的存在。教师无论是作为长者，还是作为学生探索真理的引路人都是值得学生肃然起敬和由衷感激的，要怀着一颗虔敬之心，而不是双方各自履行完职责后老死不相往来。这是在今后高校思想政治教育中要着力去营造的氛围，培养学生对老师产生敬畏、虔敬之"情"。教师在实际中要投入情感、满怀热情才会取得实效。马克思说过："我们现在假定人就是人，而人对世界的关系是一种人的关系，那么你就只能用爱来交换爱，只能用信任来交换信任，等等。"[2]教师只有充分发挥身正为范、以身作则的榜样力量才会逐渐带动学生。这也充分说明了师德师风的极端重要性。以情育人理念的落地生根不但是未来教师功能体现的关键所在，也是科技裹挟下时代客观发展的必然趋势。

---

[1]　马克思：《1844年经济学哲学手稿》，人民出版社2018年版，第104页。

[2]　《马克思恩格斯文集》（第一卷），人民出版社2009年版，第247页。

### (五)共同体理念

共同体理念是人的类本质的展现,在新时代背景下,人的个体性和主体性得到前所未有的张扬与凸显,但是不能本末倒置,共同体才是人类实践活动的基石。马克思在《关于费尔巴哈的提纲》一书中曾强调:"人的本质不是单个人所固有的抽象物,在其现实性上,它是一切社会关系的总和。"[①]马克思曾指出:"人的本质是人的真正的共同体。不幸而脱离这种本质,远比脱离政治共同体更加广泛、更加难忍、更加可怕、更加矛盾重重。"[②]

共同体理念在教育领域中可谓自古有之。《礼记·学记》中有:"独学而无友,则孤陋而寡闻。"孔子有大量关于与朋友切磋琢磨共同学习的论述。《论语》中,"益者三友,损者三友。友直,友谅,友多闻,益矣。""见贤思齐焉,见不贤而内自省也。""三人行,必有我师焉;择其善者而从之,其不善者而改之。"荀子也说过,"(人)力不若牛,走不若马,而牛马为用,何也? 曰:人能群,彼不能群也。"(《荀子·王制篇第九》)人能在这个世界上胜出的主要原因就是人能"群",也就是有共同体的存在。古代先贤们的这些教育思想无不蕴含丰富的共同体理念,启迪着人们要不断参与到各种集体中才能增长智慧不断成长。当前,随着人工智能的进化可以极大提高人的实践效率,但在高校思想政治教育中需要思想的交流与沟通、交锋与碰撞,这就更需要共同体的存在。马克思和恩格斯在《德意志意识形态》中指出:"只有在共同体中,个人才能获得全面发展其才能的手段,也就是说,只有在共同体中才可能有个人自由。"[③]

思想政治教育有助于实现人的自由而全面地发展,这种目标只有在共

---

① 《马克思恩格斯选集》(第一卷),人民出版社2012年版,第135页。

② 《马克思恩格斯全集》(第3卷),人民出版社2002年版,第394页。

③ 《马克思恩格斯选集》(第一卷),人民出版社2012年版,第199页。

同体中才能得以实现。未来学校中班级授课模式必将式微,取而代之的是根据每个人的性格、兴趣、特长、学习内容等组成不同的学习共同体,诸如学习共同体、活动共同体、兴趣共同体、成长共同体等。思想政治教育本来是一项社会实践活动,那就更离不开共同体。共同体理念下的集体与传统的班级等集体概念是有一定区别的。班级是一种学习共同体,但这种共同体是无从选择的,在构成原则上是学校按照学生年龄进行划分的。高校智慧思政中的共同体则是完全按照个体需要、兴趣、爱好以及价值观等自由自愿组合而成,加入和退出是自由的,共同体更多呈现出地是自组织特征。自组织是基于耗散论、协同论、超循环等理论的复杂系统在内在机制的驱动下由无序向有序、由简到繁的演化。高校智慧思政也会成为自组织系统,未来会呈现出更多自组织特征。

高校智慧思政是面向人工智能时代的,未来的共同体主要是人机一体、师生一体。随着终身学习成为常态化,教师需要在共同体中不断成长。高校智慧思政以人工智能为枢纽,而人工智能会随着时代发展变成"看不见的技术"而融入其中。尼古拉斯·卡尔提出一个非常著名的观点——随着科学技术普及的速度越来越快,科技本身就会变成一种和自来水一样的通用公共事业服务。[1]当前最明显的例子就是电力,没有人再把"电"作为一种科技成果,而是成为日常生活的一部分。所以,人工智能会成为这种看不见的技术,那时人们就很难分清楚线上和线下了,网络世界和物理世界彻底融合在一起了。准确地说,这时共同体构成的是一种生态环境,最终形成一个和谐的大自然。在具体形态上,高校智慧思政会以人机一体为基本形态进而组成"学生—机器""教师—机器""师—生—机器"等形式的共同体。这时的共同体会逐渐融入日常,让人沉浸其中而不觉。

---

① 尚俊杰:《未来教育重塑研究》,华东师范大学出版社2019年版,第23页。

综上所述,五种理念有些是最新兴起的,有些是自古有之的。人机一体是师生基本能力塑造上的理念,犹如印刷时代的"三笔字"一样,是最基础的能力;供给侧理念是以学生为中心理念的升级版和进化版;浸入式和以情育人理念则是提升人工智能时代思想政治教育有效性的灵魂,正是在这种境域中方可激发"情"的升华而不断塑造灵魂;共同体理念则是未来教育的新形态,学校也许还会继续存在,但是形态肯定会发生变化,成为一个个共同体组成的环岛式链条。这些理念犹如大厦蓝图构筑出未来高校思想政治教育大厦。

## 三、高校智慧思政的形态特征

高校智慧思政本身是一项极具复杂性的系统工程,从发展历史上看,网络思政无疑是与之最为接近的一个概念或形态,也是近些年思想政治教育研究的热点领域。通过二者之间的比较可以更好地展现高校智慧思政的属性与特征。同时,高校智慧思政是教育信息化和信息技术发展到高级阶段的产物,在从不同历史发展阶段思想政治教育的异同分析中进一步勾勒出高校智慧思政的应然状态。

高校智慧思政是思想政治教育的新形态,思想政治教育的一般规律、特征以及属性也适用于智慧思政。当前思想政治教育研究有一个相对薄弱但非常重要的问题,是关于思想政治教育整体性研究,沈壮海称为宏观思想政治教育。微观研究可以深入了解其运行机制,了解其内部结构以及功能,但是缺少宏观研究的整体性视野,尤其是放置于人类社会发展的大背景中,研究思想政治教育与社会、政治、经济、文化、科技发展以及人类思想演变的关系,这更有利于从另外一个视角厘清思想政治教育的功能与作用。对高校智慧思政亦是如此,要从宏观的视角审视高校智慧思政的形态以及特征。

## （一）高校智慧思政的一般属性

在阶级社会中,思想政治教育所具有的一般性或者共同属性是阶级性、意识形态性或政治性。阶级性是由思想政治教育的本质属性决定,作为一种统治阶级教化民众和维持社会稳定的实践活动,必然体现的是统治阶级的意志。当然,这里说的阶级性是处于阶级社会时才有的,就像有学者分析的,曾经的原始社会和未来共产主义社会也会存在思想政治教育,只不过这两个阶段不属于阶级社会就不存在这一属性。意识形态性是阶级性的外在体现,统治阶级主导着主流意识形态,思想政治教育就是进行主流意识形态的灌输与教化。诚然,思想政治教育内容也并非全部是意识形态化的内容,也有非意识形态的,诸如艺术、哲学、文化等内容,但阶级性和意识形态性是思想政治教育最根本或者最一般的属性。还有学者认为思想政治教育的本质是社会主义核心价值观教育。①社会主义核心价值观其实也是统治阶级意志的体现,展现的还是阶级性和意识形态性。

除此之外,作为思想政治教育这一社会实践活动本身还具有教育性、思想性、渗透性、适应超越性。思想性和教育性是毫无疑问的,要不然这种社会实践活动很难被称为思想政治教育。而所谓渗透性就是追求"随风潜入夜、润物细无声"的效果,使得思想政治教育像阳光和空气一样弥散在人的周围,在不知不觉中受到熏陶渐染。适应超越性常常被当作是思想政治教育过程的一条规律,也称为"适应超越律",认为既要适应受教者思想原有状态,又要超越现状实现新的增长。之所以算是思想政治教育过程的一条规律,就是因为这是与教育心理学中"最近发展区理论"相契合,引导学生"跳一跳够得着"。适应超越性应该是思想政治教育的属性之一,这是由其基本

---

① 张苗苗:《思想政治教育本质论》,社会科学文献出版社2019年版,第115页。

矛盾决定的。思想政治教育基本矛盾是教育者所代表的一定社会的思想品德要求与受教育者的思想品德水平之间的矛盾。这种矛盾表现为社会要求与个体之间在思想政治上存在差距。既然存在差距就必然要求缩小差距，而适应超越理所当然就是在适应基础上的发展超越以满足社会要求。如果不能实现缩小差距，那么这种社会实践活动肯定不能称为思想政治教育或有效的思想政治教育。以上列举的都是阶级社会思想政治教育所具有的一般属性，而处于社会主义阶段的高校智慧思政也是必然具备的。

## （二）智能社会高校思想政治教育新形态

高校智慧思政是智能社会思想政治教育的新形态。思想政治教育形态是思想政治教育本质、属性、规律等的外在展现。有学者指出："思想政治教育形态是思想政治教育的具体表现样式和实际存在状态，是思想政治教育在现实世界中的外部呈现。"[①]形态是变动不居的，随着时代的发展不断演化、动态发展的，而形态背后的本质则具有相对稳定性。从人认识事物的角度出发，首先是从现象入手，遵循着从外到内、从浅入深、由感性到理性的一般规律。对于思想政治教育这一社会活动也应如此，先从形态上把握其外在展现而后逐渐深入内部。毛泽东在其名篇《实践论》中讲过："要完全地反映整个的事物，反映事物的本质，反映事物的内部规律性，就必须经过思考作用，将丰富的感觉材料加以去粗取精、去伪存真、由此及彼、由表及里的改造制作工夫，造成概念和理论的系统，就必须从感性认识跃进到理性认识。"[②]对思想政治教育形态的认识与把握是认识的第一步，而深刻的理性认识有赖于对外部形态的感性认识。

---

① 叶方兴：《论思想政治教育形态》，《学术论坛》2019年第4期。

② 《毛泽东选集》（第一卷），人民出版社1991年版，第291页。

　　站在新时代的历史方位上,要在纵向、横向的比较中才能发掘并把握高校智慧思政这一思想政治教育新形态的特征、特点。思想政治教育形态作为思想政治教育这一社会实践活动的外在展现,其表现形式有很多,按照不同的标准有不同的分类方式。从纵向上看,以时间跨度为序,可以分为传统的、现代的和未来的三种形态。就我国而言,传统型思想政治教育主要是指改革开放之前,1950年中国学联在《中国学生当前任务的决议》中提出了思想政治教育的概念,之前在概念上主要使用"政治工作""鼓动工作""思想工作""宣传思想工作""思想政治工作"等称谓,在学校范畴内这些称谓的内涵是等同于思想政治教育的。这一时期思想政治教育的主要特点是权威性、政治性较强。现代思想政治教育主要是指改革开放以来至今,标志是1984年确立了思想政治教育专业并开始招生。改革开放以来,尤其是进入21世纪以来,思想政治教育实践在不同时空领域、不同组织机构、不同群体类型、不同技术环境等方面的迅速变革与分化发展,丰富了思想政治教育的样态与形态,改变着人们对传统思想政治教育形态的认知。①这一时期最显著的特点就是向着学科化、科学化以及现代化方向发展。高校智慧思政则是立足当下面向未来的形态,要在数字化、网络化、智能化的基础上实现智慧化、生活化。还有学者指出,回顾我国思想政治教育发展历程,大致经历了以群众运动的方式展开的意识形态型思想政治教育、以学科建设和科学理论研究的方式展开的学术型思想政治教育和以赋予群众实践合规律的目的性的方式展开的面向生活型思想政治教育。②如果按照这种分类方式,高校智慧思政毫无疑问应该归为面向生活型思想政治教育,智能化、智慧化的外在展现就是实现生活化,把思想政治教育渗透入整个社会的角角落落、每个人生

---

① 杨威、陈毅:《思想政治教育形态问题初探》,《思想理论教育》2020年第1期。

② 孙迎光:《思想政治教育的三种形态》,《河海大学学报》(哲学社会科学版)2016年第2期。

活的方方面面。

按照思想政治教育载体可以笼统地分为线上与线下。思想政治教育载体发展经历了口头语言、身体语言到报纸、电台、电视等大众传媒;再到网站、BBS、人人网、校内网等互联网载体;又到移动客户端、微博、微信、抖音、快手等自媒体四个阶段。随着人工智能时代到来,依托5G、虚拟现实、增强现实、物联网等而进入万物互联、智能感知阶段。就思想政治教育载体而言,线上思想政治教育是以网络空间为基础开展的教育活动,也就是所谓的网络思政;线下主要是以实践活动为载体在物理空间中开展的教育活动,但这时线上线下区别的主要标准不再是使用网络媒体与否。其实线下活动也用到大量可穿戴智能设备及移动互联网,而最主要的特征应该是现实实践性。当然,随着仿真技术的发展,网上可以开展虚拟实践活动,比如有学者提出"虚拟实践","主体和客体之间通过数字化中介系统在虚拟空间进行的双向对象化的感性活动"[1]。所以,就思想政治教育载体而言,线上线下最重要的区分是凭借是否在物理空间下人与人之间、人与物之间的直接接触与互动为分界线。在思想政治教育学科上,研究相对集中而且日渐成熟的是网络思政。因此从思想政治教育形态上看,高校智慧思政是网络思政的未来形态。

高校智慧思政是网络思政的升级,那么高校智慧思政与网络思政相较有何独特之处呢? 一般认为,网络思政经历了三个发展阶段。有学者指出:"从对网络技术的阶段性适应看,网络思想政治教育先后经历了PC互联网时期、移动互联网时期、大数据时期。"[2]国家对待网络思政的态度是不断与时俱进的,从最开始的"防、堵、管"到后来的建网站、组队伍、正面引领,再到

---

① 何化利:《构建面向"虚拟实践"的大学生思想政治教育初探》,《理论导刊》2019年第8期。

② 唐亚阳等:《网络思想政治教育学》,人民出版社2016年版,第137页。

成为学科研究领域,并开始建立综合建设、联动协调的全面发展态势,这是外显可见的网络思政的变化。内在的则是对网络思政内涵、规律和本质认识的深化。网络思政实现了把网络作为一种工具性、技术性的思想政治教育载体,然后逐步上升为合乎思想政治教育目的性与规律性的且具有工具性和价值性相统一的有机体。人工智能的迅猛发展又极大地推进了信息技术的发展,人工智能相较于大数据最大的不同在于大数据是针对某一个问题进行分析提供解决方法的;人工智能则是面向一类问题探索解决之道。正如专家所言:"未来30年,数据将成为生成资料,计算会成为生产力。互联网是一种生产关系,有了计算能力,有了数据,有了人类的创新,人类社会将会发生天翻地覆的变化。"[①]人工智能正是集成了大数据、云计算、互联网于一体,是信息技术的集大成者,必然会给社会各个方面带来颠覆性变革。作为思想观念上层建筑的思想政治教育也裹挟其中。高校智慧思政的提出正是为了应对未来社会、政治、经济、文化、技术等全方位变革。人工智能全面融入高校思想政治教育领域产生的智慧思政,是思想政治教育环境、技术与文化的统一,实现了物理空间、社会空间与信息空间的三位一体化。

质言之,从思想政治教育形态发展上看,高校智慧思政是面向未来智能化社会的一种思想政治教育形态,网络思政是其初级形态,高校智慧思政是网络思政的升级版。高校智慧思政的提出是顺应时代发展潮流的基础上重构高校思想政治教育模式,是一个动态生成的开放性命题,其内涵、形式或者体系框架会随着技术的发展和人们需求的变化而不断变迁、演化。

### (三)高校智慧思政的具体特征

一是形态上的整体性、综合化。如前所述,人工智能现阶段已经开始完

---

①　任仲文:《数字中国——领导干部读本》,人民日报出版社2018年版,第112页。

成从1.0形态向2.0形态的升级,其包容性、实用性、综合性都有很大提升,正处于智能感知向认知转变。人工智能通过不断模拟人的大脑运行模式,甚至还会出现目前人类难以理解的思维"黑箱",有学者把这种当前人类不能感知不能理解的知识称为"暗知识"。就如阿尔法围棋(AlphaGo)在战胜世界围棋冠军柯洁后,有学者就总结道,非常原始的机器在自己摸索了36个小时后,就超过了全人类2000年来摸索积累的全部围棋知识。[①]可见人工智能整体性能不断提升所带来的无限潜力,甚至可能是颠覆性的变革。由于知识观的更新会从思想政治教育内容及认知上带来变革,作为信息技术的集大成者会改变思想政治教育的载体和方法从而提升实效性和便捷性,网络虚拟空间的产生会给思想政治教育环境带来整体性的升级与跃迁,"整体性是指学习环境是一个完整且有生命的生态系统"[②]。因而人工智能给思想政治教育带来的是全方位的、整体性的提升。与此同时,由于人工智能集合了神经网络、信息技术、脑科学、心理学等成果后,会对人的认知、意识以及人的思想的生成、发展、改变和形成有更科学的认识,打破了各学科、各科学领域之间的壁垒,朝着综合性的方向发展,这给未来高校思想政治教育打上综合化的烙印。所以,未来思想政治教育会由于集众科学之所长而形成更加独立的领域,成为具有整体性和综合化的学科体系。

二是过程上的境域性、情境化。情境是依托虚拟现实技术构建的集视觉、听觉、补充嗅觉与触觉在内的多感官体验式学习空间。[③]在具身认知理论关照下,基于人工智能的虚拟实践可以充分实现高校智慧思政中思想建

---

① 王维嘉:《暗知识:机器认识如何颠覆商业和社会》,中信出版社2019年版,第78页。

② 王美倩、郑旭东:《具身认知与学习环境:教育技术学视野的理论考察》,《开放教育研究》2015年第1期。

③ 何聚厚等:《基于虚拟现实技术的深度学习场域模型构建研究》,《电化教育研究》2019年第1期。

构的境域性和情境化。具身认知理论是心理学中新兴的流派,所谓具身认知(embodied cognition)是指身体在认知过程中发挥着关键作用,认知是通过身体的体验及其活动方式而形成的。认知是包括大脑在内的身体的认知,身体的解剖学结构、身体的活动方式、身体的感觉和运动体验决定了我们怎样认识和看待世界,我们的认知是被身体及其活动方式塑造出来的,它不是一个运行在"身体硬件"之上并可以指挥身体的"心理程序软件"。[①]强调身心一致、和谐,而达成一致时最主要的特征就是境域性的出现。

随着人工智能的发展,可视化技术、虚拟现实技术以及智能感知技术日益成熟,这为人的认知、意识、思想生成所需的境域提供了实现基础。2019年《地平线报告》中提到移动学习设备和头戴式显示器可增加学习者的临场体验。人思想的形成相对漫长和困难,不是简单的认识与记忆就能实现的,只有身心一起的"具身"参与中才能逐渐实现入心入脑,而具身是否达成的标志就是境域的形成,即大脑、身体和环境融为一体,从而实现思想互动的情境化。不管是虚拟情境还是现实和虚拟混合情境都是实现入心入脑的关键。与之相对的是"离身",也就是认为学习、认知都是大脑的事情,是属于"颈部以上的活动",这种认识造成了身心分离,形成二元对立。当前,人工智能作为技术支撑日臻成熟,会更加自如地、悄无声息地融入思想互动的过程中,而最高境界用海德格尔的术语就是技术"抽身而去"。正如有的学者所说,技术"抽身而去",让学习者在学习过程中感受不到学习工具作为事物本身而存在,在这一过程中,学习者完全专注于学习内容和学习活动。[②]思想政治教育本身就是一项动态的复杂性的社会实践活动,要取得实效就要抓住其核心,那就是构建境域实现思想互动的情境化,使人身心一致地"沉

---

① 叶浩生:《具身认知:认知心理学的新取向》,《心理科学进展》2010年第5期。

② 王辞晓:《具身认知的理论落地:技术支持下的情境交互》,《电化教育研究》2018年第7期。

浸"其中,从而获得思想的萌芽、生长、成熟。

三是内容上的生成性、泛在化。思想政治教育内容由预成性演化为生成性的,呈现形式上表现为泛在化。雅斯贝尔斯在《什么是教育》一书中指出:"教育即生成。生成来源于历史的积聚和自身不断重复努力。人的生成似乎是于不知不觉中的无意识之中达到的,但这无意识曾是在困境中以清醒意识从事某事的结果。"①关于思想政治教育内容是生成性还是预成性直接关涉人性观与知识观。预成性背后的人性观认为人的本质是固定的,譬如较为流行的性善论和性恶论都是认为人性是固定的。"预成性人性观进一步认为人的存在和发展均由本质或规律决定,也是一个逐渐'符应'本质或规律的过程。"②所以会出现扼杀人的发展的无限潜能,否认人的发展的多种可能性和能动性。生成性人性观则认为人的发展是自身与环境互动中动态发展变化的,是不断生长的过程,是没有终点的。从知识观来看,预成性注重的是知识内容的完整性、结构性,追求的是知识的传授与灌输;而生成性则重视知识的开放性、建构性,旨在实现具体情境中自由的建构和能动的发展。

在新时代背景下,照本宣科式的教育与说教必然为学生所不容,何况思想的生成本来要比知识建构更为困难。这里预成性和预设是有本质区别的。以思政课为例,教育内容当然是预设的,是以教学大纲作为根本遵循;预成性的问题在于将教学结果作为追求目标,其实质是偏离人的发展而为了目标的达成而设定目标。思想政治教育本来就是面对活生生的、现实的人,所学内容上要以有利于学生的发展为本,最佳的方式是在交互与交流中让内容自然而然地生长出来。思想政治教育内容呈现上的泛在化是指随着网络空间的产生,任何人都可以在任何时间、任何地点获取想要的学习内

---

① [德]雅斯贝尔斯:《什么是教育》,邹进译,生活·读书·新知三联书店1991年版,第14页。

② 罗祖兵:《生成性人性观及其教育意蕴》,《高等教育研究》2013年第5期。

容。这在信息社会之前是难以想象的,就在20世纪到图书馆查找一本图书都必须经历烦琐的手续,现在则是弹指一挥间就可以实现。有学者认为:"泛在学习的本质是实现人与环境的和谐发展,追求人最大限度发展的同时也是科学技术和学习理论发展应用的必然结果。"①泛在学习其实是以学习内容呈现的泛在化趋势而命名的,是为了实现人的全面而自由地发展。高校智慧思政的目标是为实现人的全面发展,内容上的生成性、呈现方式的泛在化就是其最突出的特征之一。

四是师生关系平等性、情感化。雅斯贝尔斯强调:"教育者不能无视学生的现实处境和精神状况,而认为自己比学生优越,对学生耳提面命,不能与学生平等相待,更不能向学生敞开自己的心扉。"②教师与学生平等是教育的基本原则,尽管道理可能尽人皆知,但在实践中还存在着差距。真正的平等是发自内心的尊重,是一种精神上的接纳与互动。美国后现代课程论专家小威廉姆·E.多尔针对师生关系中教师的角色指出,教师应是"平等中的首席"。这里平等是确立学生的主体地位,双方是以互相平视而开展对话与交流,而"首席"则说明了教师在平等中还要发挥其示范引领和精神指引作用。毕竟教师在人生阅历、经验、人格魅力以及境界上都高于学生,因此要充分发挥首席作用,就像梅贻琦先生所讲的"从游"理论一样,教师是"导游"的大鱼。这是从教育理念或愿景层面讲的平等,而就高等教育现状而言,由于科技高度发展大学生具备良好的信息检索能力和一定的知识储备,教师在知识占有上并非处于绝对优势地位,尤其是在科技前沿领域,学生反而占据有利位置。这种情况在人工智能时代会更加凸显,因而就现实情况而言师生间的平等性是基本原则。

---

① 解继丽、王晓彤:《泛在学习环境下学习共同体的形成机制》,《学术探索》2015年第9期。

② [德]雅斯贝尔斯:《什么是教育》,邹进译,生活·读书·新知三联书店1991年版,第1页。

思想政治教育与生俱来地集思想性与教育性于一体,情感、激情是教育活动中的必备元素,也是能打动人、感染人的重要力量。对于教师来说就需要有这样的力量,正如马克思所说:"如果你想感化别人,那你就必须是一个实际上能鼓舞和推动别人前进的人。"①英国哲学家、思想家怀特海在《教育的本质》一书中也说过:"我们的审美情感能让我们对价值有个清晰的认识。没了这种情感,灵魂的感知力便会削弱。"②思想政治教育的核心在于价值观培育,要对价值做出判断的话,情感因素必然非常重要,因此未来教育中师生关系的一个重要特征就是情感化。随着人工智能的发展,知识传授等功能逐渐让渡给机器,教师的情感交流和陪护功能将逐渐加强,正所谓"亲其师信其道"。项贤明认为:"未来智能时代的教育,我认为应当是一种'人性为王'的教育,德行和情感等人性特有的东西应当受到极大的重视。"③师生关系是未来思想政治教育中最为关键的一环,随着虚拟现实技术的出场,大量教育活动都已经实现虚拟化,因此师生间平等基础上的情感化互动会愈来愈重要。

五是载体上的融合化、智能化。思想政治教育在载介体上突破传统的视听觉为主而呈多维化,并在海量信息中进行智能化推送。思想政治教育载体能负载、传递一定的思想政治教育信息,在思想政治教育活动中发挥着桥梁和纽带作用,是负载一定思想、价值观的中介。介体类型多种多样,可以是文字图书、视听音像,也可以是社团活动、社会实践,还可以是大众传媒、文化传播以及互联网和各种自媒体。高校思想政治教育最重要的载体有:一是课堂教学,这是主渠道也是主阵地;二是校园文化活动和各类公益、

---

① 《马克思恩格斯文集》(第一卷),人民出版社2009年版,第247页。

② [英]阿尔弗雷德·诺思·怀特海:《教育的本质》,刘玥译,北京航空航天大学出版社2019年版,第57页。

③ 朱永新等:《人工智能与未来教育》,山西教育出版社2018年版,第155页。

社会实践;三是基于移动互联的各类网络平台。所谓融合化是指各种载体走向融合、协作、共生的发展趋势。正是由于信息技术的高速发展,无论是在课堂教学这个主渠道中还是各类实践活动中,都离不开互联网、微信、微博等自媒体的参与,就连社会实践等线下实体活动都开始被基于虚拟现实技术支持的"虚拟实践"取代。随着万物互联互通,实现各类载体走向融合从而逐渐形成合力效应。正如恩格斯指出:"许多人协作,许多力量融合为一个总的力量,用马克思的话来说,就产生'新力量',这种力量和它的单个力量的总和有本质的差别。"①随着人工智能时代到来,这种合力的需要更为迫切,急需在融媒体理念下整合各种载体,形成上天入地无所不包的立体化弥散式的载体,这是思想政治教育载体发展的历史趋势。有学者指出:"新时代思想政治教育载体的运用和发展,适应了新时代社会发展和思想政治教育实践发展的新要求,呈现出从单一化到多样化、从大众化到分众化、从单边操作到双边交互、从扁平化到融合式的发展态势。"②

思想政治教育载体智能化是在数字化、网络化的基础上,通过大数据对思想政治教育资源、思想政治教育对象进行精确分析而对载体选择上实现精准化。比如,现在很多高校已经逐步实现对大学生进行大数据分析"画像",从而进行分类指导。资助育人是高校立德树人的十大育人体系之一,有的高校在分析学生消费数据后对经济困难学生进行校园卡直接充值,学生在无意中收到了来自学校的关怀与关爱。这既避免了传统模式下,经济困难学生资助中评选的尴尬,又提升了工作效率和资助的准确性,更重要的是实现了润物无声之效。这只是人工智能技术的牛刀小试,进一步发展可以更准确地把握班风学风校风的动态、学生心理特征的起伏波动、校园内思

---

① 《马克思恩格斯选集》(第三卷),人民出版社2012年版,第505页。

② 孙梦婵、杨威:《论新时代思想政治教育载体的新发展》,《思想政治教育研究》2018年第6期。

潮舆情动向、价值观念的趋势等,正所谓"风起于青萍之末,浪成于微澜之间"。这给思想政治教育的研判与工作重心的把握提供科学依据。但最大的隐忧莫过于数据采集与分析中对学生隐私的泄露,这需要加强网络伦理道德的培养和完善的法律法规体系。在实现智能化的基础上采取安全有效的措施以保障个人隐私,逐渐实现思想政治教育的智慧化,这样既尊重了人性、呵护心灵,又在不知不觉间启迪了人的智慧、实现人的全面发展。

六是评价上的可视化、人性化。人工智能时代思想政治教育评价将迎来颠覆性的变革,彻底改变传统的结果性评价模式而实现精准的全程性可视化人性化评价。传统思想政治教育评价一般纠结于总结性评价与形成性评价、定量与定性评价之间度的把握上,而最终往往走向以主观经验为主的总结性定量评价。新科技革命的来临将使之改观,"思想政治教育评价不再仅限于结果性评价、单一维度评价以及主观经验评价等方式,传统评价方式有待于实现科学性、整体性、动态性、多维性等思维变革,以适应大数据时代的新要求"[1]。大数据的迅猛发展只是人工智能时代到来的前奏曲,是人工智能发展的基础支撑之一。高校智慧思政的评价将实现可视化,并能随时掌握学生思想动态状况。通过全程数据采集、学习场景的留存与分析、日常行为的捕捉以及师生间互动交流的研判等综合因素的叠加形成较为立体而全面的刻画,为教师提供较为准确的信息,并可以及时采取相关措施进行干预。由于能及时掌握学生的动态变化,这就最大限度地避免了传统思想政治教育评价中反馈的滞后性,提高了评价的时效性和有效性。当前,画像的困境在于数据量不足、质量不高、计算能力有待提升以及对于非结构化数据处理困难等,相信随着人工智能的发展,在摩尔定律的支配下这些问题都会

---

① 付安玲:《大数据时代思想政治教育评价的数字化变革》,《思想理论教育导刊》2019年第4期。

逐渐得到解决,思想政治教育评价的可视化会逐步付诸实践。

人性化彰显了以人为本的基本理念,是在尊重每个学生个性的基础上才能做到人性化,即有人性才会彰显个性。评价不能偏离思想政治教育的本质属性和根本目标,那就是为了人的全面发展,为了实现立德树人。这种理念实际上很容易被广大教师所接受,困难的是付诸行动。很多时候由于定量评价的操作简单易行,从而用一串串冰冷的数字就成了对学生的评价。如今,在科技发展与教育理念升级的共同助力下会逐渐实现以人为本的评价方式。当前,在人工智能及其核心人工神经网络的赋能下,可以在一定程度上测量人的思想意识状况。"人工神经网络虽然是模仿大脑,但它具备人类没有的三个优势:能'感受'人类感受不到的信息,与人脑相比又快又准,每个神经元的状态都是可测量的。"①人工智能可通过语言、表情、神态、举止行为以及心理变化等全方位地刻画人的思想状况,教师就能在人工智能的指引下用充满人文关怀和温度的方式进行质量评价。

概言之,从高校智慧思政的形态、过程、内容、师生关系、载体以及评价上对其进行概述,以便准确把握人工智能时代高校思想政治教育的具体形态。在详述了高校智慧思政的新思维新理念和形态特征后,从整体上把握了这一新模式的雏形,而接下来就要深入其中了解其内在机理。

---

① 王维嘉:《暗知识:机器认识如何颠覆商业和社会》,中信出版社2019年版,第80页。

# 第四章　高校智慧思政的内在机理

在详细阐释了高校智慧思政的新思维、新理念与形态特征后,要进一步深入其中厘清其内在机理。高校智慧思政旨在应对人工智能带给高校思想政治教育的挑战,抓住人工智能带来的机遇对高校思想政治教育进行优化,是在生产力的迅猛发展及由此带来的更加纷繁复杂的社会关系基础上提升人的思想、政治、道德素养,属于思想政治教育理论与实践的创新性发展研究。在归纳总结相关研究成果的基础上,本着"为未知而教、为未来而学"的宗旨构建人工智能时代的高校思想政治教育新模式,即高校智慧思政。为什么称其为智慧思政? 人工智能是人类智能的外化与结晶,而着眼未来人机协同甚至人机一体化是大势所趋,人工智能必然走向与人类智能的结合,从而提升人类智能,由此共同达到智能的高级阶段,即形成智慧,故以智慧思政命名。

作为一种模式要有可操作性与可推广性。有学者总结了模式的一些特征,"模式是前人积累经验的抽象与升华,揭示了事物内部及事物之间隐藏的规律关系,解决某一类问题的方法论,推进事物变化发展的正能量,具有一定条件下的可重复性"①。高校智慧思政要始终围绕一条主线不变，即立德树人，这是思想政治教育的根本；两种形态，即对高校智慧思政的动态、静态分别进行分析，从纵横两个方向厘清高校智慧思政的构成；三个课堂，即高校中三个现实存在的课堂，也是走向融合的第三课堂。通过对高校智慧思政"一二三模型"的分析，可以全方位全景式厘清其内在结构，以期实现更高效的育人愿景。

# 一、一条主线：始终坚持立德树人根本任务

思想政治教育一直发挥着巨大的精神动力作用，有力地支撑了党的革命、建设及改革开放事业。随着时代发展，其形态会不断变化，出现了网络思政、智能思政，以及本书提及的高校智慧思政等，但有一个始终不变的主线——实现立德树人这一根本任务。革命时期培养的是大批革命战士，建设时期培养的是高素质劳动者和建设者，而面向未来培育的是德智体美劳全面发展的社会主义建设者和接班人。

## （一）人工智能时代立德树人的迫切性

面对即将到来的人工智能时代，立德树人依然是毫不动摇的目标。首先要弄清楚什么是立德树人，具体而言，立什么德？ 树什么人？ 以及立德与树人间有什么内在联系？ 在厘清立德树人内涵的基础上，重点阐释在信息技术极为发达时期立德树人的迫切性与特殊重要性。

### 1.立德树人的内涵

立德树人在我国思想史、教育史上源远流长。"立德"一词出自春秋，"太

---

① 乔万敏、邢亮：《大学生思想政治教育质量提升模式研究》，人民出版社2013年版，第10页。

上有立德,其次有立功,其次有立言。虽久不废,此之谓不朽。"(《左传·襄公二十四年》)"树人"一词也同样源自春秋时期,"一年之计,莫如树谷;十年之计,莫如树木;终身之计,莫如树人。"(《管子·权修》)这句话后来被简化为"十年树木,百年树人"而广为流传。党的十八大以来,党中央高度重视教育的发展,将立德树人作为其根本任务。2016年习近平在全国高校思想政治工作会议上指出,高校立身之本在于立德树人。所谓立德,就是立社会主义核心价值观之德。习近平说:"核心价值观,其实就是一种德,既是个人的德,也是一种大德,就是国家的德、社会的德。""一个人只有明大德、守公德、严私德,其才方能用得其所。"①所以这里的"德"是核心价值观,对于我们来说就是社会主义核心价值观,即关于国家、社会、个人的"三个倡导"。立德树人之"德"还可以理解为明大德、守公德、严私德。这里"德"可分为三个层面的意义和价值,一是宏观上的德,也是国家层面,即"富强、民主、文明、和谐",这是一种大德,是最高层次的德;二是中观层面的德,也是社会方面的,即"自由、平等、公正、法治",是一种人人需要遵守的公德;三是微观层面的德,也就是个人方面,即"爱国、敬业、诚信、友善",是要规范个人的私德。虽然可以按照不同视角进行分类,但就具体内涵来讲,每个层面的德之中又包含着极为丰富的意义。因为德是协调人与人交往过程中的冲突而产生的共同规范或准则,是社会之所以有条不紊运行的保证,是凝聚人心的"最大公约数"。以和谐为例,这既有在国际上全球范围内的和谐,正如习近平所倡导的人类命运共同体理念,也有社会的和谐及人与自然的和谐,还有人自身的和谐,即达到身心、精神与躯体的融洽统一。再如爱国,这是个人对祖国的真挚情怀,是一种私德,也是一种大德,因为国是由千万个家组成的。爱国是一种崇高的理想信念,就像林则徐所言"苟利国家生死以,岂因祸福避

---

① 《习近平谈治国理政》(第一卷),外文出版社2018年版,第168、173页。

趋之";爱国还是一种积极奉献与行动,立足本职岗位爱岗敬业也是为国贡献一份绵薄之力;爱国还可以是一种自律与自省,不随波逐流、偏听偏信而对国家产生动摇与怀疑。正如习近平所说,国无德不兴、人无德不立。每一种德都深深地包含着人类精神的精华和历史智慧的结晶,而最终目的就是处理好人与社会、人与自然、人与自身之间的关系。

德如果离开了人就是抽象空洞的概念,失去了存在的根本。立德与树人是一体的,立德树人是"立育人之德"与"树有德之人"的有机统一。[①]那么,树什么人? 自然就是有德之人,具体而言,一是党的十九大报告提出的"培养担当民族复兴大任的时代新人";二是习近平在全国教育大会上提出的"德智体美劳全面发展的社会主义建设者和接班人";三是"有理想、有本领、有担当"的青年一代。这是国家的前途,民族的希望。所树之人蕴含着历史与时代赋予的形象,既是肩负民族复兴大业的接班人,又是实际而又鲜活的有理想、有本领、有担当的"三有"人才,还是素质鲜明的德智体美劳"五育"并举的全面发展的人。只有将所立之德与所树之人内在融合为一体,才算是真正实现立德树人的根本任务。

在厘清立德树人内涵的基础上,如何在实践中落实这一根本任务? 习近平有过很精辟的论述,在全国教育大会上强调:"要把立德树人融入思想道德教育、文化知识教育、社会实践教育各环节,贯穿基础教育、职业教育、高等教育各领域,学科体系、教学体系、教材体系、管理体系要围绕这个目标来设计,教师要围绕这个目标来教,学生要围绕这个目标来学。"[②]简言之,就是要在教育教学的各类课程中融入立德树人,大中小一体化实现无缝衔接,所有教职人员全员参与,家校社会机构形成合力。在厘清立德树人的内涵

---

① 冯建军:《立德树人的时代内涵与实施路径》,《人民教育》2019年第18期。

② 《习近平在全国教育大会上强调 坚持中国特色社会主义教育发展道路 培养德智体美劳全面发展的社会主义建设者和接班人》,《人民日报》2018年9月11日第1版。

后主要是如何落实,尤其是在新科技革命方兴未艾的今天,那就要借此科技发展的东风破解当前高校立德树人中存在的难题。

2.人工智能时代立德树人的迫切性与特殊重要性

第一,新时代背景下党和国家日益重视立德树人。早在2012年党的十八大报告中就提出立德树人这一命题,报告指出,"把立德树人作为教育的根本任务,培养德智体美全面发展的社会主义建设者和接班人。"习近平在全国高校思想政治工作会议曾强调,要坚持把立德树人作为中心环节。2018年习近平在北京大学师生座谈会上再次指出:"要把立德树人的成效作为检验学校一切工作的根本标准。"①并在随后的全国教育大会和思政课教师座谈会上分别强调要健全立德树人落实机制、思想政治理论课是落实立德树人根本任务的关键课程。从中可以看出,立德树人主要是针对教育者或者高校而提出的。高校思想政治教育不仅是一种教育活动,而且是专门针对人的政治思想、道德观念的教育,立德树人是其根本遵循,是高校思想政治教育矢志不渝的目标。党的十八大以来,党和国家的领导都高度重视立德树人工作,这既是新时代开展高校思想政治教育的指导思想,更是习近平新时代中国特色社会主义思想不可或缺的一部分,具有重大战略意义。

第二,立德树人在科技革命和教育改革中的作用更加凸显。随着人工智能第三次发展高潮的来临,高校思想政治教育站在新的历史起点上,其功能在一定程度上发生转变,知识传授等功能让渡给人工智能,育人将成为其最主要功能。正如有学者指出:"总的来说教育至少分为两个层次,一是外在层面的知识技能教育,是随着时代发展而流变性的教育;另一个层面则是深层次的生命、精神、灵魂的教育,是对人类发展过去、现在、未来亘古不变的精神世界的追寻,主要体现在教育使人求真、教育使人向善、教育使人尚

---

① 习近平:《在北京大学师生座谈会上的讲话》,《人民日报》2018年5月3日第2版。

美三个向度。"①可见,第一层次的教育将被人工智能所替代,第二层次的教育则被高校思想政治教育承担。因此,高校思想政治教育的意义在新时代背景下变得前所未有的重大。同时,就像工业革命带来学校和教育全方位的变革一样,人工智能科技革命会给高校思想政治教育以革命性变革,但在这激变的洪流中岿然不动的目标就是坚持立德树人。"教育的革命,首先体现在立德树人方面,要培养德智体美劳全面发展的人,让学生有良好的品行修养、宽厚的学业能力、强健的体魄、阳光的心态、较强的沟通合作能力,特别是会发现、会思考、会创造等能力,即培养智慧的人。"②人工智能对于立德树人任务来讲更多的是技术赋能,技术的根本在于数据、在于算法、在于执行,而在情感、态度、理想、信念、道德情操、心灵感应,以及直觉顿悟等方面终究难以实现。所以,人工智能时代更为可贵的是人性与人文。立德树人这一根本任务在轰轰烈烈的科技革命中"譬如北辰",指引着高校各项工作,从而实现"众星共之"(《论语·为政》)。

第三,立德树人与人们对美好生活的需要具有内在一致性,均指向丰富多彩、质量上乘的精神文化需求。从最根本的生产力与生产关系来看,生产力在科技赋能下发展日益迅速。就像布热津斯基所说的,"今天的世界更像是一架用自动驾驶仪操纵的飞机,速度连续不断地加快,但没有任何明确的目的地"。这是对发达资本主义国家非常形象地描述。对我国而言有一点是非常正确的,就是我们乘坐的"复兴号"航班确实是在不断加速飞行,但不同的是我们的目的非常明确,近期目标是实现民族复兴中国梦,而长期目标就是实现共产主义。与此同时,经济基础的发展必然带来与之相关的上层建筑的发展,思想意识形态等精神领域与物质生产的关系发生变化。正如

---

① 桑新民、朱德全:《学习科学与未来教育》,《教学研究》2020年第1期。

② 钟绍春:《人工智能如何推动教育革命》,《中国电化教育》2020年第3期。

陈先达所讲:"科技革命使物质生产和精神生产的时间比例发生重大变化:精神生产在社会总生产中越来越占有重要地位。"①经过改革开放40多年的发展,人们的物质生活水平得到空前提高,在全面建成小康社会后,更加迫切的是社交、尊重及自我实现的需要,这些都不是物质生产所能满足的,而是靠精神生产去实现的。人民需求的变化被党和国家敏锐地觉察到并在党的十九大报告中体现出来,明确指出了社会主要矛盾的变化。美好生活不仅仅是满足物质上而更多是丰富的精神文化生活的需要。高校作为精神文化生产与传承的主要场所,既要做好中华优秀传统文化的创造性转化与创新性发展,从而传承和弘扬中华优秀传统文化,又要继续高扬社会主义先进文化和革命文化。人们正在经历从追求物质充实向精神丰富上的过渡,从个体的提升到全民的改善将是一个漫长的过程,更何况精神文化追求是永无止境的。这在将来相当长的一段时间内是党和国家的主要奋斗方向。对人民而言,高校是满足人民精神文化需求的主要供给侧之一;对当代大学生而言,高校思想政治教育既是实现立德树人根本任务又是满足美好生活向往的关键,二者具有内在的一致性。同样,立德树人要作为一条主线贯穿高校思想政治教育的始终,同时要以更科学、更高效、更快乐的育人方式让每个人都努力去追求有意义的生活,去获得精神世界的满足。

概言之,立德树人既是国家越来越高度重视的一项任务,又是高校立校之本,还与美好生活需要同向同行、同频共振,彰显其国家价值、时代价值以及文化价值,具有极端重要性,因而立德树人是高校智慧思政必须坚持与坚守的一条主线。

---

①  陈先达:《思想中的时代和时代中的信仰》,中国人民大学出版社2018年版,第292页。

## （二）以人工智能赋能高校立德树人

作为信息时代象征的人工智能逐渐渗透到人们生活、学习的方方面面，人工智能在如何更进一步贯彻好、落实好立德树人这一根本任务中具有举足轻重的作用，以人工智能赋能高校立德树人是应有之义。

新时代最为显著的特征无疑是新科技革命扑面而来，深刻而又全面地影响着政治、经济、社会生活、文化、教育等各个领域。当前正逐渐进入与工业革命时代完全不同的信息化时代，正如有学者所说："如果机器是工业文明的标志，人工智能就是信息文明的标志。"[①]人工智能是这个时代最活跃、最显著的特征。要做好立德树人工作必定离不开这个时代中最活跃的因素——人工智能的支撑与助力。以人工智能赋能新时代的立德树人任务既是顺应时代潮流的大势所趋，也是经济基础推动思想上层建筑不断向前发展的应然之举。有学者总结人工智能赋能立德树人的两个方面，一是人工智能可以助力高校破解立德树人难题，提升高校人才培养质量。二是人工智能为高校立德树人带来新的严峻挑战，从而"逼迫"高校进行深刻反思和创新发展。[②]这种看法无疑是很深刻的，尤其是人工智能带来的这种"逼迫"使人们不得不重视人工智能的教育应用，进而探究如何赋能立德树人。众所周知，立德树人事关人的意识、思想、观念等深藏于人心灵深处的东西，而外力是很难直接使之改变的。只有个体主动意识到之后才有可能改变，正是在这个意义上经常说"所有教育都是自我教育"。正如杜威所说："思想、观念不可能以观念的形式从一个人传给另一个人。当一个人把观念告诉别

① 肖峰：《〈资本论〉的机器观对理解人工智能应用的多重启示》，《马克思主义研究》2019年第6期。

② 任志锋：《以人工智能赋能高等学校立德树人》，《社会科学战线》2020年第4期。

人时,对听到的人来说,不再是观念,而是另一个已知的事实。"①所以就要想方设法引发这种自我教育的产生,使主体从自发状态进入自为状态,而这必须依靠外力予以刺激和引导。换言之,要产生内在的动力并使得这种动力系统持续发力方可成功。人工智能有助于激发这种内在动力的产生,主要通过以下三点:一是激发兴趣;二是培育好奇心;三是提升自我效能感。

人工智能有助于激发兴趣。杜威在《民主主义与教育》一书中认为:"兴趣是任何有目的的经验中各种事物的动力,不管这些事物是看得见的,还是在想象中的。"②关于高校思想政治教育,兴趣同样是最重要的动力因素之一,没有兴趣很难激发内在动力系统,更不用说实现入心入脑了。人工智能可以营造出鲜活的情境推动思想政治教育的开展,如上文所述,这种居间性的境域才是实现教育者、教育对象和教育内容充分融合的关键,在一定意义上可以说,这种境域性才是思想政治教育的本质。人工智能的优势之一就是善于通过 VR、AR、MR、3D 等技术手段使人沉浸于情境之中,进而构成了意义、价值、思想生成的立体空间。纸媒时代,知识呈现形式是相对抽象的文字和语言;工业时代是文字辅之以图片、视频和声音等;而基于虚拟现实的人工智能时代则是多感官立体化的,从而营造出一种生成性体验式的空间。这不但更容易激发起学生的兴趣,而且会使得师生交往完全融为一体。借助各种人工智能,营造鲜活、生动的情境,这必然会大大提升学生的兴趣。国际象棋大师费舍尔说棋就是人生。对于教师来讲,三尺讲台就是人生。真正的教育,是教师忘记在教,学生忘记在学,全部融入师生共同营造的情境之中,并各自在这情境之中"扮演"着自己的角色,这种扮演仅仅是给局外人的感觉,而局中人都已不记得自己的角色,这时教育的功能才能得到完全

---

① [美]杜威:《民主主义与教育》,王承绪译,人民教育出版社1990年版,第175页。

② [美]杜威:《民主主义与教育》,王承绪译,人民教育出版社1990年版,第143页。

发挥。常言道兴趣是最好的老师,这是蕴含着很深刻的教育哲理的,这不仅仅适用于文化知识的学习中,更适用于思想、道德、价值观的教育中,实现育"德"。当前,人工智能已经融入人们生活的各个方面,这是未来发展的趋势。长远来看,人们会越来越离不开人工智能,只有顺势而为把握发展机遇,发挥人工智能在激发学生兴趣方面的优势,才能助力立德树人。

人工智能有助于培育好奇心。从心理学角度来看,好奇心是个体遇到新奇事物或处在新的外界条件下所产生的注意、操作、提问的心理倾向。杜威认为:"好奇心并不是一种偶然的、孤立的东西;经验是不断前进、不断变化的东西,与其他事物有着各种各样的联系。好奇心便是这一事实的必然结果。好奇心不过是一种使我们能发觉这些联系的趋势。"①好奇心是人们对这个世界保持高度敏感的方式,丧失好奇心就丧失了探寻世界的动力,也就丧失了更多新发现、新发明和创新力。其一,人工智能时代知识获取途径变得更加便捷,可以帮助人们不断获取需要的知识以拓宽视野、更新思维。正像有学者指出的,"无知不能激发学习者的好奇心,海量信息与知识推送,也无法使学习者的探究意识与探究能力得到有效的锻炼;只有建立在已知基础上的未知,才能够激起学习者持续稳定的学习驱动力"②。其二,人工智能为人的自我学习、自我探索提供便利条件。保护好奇心就是保持对周围事物的探索与发现的热情,而网络中大量的在线课程、仿真实验、各种百科知识及海量的学术论文资料等都为个人开展自我学习奠定了基础。未来学习方式会朝着自适应学习、深度学习方向发展,打造"人工智能+自学"的人机一体化学习模式,不仅能最大限度上满足个体学习需求,而且有利于保持其好奇心、提升创新创造能力。除此之外,兴趣也是维持和激发好奇心的有

①　[美]杜威:《民主主义与教育》,王承绪译,人民教育出版社1990年版,第226页。

②　刘红霞等:《智能技术赋能自我调节学习的内涵转型、制约瓶颈与发展路径》,《远程教育杂志》2020年第4期。

效因素,这两者的结合是有效促使人的思想观念转变、升华的前提和基础。

人工智能有助于增强自我效能感。自我效能感理论是由美国著名心理学家班杜拉提出的,是个体对自己是否能完成某一任务所进行的推测与判断,是一种效能期望,也可以看作自信程度的体现。人工智能如何提升自我效能感呢?一是通过塑造更为逼真强烈的体验感,激活内在的对成功的渴望与激情以提升自我效能感。人工智能可借助图像识别、自然语言识别、人脸识别、虚拟现实等智能感知和模拟技术对人物进行"画像",并有针对性地推送所需信息。私人定制化的信息更容易让学生产生兴趣进而体验成功,从而提升自我效能感,尤其是对于基础较差的学生,这无疑是鼓励其走出低谷的有效途径。二是人工智能让知识接受变得简便化、易吸收。苏格拉底曾提出"美德即知识"的经典名言,这蕴含着深刻的道理,说明知识与美德之间存在联系,而知识是培养美德的基础之一。美德指向的是教人求善,根据罗素·艾可夫在其撰写的《从数据到智慧》中提出的"DIKW"体系可知,数据构建出信息,信息构建出知识,而知识逐渐构建出智慧,智慧最终旨在求真求善。可见美德与智慧有其内在一致性。人工智能所谓的智能就是让信息、知识变得可视化、可感应、易于理解,从而让学习变得简便、易吸收,同时还更加科学高效。人工智能在助力知识学习的基础上,也能助力智慧与美德的培育,从而赋能立德树人。三是以个性化教育推动自我效能感的提升。心理学上有个著名的心理效应叫"罗森塔尔效应",也叫"皮格马利翁效应",这实际上是指学生在得到教师的高度肯定与认可后自我效能感有了巨大提升,从而有了更为突出的表现。人工智能时代可以更便利地使用这种期望效应,借助人工智能逐步摆脱班级授课制所带来的桎梏,走向因材施教的个性化教育。这样就可以更有针对性地制定个人发展方案,利用期望效应不断增强自我效能感而实现内在动力的提升。

以上三点是关于在人工智能助力下提升学生内在动力的分析。众所周知,思想、观念、美德、智慧的培育不是一个可以速成的过程,关键是需要内力外力结合,并辅以全员参与、全方位协调、全程育人。外力也是不可或缺的一部分,诸如物质基础、利益、奖惩、事业、名誉等因素,正如毛泽东在《矛盾论》中所讲:"外因是变化的条件,内因是变化的根据,外因通过内因而起作用。"①同理,外力是条件性因素,主要是通过内力发挥作用。人工智能要有效赋能立德树人,必须从内在动力机制上发挥作用方能产生实效。立德树人是贯穿高校智慧思政始终毫不动摇的主线,而且在科技越来越发达的未来更是要坚守这条主线,只有这样才能保证人工智能造福人类、服务于人的全面发展,而不是威胁人类甚至误导高校。

## 二、两种形态:高校智慧思政的结构分析

高校智慧思政的提出是适应新时代思想政治教育发展的需要,也是在主观上满足人民日益增长的精神文化需求。在坚持立德树人这一核心毫不动摇的基础上,探索总结出具有可操作性和可复制性的具体实施方案是关键一环。宏观上已经将高校智慧思政的新理念、新思维归纳提炼出来;在微观层面上需要厘清其内部结构及功能。在研究思想政治教育结构与功能之前,首先要清楚结构与功能之间的关系。结构和功能是一对基本范畴,一般来说,系统内部各个要素之间相对稳定的联系方式和相互作用形式,称为结构;将系统与外部环境相互联系和相互作用时所表现出来的能力称为功能。②可见,结构是对事物内部组成的客观描绘,而功能是事物与外部互相作用时表现出来的功用,二者具有天然的关联性,就像硬币的两个面,是难

①　《毛泽东选集》(第一卷),人民出版社1991年版,第302页。

②　张耀灿等:《思想政治教育学前沿》,人民出版社2006年版,第118页。

以分割开来的。结构与功能是事物具有的不可分割的属性,二者是辩证统一关系:一方面结构决定功能;另一方面,事物的功能不是完全消极、被动的,具有相对独立性,可反作用于结构。①思想政治教育是引导人形成一定社会所需的价值观的社会实践活动,人的观念的形成又是极为复杂和艰难的,受很多因素影响,所以要明晰高校智慧思政的内部结构,这是最主要的方面,结构决定了其功能的发挥。高校思想政治教育就其功能而言主要有两个方面:一是促进个体全面发展,二是增强社会凝聚力维护社会稳定。问题的关键在于如何优化思想政治教育结构从而能更好地发挥出这种功能。从这个意义上来看,研究清楚思想政治教育结构更为重要。思想政治教育结构是指构成思想政治教育系统的各个要素之间互相联系、互相作用的方式。②以下从纵、横两个方向进行剖析,探究高校智慧思政的构成。

## (一)高校智慧思政动态构成

纵向上,剖析高校智慧思政的动态发展,重在展现其过程性和功能性。具体而言是研究价值观、思想观念如何经过精确引导、精准供给、智能设计、情境营造、全程监督达到内化于心的过程。教师和学生由于角色不同,在教与学的过程中地位也不相同,但是总体而言是经过分析—设计—开发—实施—评价等五步实现育人目标。如图4-1所示。

高校智慧思政的核心在于育"德",其优势在于智慧化,依靠人工智能实现更有效更科学更轻松的育人。通过人工智能全程、全景式地深度参与,借助核心算法可逐渐实现"数据比人更了解人"。随着算法的不断迭代进化,可以全方位收集个体信息,从而能更客观全面地了解人,甚至人内心深处潜

---

① 张耀灿等:《思想政治教育学前沿》,人民出版社2006年版,第198页。
② 张耀灿等:《思想政治教育学前沿》,人民出版社2006年版,第114页。

意识的东西都会为人工智能所捕捉到。

　　首先是对个体进行全方位分析,主要收集成绩、家庭、生活、兴趣、娱乐、消费、交友以及阅读等方面的信息。随着信息技术发展,高校不同部门与社会之间的数据壁垒将逐渐打破,将不同方面的数据逐渐汇通起来。只要数据足够齐全,对个体现有思想状况就会有较为清晰的刻画,这为真正的个性化教育提供了可能。只有针对个体进行"画像"才有可能实现因材施教式的思想教育。同时环境分析主要是针对硬件环境、智能设备、学习环境,以及学习共同体等状况进行分析。通过对学习者与环境的分析可以准确把握预期目标与个体现实状况间的差距,以此作为思想政治教育的生长点和原点。

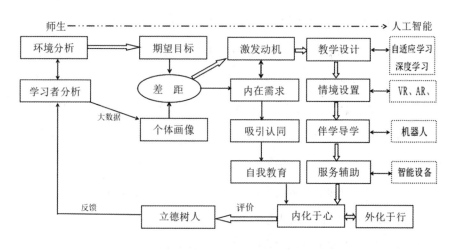

图4-1　智慧思政动态构成

　　由此,可以从教师与学生两条线来看高校智慧思政的动态发展。从教师角度看,在人工智能的支持与协同下,可实现人机一体化共同推进思想政治教育。思想是很难从外直接"灌输"进去的,在针对个体存在的差距进行内在需求分析后,需要精确把握个体需求,以此激发其动机并促进其内在动力的生成。随后教师在设计教学时才能切中肯綮,利用自适应学习、深度学习等人工智能方法引领学生尽快进入一定的情境中。这种境域性实质是一种活的、当场生成、当场构成的存在,是思想政治教育的本源所在,也是思想政治教育由教育转向自我教育的关键所在。这种情境的生成主要借助AR、AV、MR等人工智能技术。接下来还需要机器人等智能伴学导学系统的支持,引导沉浸在思想交互情境中的学生不至于迷失自我、失去方向,依靠智能化导学设备指明航向。最后在教师及智能设备的共同作用下为个体提供各种辅助与服务,打通"最后一公里"实现内化于心。评价是以可视化、人性化为特征的形成性评价,最大限度地关照教育过程而不是只注重结果,同时评价还要反馈到初始阶段的学习者分析和环境分析,从而形成一个较为完整的闭环模式。

从学生角度出发,学生在动机被激活后会在其内在需求的支配下进入学习情境之中,而人工智能的最大优势就在于情境的营造并以此吸引学生沉浸其中,从而走向认同。高校智慧思政是网络思政的升级版与新形态,吸引仍是重要的一个环节,但最关键和最核心的应该是境域性特征的生成,吸引可以将人聚拢过来,但是要实现入心入脑还需要进入情境中。在这种境域中才能实现思想的碰撞、观念的交锋,才能实现价值观的生成。苏霍姆林斯基曾说:"我十分坚信,能激发出自我教育的教育,才是真正的教育。"①最后,在自我教育的基础上实现内化于心、外化于行。

高校智慧思政带来的革命性变革主要体现在两个方面。其一,境域性消除了思想政治教育主客体之间的二元对立,使得这种居间的情境成为一种"第一性"的存在,这给思想政治教育带来本体论上的冲击与震撼。思想政治教育这一名称既是指一门学科也是指一种活动。作为一门学科,其研

---

① 蔡汀等:《苏霍姆林斯基选卷》(第5卷),教育科学出版社2001年版,第334~335页。

究对象是现实的人的实践活动;作为一种活动,其旨在促进人的思想、观念的生成,而真正实现这种生成则离不开境域性或情境。这种情境才是一种活的、当场生成的居间性存在,只有在这时人的思想、观念、价值观才能进入生成性的发展之中。有学者指出:"思想政治教育本体应是基于'人的存在与发展'的维度。"①这固然是对的,但相对较为宽泛,难以准确把握思想政治教育这一独特活动的根本,更进一步讲,要把实践中的人置身于教育境域中才可能是思想政治教育活动而不是其他的社会实践活动。

其二,实现教育过程中由独享到分享再到共享的跨越。传统思想政治教育的动态发展是这样的:知识、观念、价值—教材(电子教材等)—教师—学生,这是一种线性的传播方式,其最大的弱点是其中任何一个环节都不能出问题,否则教育效果就大打折扣,这类似于电路的串联方式。而智慧思政则类似并联式电路,其动态过程是:观念、知识、价值—教材(电子教参等)—师生,这是一种直达的方式,得益于人工智能将知识传授环节前移或让知识获取触手可及,从而使得教师主要发挥的是辅助者或者情境构建者、脚手架搭建者的作用。在这种教育情境中才有可能实现教学相长的教育理想。师生共同进步、相互学习,在资源共享中成就育人功效。苦行僧式的冥想顿悟不如与人交流沟通进行分享有效,随着人工智能时代的到来,共享变得前所未有地便捷。时下各种直播、在线聊天等共享经济都直接把人带入共享时代。高校智慧思政前所未有地缩近了人与人之间的时空间隔,正是凭借人工智能营造的信息空间让人们的思想互动随心所欲。因此,高校智慧思政的动态模型虽然是由师生两条线路推进,而实际上是师生共同体,更准确地说应该是"师—机—生"共同构筑的学习共同体。这个共同体伫立于物理实体、数字虚体、意识人体组成的三体空间之上,实现虚拟与现实的高度融合,

---

① 段建斌、祝黄河:《关于思想政治教育本体维度的思考》,《理论与改革》2010年第2期。

让科技更好地赋能立德树人。

综上,从纵向上对高校智慧思政进行考察,展现了其历时性的一面,是新时代思想政治教育活动的动态发展过程,旨在实现立德树人的智慧化。智慧化主要表现在过程的情境化、内容的泛在化、载体的智能化、评价的可视化等,这些都有利于增强思想政治教育的内生动力,增强吸引力与亲和力。

## (二)高校智慧思政静态结构

从横向上看,剖析高校智慧思政的静态构成,通过分析可探索其具体构成要素,进而研究要素之间的关系。关于思想政治教育的构成一直是众说纷纭的,有三要素、四要素、五要素甚至六要素等学说,其中影响较大的是四要素说,即由主体、客体、介体与环体构成。高校智慧思政亦是如此,静态结构是思想政治教育共时性的展现,突出了其结构性和构成性,可以直观地了解其组成。高校智慧思政的核心是建立在数字化、网络化、智能化基础上的,部分可实现教育教学、管理服务等各种智慧应用。

高校智慧思政最显著的优势在于各种智慧应用,如图4-2所示。硬件基础设施主要由网络设施、计算机存储、智能终端、多媒体等组成,这是高校智慧思政的主要物理实体。数据资源是智慧思政的生命力之源,数据是信息时代的原油与电力,是最重要的资源。当前高校智慧思政建设的困境之一在于不同地区间的"数字鸿沟"、学校内部的"数据壁垒""数字孤岛",只有数据足够大而全,才可能形成大数据,也才有进一步的智能化和智慧化。这是高校智慧思政的数字虚体。

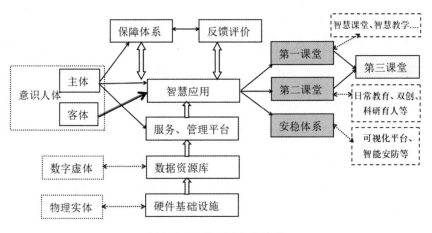

图4-2　智慧思政静态构成

数据资源库之上就是服务平台和管理平台,主要包括数据标准、一站式服务、一卡通、身份认证管理等。这可以说是高校思政工作七大体系中管理服务体系的技术支撑层。智慧应用则是主客体交汇的地方,是在服务管理平台基础上与保障体系和反馈评价系统共同支撑而形成的,其最主要的应用表现在第一课堂、第二课堂和安全稳定体系。第一课堂主要由智慧教室、智慧教学、虚拟仿真实验室、翻转课堂、慕课、全息课堂等组成。在思想政治教育视域下,第一课堂是凭着智慧化的教与学完成课程思政与思政课的有机统一的。着眼未来,由于人工智能的进化,知识传授将更加智能化,所有课程的重心在育"德"上,故而课程思政由并列式短语将走向偏正结构,重心在于思政上。第二课堂是思想政治教育重要阵地之一,是实现思想政治教育日常化、生活化的关键课堂,在走向规范化的同时将更注重科研育人、文化育人、实践育人和心理育人功能的发挥。第一课堂与第二课堂逐渐融合走向第三课堂,后文将论述三个课堂间的关系。

安全稳定体系是思想政治教育的底线,也是红线。在人工智能的支持下,安全稳定将走向可视化、实时化、精准化与智能化。第一和第二课堂与安全稳定体系实际上就包括了高校思想政治工作的七大体系。如在新冠肺炎疫情的突袭之下，出入校门时的人脸识别技术、智能门禁与测温系统就发挥了极大的作用。再如公寓智能门禁、定位管理、考勤系统以及家校社会联动平台等，这些人工智能的利用大大简化了工作流程且提升了工作效率，同时强化了校园安全保障。保障体系包括组织领导保障、制度保障、网络安全保障等，这是为高校智慧思政保驾护航的关键。最后是反馈评价体系，随着评价的可视化、动态化，可以将思想政治教育过程的问题实时反馈给教师，及时调整策略以提升教育实效性。

高校智慧思政静态结构充分将"三体"融合为一，即让物理实体、数字虚体与意识人体逐渐走向融合。就像有学者指出的："智能化现象起步于物理世界，大成于生物世界，创新于数字世界，最后将三个世界融合为一体。"[①]高校智慧思政建立在智能化的基础上，自然需要推动三体走向融合。智慧应用的主要场域还是在三个课堂上，这是实现立德树人的最主要场景，也是师生开展教育活动的舞台。第一课堂中的关键是思政课，第二课堂的关键是高校辅导员。思政课与高校辅导员构成了高校智慧思政的两个关键，是高校思想政治教育的两大主要抓手。思政课是高校思想政治教育的主渠道，在新时代背景下呈现出以生活化、精准化、智慧化为特征的新形态。高校辅导员是高校第二课堂也即校园内学生活动的主要引领者，是思政课的重要参与者，同时还是安全稳定、管理与服务体系的主力军。立足人工智能时代，高校辅导员工作理念要与时俱进，工作体系在人工智能助力下也会不断升级，以保证辅导员作用得到充分发挥，成为学生的人生导师和健康成长的知心朋友。

---

① 胡虎等：《三体智能革命》，机械工业出版社2016年版，第318页。

## 三、三个课堂:高校智慧思政场域的进化

高校思想政治教育就要立足高校这个特定的环境,并抓住环境中最显著的特征,那就是校园——专门的教育区域,课堂——专门的教育场所,教师与学生——特定的人员,这三者无疑构成当前高校思想政治教育最显著的特征。思想政治教育要依托一定的场所、内容、载体、媒介以及人才才能开展活动,进而在交往、交流中对人的思想施以影响。人工智能时代的思想政治教育模式就要牢牢抓住三个课堂,即作为传统学校教育教学的第一课堂,以课外实践活动为主的第二课堂,基于信息技术而开辟的第三课堂。人工智能促使这三个课堂逐渐走向融合,成为一体,从而全面助力高校的铸魂育人工程。在高校智慧思政视域下这三个课堂最显著的特征就是"三新",即第一课堂不断进化呈现新境界;第二课堂走向规范化、制度化呈现新气象;第三课堂不断崛起成为新领域。

### (一)新境界:第一课堂的升华

所谓第一课堂,一般认为校园第一课堂就是按照教材及教学大纲,在规定的教学时间里按照计划进行的课堂教学活动。本书主要研究对象为高校思想政治教育,从实现立德树人的角度来看,第一课堂一直是高校思想政治教育的主阵地和主渠道,占有非常重要的地位。党和国家历来非常重视课堂教学,尤其是党的十八大以来,习近平多次强调高校思想政治理论课的重要性。习近平强调:"其他各门课都要守好一段渠、种好责任田,使各类课程与思想政治理论课同向同行,形成协同效应。"[①]从习近平的讲话中可以看出

---

① 《习近平谈治国理政》(第二卷),外文出版社2017年版,第378页。

第一课堂的构成,即思想政治理论课(简称思政课)和其他各类课程,并且其他各类课程也要发挥思想政治教育功能从而实现与思政课同向同行,这就是所谓的课程思政。所以,在思想政治教育视域下,高校思想政治教育第一课堂的构成是思政课与课程思政。

1.以课程思政全面提升第一课堂育人效果

关于课程思政,目前相关研究逐渐增多,已成为高校思想政治教育研究的新生长点,并且其思想自古有之。《礼记》中就强调说:"师也者,教之以事而喻诸德者也。"(《礼记·文王世子》)这句话的意思就要把教书与育德结合起来,以德育为先。工业革命以来,由于教育规模急剧扩大,开始出现片面追求知识传授效率而对育人方面有所忽视的倾向。改革开放以来,在高考指挥棒的催动下,把学生智育放到了突出位置上,从而把课程的思政功能逐渐遮蔽起来。党的十八大以来,国家逐渐开始重视这一问题,2017年中共中央教育部党组印发了《高校思想政治工作质量提升工程实施纲要》(以下简称《实施纲要》),文件明确指出:"大力推动以'课程思政'为目标的课堂教学改革……梳理各门专业课程所蕴含的思想政治教育元素和所承载的思想政治教育功能,融入课堂教学各环节,实现思想政治教育与知识体系教育的有机统一。"[1]同时,提出了"十大育人体系"以贯彻落实课程思政任务。2019年习近平在思政课教师座谈会上强调:"要坚持显性教育和隐性教育相统一,挖掘其他课程和教学方式中蕴含的思想政治教育资源,实现全员全程全方位育人。"[2]习近平肯定了课程思政在思想政治教育中的重要作用,并指明"三全育人"是其根本遵循。立德树人不仅是思政课教师和辅导员的工作,而且是需要全员参与、全方位跟进、全过程实施的。

---

[1] 教育部:《高校思想政治工作质量提升工程实施纲要》,《光明日报》2017年12月7日第12版。

[2] 习近平:《用新时代中国特色社会主义思想铸魂育人,贯彻党的教育方针落实立德树人根本任务》,《人民日报》2019年3月19日第1版。

学界关于课程思政的概念与内涵还没有达成共识,主要形成了两种观点:一是认为"课程思政"是一种课程;二是认为"课程思政"是一种理念。[①]一种观点的代表是高德毅,他认为课程思政实质是一种课程观,不是增开一门课,也不是增设一项活动,而是将高校思想政治教育融入课程教学和改革的各环节、各方面,实现立德树人润物无声。[②]另一种观点的代表是邱伟光,他认为,"课程思政"是指高校教师在传授课程知识的基础上引导学生将所学的知识转化为内在德性,转化为自己精神系统的有机构成,转化为自己的一种素质或能力,成为个体认识世界与改造世界的基本能力和方法。[③]仔细推敲,这两种观点其实各有道理,因为关于课程这一概念本就是可大可小,有大课程观,即认为课程包括教学;也有小课程观,是狭义的课程或指教学科目。所以,课程思政可以理解为课程或课程观,这是从思想政治教育活动的载体上而言,借助课程实现育人的最终目标。而作为一种理念或者方法也有道理,课程中渗透着思想教育,通过润物无声、春风化雨的方式实现"转识为德",相对于单纯说理教育而言这确实是一种更有效的思想政治教育方法。两者最终指向目标是一致的,都是为实现立德树人这一根本任务,只不过看待问题的角度不一致。所以本书将课程思政界定为既是一种具有隐性课程性质的课程,又是一种潜移默化的教育理念或方法。"课程思政,即将思想政治教育元素,包括思想政治教育的理论知识、价值理念以及精神追求等融入各门课程中去,潜移默化地对学生的思想意识、行为举止产生影响。"[④]

---

① 何玉海:《关于"课程思政"的本质内涵与实现路径的探索》,《思想理论教育导刊》2019年第10期。

② 高德毅:《课程思政:有效发挥课堂育人主渠道作用的必然选择》,《思想理论教育导刊》2017年第1期。

③ 邱伟光:《课程思政的价值意蕴与生成路径》,《思想理论教育》2017年第7期。

④ 王学俭等:《新时代课程思政的内涵、特点、难点及应对策略》,《新疆师范大学学报》(哲学社会科学版)2020年第2期。

2.课程思政的特点及作用

一是隐蔽性、内隐性。课程思政要梳理各种课程中所蕴含的思想政治教育元素、挖掘所蕴含的思想政治教育资源,是一种所谓的"隐形思想政治教育的新形态"。课程思政中往往将知识传授与价值观教育融为一体,在知识输出时隐含并渗透着价值观,使得学生在理解专业知识的同时在思想价值观念方面受到影响。诸如,在很多理工科课程中讲到科学家及科学成果时,可以将科学家严谨的学术态度、宽广的胸怀以及深厚的爱国情感一并阐述出来,让学生在不知不觉中受到感染。教师在传授科学知识的同时,通过这种"润物无声"的方式培养学生的科学精神及家国情怀。

二是无意识教育属性。当前高校思想政治教育面临的主要挑战之一是学生主体性的凸显而导致正面教育效果不佳,加之网络空间成为影响大学生思想形成和价值观取向的重要阵地,正面说理教育越发难以奏效。这使得显性思想政治教育就必须与隐性教育相配合,只有虚实结合、有形与无形并用才会取得实效。从心理学角度来看,课程思政具有隐性教育的特点,是"基于无意识心理作用的课程思政",在常规的晓之以理、动之以情、持之以恒、导之以行的"有意识教育"基础上,也要强调陶冶、暗示、体验、移情、感染、模仿、认同等"无意识教育"。①这种无意识教育正是课程思政的独特魅力所在。任课教师以其人格魅力、语言艺术、举止形态、情绪情感等给学生以潜移默化的影响,发挥着"身教"的辐射力、情感的感染力、理想信念的影响力,而这些正是真正优秀教师所独有的特征。正像庄子笔下的"轮扁斫轮"(《庄子·天道》),真正高超的技艺往往是可以感受但是难以言传的,属于所谓的"默会知识"。真正的工匠在运用技能时,这些默会知识以无意识的方式在发挥作用,作为主体的人是日用而不觉的。这种状态与哲学家海德

---

① 沈贵鹏:《心理学视域中泛课程思政的特点诠释》,《思想理论教育》2018年第9期。

格尔的"上手"状态极为相似,"切近的上手事物的特性就在于:它在其上手状态中就仿佛抽身而去,为的恰恰是能本真地上手"①。

三是本源性。课程思政是向教育本源的复归。教育的本质都着落在"育"上,就是要育人、育德,这是教育的应有之义。被誉为"现代教育学之父"的赫尔巴特认为所有教学都应具有教育性,"我想不到有任何'无教学的教育',正如在相反方面,我不承认有任何'无教育的教学'。""教学的最高的、最后目的包含在这一概念之中——德行"。②作为第一课堂就是以"教学"为主要形式,不论思政课教学还是课程思政,作为主线的是育人,也就是实现立德树人。叶圣陶先生说过,所有的课都是政治课。其实质也是告诫所有教师要把德育放在首位。这都指向教育的本源,育人先育德,任何课堂教学都不能遮蔽其本来面貌而仅仅追求知识或者更片面地追求成绩。课程思政与思政课程本是同宗同源,只不过随着学科的细分与繁荣,侧重点开始出现偏移,但终究还是要实现殊途同归,共同服务于立德树人这一根本任务。

3.如何提升高校教师课程思政能力

课程思政是高校立德树人第一课堂的关键环节,提升高校教师的课程思政能力又是其关键所在。为此,一是坚持以马克思主义为课堂教学的根本遵循,培育正确的世界观、人生观、价值观。习近平指出:"马克思主义揭示了事物的本质、内在联系及发展规律,是'伟大的认识工具',是人们观察世界、分析问题的有力思想武器。"③高校教师要运用好马克思主义这个思想武器,以科学的世界观和方法论作为一切教育教学活动的指南针,这样就能

---

①　[德]海德格尔:《存在与时间》,陈嘉映、王庆节合译,生活·读书·新知三联书店1999年版,第82页。

②　张焕庭主编:《西方资产阶级教育论著选》,人民教育出版社1979年版,第267、304页。

③　习近平:《在哲学社会科学工作座谈会上的讲话》,《人民日报》2016年5月19日第2版。

保证课程思政的根本方向是正确的,在面对各种甚嚣尘上的杂音时能保持定力从而引导学生培育好人生的"总开关"。二是坚持以马克思主义学科建设为源头,涵养高校教师政治素养、增深筑牢理论素养。学科是人才培育的源头,只有马克思主义学科这棵大树枝繁叶茂,教师队伍才能硕果累累。马克思主义学科建设方面普遍存在人才数量不足、理论基础薄弱以及高层次领军人物缺失等困境,学科发展制约着思政类教育人才的质与量。为此,只有加快建设本硕博一体化的马克思主义理论学科人才培养体系,在不断壮大思政课教师队伍的同时提升广大教师的课程思政能力。三是坚持以教材建设为蓝本,厚植学生信仰信念、责任感、使命感。在历史虚无主义冲击下,很多历史人物、英雄事迹遭到诋毁与丑化,这需要我们在教材建设中亮剑发声,尤其是在人文、哲社、历史、政治类教材中要用更充分、更翔实、更生动的史料填充教材以增添更多的思想政治元素,从而为课程思政奠定内容基础。四是弘扬良好师德师风,塑造行为榜样与道德楷模。教师课程思政效果的实现在于教师人格魅力的发挥与感染效应,师德师风既是教师的低限也是底线。教师要在传授专业知识技能的同时发挥好育人功能,其实更多的是教师"身教"的影响,不言之教或不教之教才是真正感动人感染人的东西。此外,要提升教师课程思政能力还要加强教师的培训、教学技能的更新与提升、教学方法的创新等,但最重要的还是以马克思主义为根、学科建设为源、教材建设为本、师德师风为效。

概言之,课程思政的提出既是顺应人工智能蓬勃发展的顺势之为,又极大地丰富了第一课堂的内涵,最主要的是让教育教学逐渐回归其本质,回归到育人为本的原点上。同时,思政课作为显性思想政治教育的主阵地,在人工智能技术赋能下会有新教学模式出现,这在下一章中将详细介绍。由此,第一课堂融课程思政与思政课为一体,实现隐性与显性思想政治教育相结合以应对人工智能科技革命所带来的挑战与冲击;实现第一课堂的形式与内涵的与时俱进而呈现出一种不断进化的新境界。值得一提的是,这里所谓隐性与显性之分并非绝对,课程思政作为一种隐性思想政治教育形态是就其主要功能发挥来讲,课程思政当然也有显性教育成分,也可以进行正面说理和灌输;同理,思政课当中会有隐性教育蕴含其中。课程思政属于新开辟的研究领域,其内涵与外延还有待进一步澄清,比如有学者把课程思政外延无限扩张,把第二课堂甚至校园文化等也纳入课程思政之中,这是值得商榷的。下文将重点论述高校智慧思政之第二课堂发展的新气象。

## (二)新气象:第二课堂的规范

第二课堂是相对于第一课堂而提出来的,一般指在课堂教学计划外的,结合国家、地方及高校自身的办学需要,以提升学生综合素质和面向未来的全面能力为宗旨的形式灵活、内容多样、覆盖全面的各类校内外活动。[①]第二课堂作为教育教学不可或缺的一部分,与第一课堂互相补充、互相影响,共同构成完整的学校教育体系。习近平指出,要重视和加强第二课堂建设,重视实践育人,坚持教育同生产劳动和社会实践相结合,广泛开展各类社会实践,让学生在亲身参与中认识国情、了解社会,受教育、长才干。[②]同时,第二课堂是大思政格局的重要组成部分。《实施纲要》中提出的十大育人体系中除了课程育人外,几乎全部囊括在第二课堂之中,可见第二课堂地位的重要性。具体来看,第一课堂注重教学、偏向理论,而第二课堂注重交际、偏向实践;第一课堂是系统性、有计划有步骤实施的,而第二课堂则是相对松散、凭兴趣按爱好开展的;对学生而言,第一课堂是刚性的强制性必修课,而第

---

① 陈玲等:《论第二课堂在人才培养过程中的作用——以高校一二课堂学习联动为中心》,《北京师范大学学报》(社会科学版)2019年第5期。

② 《深入学习贯彻习近平总书记关于青年学生成长成才重要思想 大力培养中国特色社会主义建设者和接班人》,《光明日报》2017年9月8日第2版。

二课堂则是弹性的主动性选修课;第一课堂偏重于"内化于心",而第二课堂则是"内化于心"与"外化于行"并重。由此可见,第二课堂作用非凡,是学生成长成才中非常重要的一环。

1.第二课堂现状及困境

目前高校第二课堂形式多样,总体上可以分为知识类、公益类、文体类、双创类以及社会实践类等。从学校开展的情况来看精彩纷呈,但从育人实效上看,第二课堂仍存在很多困境,尤其是随着网络空间的崛起,作为互联网"原住民"的"00后"进入大学校园并成为主流,第二课堂面临的冲击与挑战日益明显。有学者就总结道,高校第二课堂普遍存在内涵空心化、领域边缘化、运行孤立化、培养单一化的"四化困局"①。仔细推敲可知根本症结在于缺乏规范性。从发起者来看,第二课堂主要力量是共青团和学生工作人员;从时间上看,主要是在课堂教学之余,对于教师来讲基本是下班时间;从实施保障来看,很少有专门经费和预算支持、缺少制度支撑和师资指导;从实施结果来看,很少有全面科学的评价体系。故而,很多时候认为第二课堂就是学生们自导自演、自娱自乐的课外活动。

为了加强第二课堂的育人效果,规范运行机制,上至国家下到各个学校出台了很多措施,这在一定程度上改进了第二课堂的实效性。2002年,共青团中央、教育部、全国学联联合发布《关于实施"大学生素质拓展计划"的意见》,这是一个纲领性文件,其目的在于规范第二课堂活动,并把第二课堂活动进行分类,主要有思想政治与道德修养、社会实践与志愿服务、科技学术与创新创业、文体艺术与身心发展、社团活动与社会工作以及技能培训等六种类型。2018年6月,共青团中央、教育部联合印发《关于在高校实施共青团"第二课堂成绩单"制度的意见》,这是专门为加强和改进新形势下高校思想

---

① 宋丹:《提升高校第二课堂育人实效的路径探析》,《思想教育研究》2018年第5期。

政治教育育人效果而出台的文件,旨在推动第二课堂的科学化、系统化、制度化、规范化,从而实现学生参与第二课堂可记录、可评价、可测量、可呈现的目标。在这个纲领性文件指导下,第二课堂建设虽然在制度层面的顶层设计是完善的,但在各高校运行中存在一些问题,主要表现在以下四个方面。

一是主体多元、协同效果欠佳。一般而言,共青团、学工系统是第二课堂的主要实施者,在实践中不仅团委及学工队伍力量有限,而且缺少专业技能支撑,故而需要广大专业教师的加入及其他部门的配合,还有学院对学生的组织动员。在高校中,单个部门是很难对第二课堂进行组织实施的,而协同起来又会产生很多掣肘与消耗,导致第二课堂效果欠佳,从而影响育人实效。

二是课程内容吸引力与体系化不足。第二课堂内容繁多,涉及面非常宽泛,是全面提升学生综合素质的最佳练习场。但内容上鱼龙混杂,既有“金课”也有大量质量欠佳的“水课”,加之课程构成上缺少内在联系,难以形成有机整体。对于学生而言,要选出适合自己发展的课程内容无异于大海捞针,同时容易形成有些活动或课程人山人海,而有些课程无人问津导致教育资源浪费的问题。

三是理念偏差,影响制度落实。高校第二课堂是服务立德树人根本任务和人才培养中心工作的重要阵地,具有贯通融合“思政课程”与“课程思政”的天然条件。[①]第二课堂不是第一课堂的辅助、补充,也不是兴趣班和补习班,而是与第一课堂一样是实现高校立德树人任务的重要阵地,还是促进第一课堂效果内化与外化的关键环节。对第二课堂的认识偏差导致第二课堂不受重视、功能难以发挥、机制不健全。有学者就指出:“从这种意义上来

---

① 曾德生:《充分发挥第二课堂思想政治教育价值》,《中国高等教育》2020年第8期。

讲,第一课堂和第二课堂是两种没有相互隶属关系的独立的教育组织形式,只是在实践层面中,由于实施者认识上的差异,以及两者在教育的不同阶段实现教育培养目标的途径和作用上的差别,导致了两者地位的差别。"①

四是评价过程复杂,评价方式滞后。"灵活的教学计划和多样的教学场所导致了教学评价机制的复杂性和教学效果评估的片面性。"②第二课堂教学活动不像第一课堂那样有严格的教学大纲和教学计划,临时性活动或随机发起的活动大量存在。同时由于活动开展时间以课余时间为主,场所是校内外结合,这都给评价增加了难度。要实现第二课堂评价的科学化就要收集全过程数据,这不仅是海量的而且很多是非结构化的数据,这正是评价的难点所在。

2.以人工智能赋能思想政治教育第二课堂

相较于第一课堂,高校第二课堂具有多方面的优势,时间上比较充裕、活动空间上辐射社会较为开阔、组织形式上丰富多彩、参与积极主动性较高,从立德树人角度来看确实是"大思政"格局中非常重要的一环。在科技赋能思想政治教育理念指引下,运用人工智能可以大力提升第二课堂育人实效,破解第二课堂难题。

一是建平台:打通数据壁垒实现对学生第二课堂立体式"画像"。21世纪是数据的时代,不管是计算机、互联网还是机器算法、深度学习,都是建筑于数据基础之上。数据就像工业时代的原油,没有数据作为原料,信息化时代也将不复存在。第二课堂各实施主体间分别掌握着学生不同方面的数据,主体间协同问题的关键在于打通数据壁垒,实现数据共建共治共享,才会形成高效协同。例如,西安交通大学利用人工智能、大数据创新全息个性

---

① 罗海燕:《高等教育阶段第二课堂的定位反思》,《当代教育科学》2013年第13期。
② 周国桥:《"三全育人"视阈下高校第二课堂育人的创新探索》,《学校党建与思想教育》2020年第5期。

画像算法,构建了学业、社团、社交、消费、上网、作息六维特征的学生画像,这不但有力支撑了第一课堂教学效果,还能实现数据资源共享,从而促进学生全面发展。

二是设机构:以大数据助力推进第二课堂的学分化、数据化、精准化。针对第二课堂内容海量、体系性差等问题,对数据进行筛选、清洗、归纳、提炼等,运用大数据技术将数据化为有用的信息,化繁为简,推动第二课堂成绩单的学分体系真正落到实处。这需要专门的机构或者部门进行数据处理,既需要熟悉数据分析处理技术又需要协调不同部门间的关系,最佳方案是成立学校第二课堂成绩单评定指导委员会。这样,第二课堂就有专门的实施主体了,依托大数据平台就可以实现教师教学过程"可参与、可测量",教育教学质量"可监控、可反馈",学生参与第二课堂活动"可记录、可评价、可呈现"。[①]同时,从学生视角可以便捷地找到自己所需的第二课堂信息,从而提升思想政治教育的针对性和精准化。

三是扩资源:以虚拟实践助力第二课堂的全员化、全方位化、全息化。第二课堂资源存在供需不平衡,有些社团或者科研兴趣小组成为优质稀缺资源,而有些活动无人问津。第二课堂最突出的特性之一是实践性。失去了实践性的第二课堂也就失去了生命力。但是囿于场地、师资等条件,很多第二课堂活动的受益面有限,将许多学生拒之门外,而虚拟实践则为其提供了新的可能。所谓虚拟实践,是指人们按照一定的目的,通过数字化中介系统在虚拟时空进行的主体与虚拟客体双向对象化的感性活动。具有与传统实践迥然不同的特征:虚拟实在性、即时交互性、自由开放性、现实超越性、自主创造性。[②]"虚拟实践是一种随着计算机、互联网和虚拟现实技术的相

---

① 周国桥:《"三全育人"视阈下高校第二课堂育人的创新探索》,《学校党建与思想教育》2020年第5期。

② 孙伟平:《论虚拟实践的哲学意蕴》,《教学与研究》2010年第9期。

继诞生而产生的新型人类实践形态。"[①]第二课堂优质资源借助虚拟实践可以实现资源共享,为全体学生的全面发展提供了可能。同时,第二课堂缺乏专业教师的参与,其中一个重要原因是第二课堂活动时间多为课余或者教师下班之后,而虚拟实践则打破了这种空间的隔阂,为全员育人提供了施展平台。借助虚拟技术营造的全息环境增强了第二课堂的吸引力亲和力,有助于提升育人实效。高校思想政治教育作为一种人类实践活动需要做到虚实结合,形成育人合力,共同助力立德树人。

四是优文化:以网络文化为引爆点,营造格调高雅的校园文化。文化是时代精神的精华。新时代土壤中酝酿出新的文化形态,而网络文化就是这个时代最重要的精神成果。青少年是网络文化的创造者、生力军。在"无人不网"的高校中,网络文化与校园文化碰撞与融合后,形成网络化的校园文化,第二课堂则浸润在这样的文化土壤之中。习近平在网络安全和信息化工作座谈会上指出:"网络空间是亿万民众共同的精神家园。"[②]校园是万千大学生共同的精神家园。校园与网络逐渐融为一体,校园网络文化就应运而生,也可以称为网络化的校园文化。基于网络空间的产生,网络道德也由此产生,而网络道德具有二重性。个体在网络场域中因为监管缺失等而表现出的道德与现实环境中相比更纯真,但也是由于虚拟环境中缺乏约束与监管,好像人人都戴着面具,网络场域中大学生的道德表现在形态上具有一定的隐蔽性,尤其是教师发出的正向教育信息的影响力会被遮蔽或者弱化。基于这种虚拟境域,人的行为具有双重性,从而呈现一种张力,即本真性与隐蔽性并存。这致使思想政治教育的影响力既具有广泛性又具有涣散性,传播上存在广度上的优势但又存在深度上的缺失,最终导致影响力的弱化

---

① 张竑:《虚拟现实技术背景下的虚拟实践本体论研究》,《学术论坛》2019年第1期。

② 《习近平谈治国理政》(第二卷),外文出版社2017年版,第336页。

与涣散。

　　基于此,要把第二课堂利用好、作用发挥好、育人效果实现好就要从根本上加强校园文化建设,这是日用而不觉的力量,其外在表现是学风校风。习近平说:"一所高校的校风和学风,犹如阳光和空气决定万物生长一样,直接影响着学生学习成长。好的校风和学风,能够为学生学习成长营造好气候,创造好生态,思想政治工作就能润物无声给学生以人生启迪、智慧光芒、精神力量。"[1]以高校网络文化为抓手以加强融媒体凝聚各方力量,以议程设置引导文化方向,以社会主义核心价值观凝聚最大公约数,使得第二课堂确实成为育人主战场。值得一提的是,优秀的网络文化作品的影响力是极为惊人的,譬如歌曲《强国一代有我在》,这是一首由共青团中央指导出品的主题曲MV,歌曲集结了张艺兴、周冬雨、张一山、金志文等十四位当红明星组合。一经发布上线两天后,MV在五个平台的播放量就高达3582万次。这仿佛又回到那个一首革命歌曲可以在全国高校中传唱不休的年代。

　　概言之,以人工智能为原动力给高校第二课堂带来新气象。通过建立大数据平台、设立专门机构、借助虚拟现实资源,优化网络文化等营造出科学化、系统化、制度化、规范化的第二课堂。只有形成合力方可营造充满正能量的校园环境,让身处其中的大学生如沐春风,成长为国之栋梁。

## (三)新领域:第三课堂的开辟

　　何为第三课堂?目前没有形成统一的认识,众说纷纭,原因在于对第三课堂研究的视角有所不同。有学者从物理场所角度出发,认为"公寓宿舍是思想政治教育第三课堂"[2]。有的认为"第三课堂是社会实践,是第一、第二

---

① 《习近平首次点评"95后"大学生》,《人民日报》2017年1月3日第2版。

② 蔡红建:《融合思想政治教育三个课堂 实现高校德育工作有机对接》,《思想理论教育导刊》2009年第7期。

课堂的进一步拓展,是学生实践能力和创新能力培养的重要途径"[1]。从育人主体的角度出发,有学者认为学生党建工作是第三课堂,"第三课堂是高校各级党组织的负责人、党务工作者和全体党员,通过履行工作职责而对大学生的思想成熟、政治成长、素质养成、能力提升发挥影响作用的教育形式。"[2]随着信息技术的发展,现在有很多学者从载体或媒介角度出发,认为网络是第三课堂,网络等新媒体已经成为影响学生思想的"第三课堂"。[3]以上各种说法都有其合理性,又具有一定的局限性。在以人工智能为主要驱动力的科技浪潮下,第一课堂与第二课堂逐渐走向融合,譬如以思政课和课程思政为代表的第一课堂已经突破传统教室的藩篱,走向线上线下一体化,教室、校园、社会之间的界线模糊化,由此消解了第一课堂与第二课堂的界线,二者组成育人共同体。其中的关键与核心是作为一种"居间性"存在的人工智能。人工智能不但充盈于第一课堂之中,而且也存在于第二课堂,并日益成为新时代大学生校园生活、学习的新环境。因此,随着线上与线下界限的消弭,虚拟与现实的消解,第一课堂与第二课堂在网络空间的助力下形成混合课堂,即第三课堂。

第三课堂的独特之处在于无边界、内驱化、重情境。综观目前的研究,绝大多数学者把网络视为第三课堂。新冠肺炎疫情发生以来,在线教育突飞猛进,极大推动着网络教育的普及与优化,但就高等教育而言,仅把网络视为第三课堂还是过于狭隘。随着人工智能的发展,计算机性能的提升、移动互联网速的提高、云存储技术的发展以及机器学习能力的突破创新等使得网络信息空间逐渐走向完善。有学者指出,我们正处于一个"三体"智能

---

[1]　何剑:《深化实践教学改革的探索:"三课堂融合"模式》,《实验室研究与探索》2014年第7期。

[2]　栾海清、史华楠:《高校构建第三课堂育人模式的实践探索》,《学校党建与思想教育》2016年第10期。

[3]　沈崴:《"第三课堂"思想政治教育功能研究》,《思想教育研究》2016年第7期。

时代,"三体"即物理实体、意识人体、数字虚体。所谓数字虚体是指存在于计算机和网络设备之间的所有数字代码的集合体,基于计算机而实现,由于网络通信而增强。数字虚体也称赛博虚体。①在现实世界中,这三体是密不可分融为一体的,在高校第三课堂中亦是如此。网络是第三课堂的基础,是最重要的载体,但并不能代表全部。第三课堂是线上与线下相结合、虚拟与现实融为一体、理论与实践结合的三位一体的新形式,是人工智能时代最为主要的思想政治教育阵地。面向未来智能社会,能否有效地抓住第三课堂的建设将直接影响到高校智慧思政的成效。

其一,从物理实体角度出发,第三课堂边界线消失。通常意义上,第一课程以教室、实验室等固定教育教学场所为主;第二课堂是以校园活动并辅之以社会实践活动为主;第三课堂将会不断突破教育教学的边界,实现第一、二课堂的融合。随着人工智能的发展,第一课堂中会有大量智能设备走进课堂教学,教育信息化趋势不断升级,所谓数字虚体空间随之不断扩大,甚至形成与物理实体平分秋色的局势。换言之,第一课堂会走向虚拟化、数字化。第二课堂在大数据、人工智能、虚拟实践等技术的加持下开始走向网络化、虚拟化。两个课堂正在实现殊途同归,即走向融合、共生,这应该是第三课堂的初级形态。这也是很多人将第三课堂等同于网络的原因,以网络为外在表现形式的数字虚体空间不断膨胀,逐渐淹没第一与第二课堂的分界线,也为实现高校思想政治教育三全育人式的"大思政"格局奠定基础。

随着人工智能的进一步发展,社会智能化程度不断提升,高校育人的边界会进一步拓展,并与非正式学习逐渐结合起来。所谓非正式学习,是"学习者基于自己与日常生活情境交互的基础上一种根据自身需要进行的有目

---

① 胡虎等:《三体智能革命》,机械工业出版社2016年版,第12页。

的的、连续性的学习方式,如读书、上网、社交、听讲座等"①。从学生角度而言,学校教育是正式学习,人们普遍认为学校教育在人的成才过程中发挥着不可替代的作用,尤其是工业革命以来几乎是所有国家的共识,各国都把教育放在优先发展的战略位置。但是随着信息技术带来的革命性变革,以学校教育为基础的正式学习将会式微,就像美国学者凯文·凯里在其著作《大学的终结:泛在大学与高等教育革命》中所讲的大学都将走向终结,取而代之的是"泛在大学"。这时,正式学习与非正式学习之间的界限也将模糊化,甚至融为一体。进入21世纪以来,非正式学习的作用与地位不断攀升,在人的一生中所占地位越来越重要。因为非正式学习具有内隐性、自主性、情境性、互动性、灵活性和非结构性等特征,体现了学习者的主观能动性。甚至有研究者指出:"学龄期儿童约有79%的时间在进行非正式学习,在个体的整个生命周期中有近90%的时间处于非正式学习情境之中。"②由此可见,人工智能时代背景下育人边界不断突破,逐渐突破到社会、突破到自然、突破到虚拟世界,走向"全社会教育"。正如有学者指出,全社会教育它是"全纳性"的教育,包含了学校教育、家庭教育,还有企业教育等一切场域和空间中的教育,这是全性,能利用已有的知识创造新的环境和文化,是一种"会谈式"的学习。③如此,高校思想政治教育将走向全社会化并呈现泛在化、智慧化,迎来第三课堂的高级阶段。这时的第三课堂将会伴随个体一生并持续为个体赋能。

其二,从意识人体角度出发,实现积极主动的意义建构。雅斯贝尔斯说:"人,只能自己改变自身,并以自身的改变来唤醒他人。在这一过程中如有丝

---

① 胡瑾:《论高校教师非正式学习与实践智慧的生成》,《高教探索》2019年第3期。

② 季娇等:《非正式学习:学习科学研究的生长点》,《北京师范大学学报》(社会科学版)2017年第1期。

③ 魏戈:《拓展性学习:探索学习科学的新维度》,《现代远程教育》2019年第5期。

毫的强迫之感,那效果就丧失殆尽。"①传统中第一课堂多为必修课,对于学生而言,带有一定的强制性;第二课堂则为选修课,学生主动参与的居多。而未来学习者在第三课堂将真正实现内驱性学习,即不是依靠外在动机的驱使,而是凭借内在需要开展拓展性学习、体验式学习和内隐式学习。宏观上,将改变自工业革命以来教育体系中重理工而轻人文的实用主义取向。随着人工智能的发展,人文教育的价值不断凸显,物质世界极大丰富后人的精神成长便逐渐成为人们的自觉追求。根据需求层次理论,当底层的需求都已满足,高层次需要则是每个人的共同追求。对于高校思想政治教育而言,一贯被重视的灌输观念将逐渐被取代,学生的学习将成为积极主动追求自我实现的过程。第三课堂的学习相对于第一课堂、第二课堂的不同之处在于内在动力系统的变化,因而学习方式将以体验学习、内隐学习和拓展性学习为主。体验学习是虚拟与现实相结合的沉浸式的场景化学习,比如美国学者戴维·索恩伯格提出的教学全息甲板,"教学全息甲板视为一个没有观众的舞台,在这个舞台上,每个人都需要参与任务之中。没有观众,也就没有讲座,这里只有参与者"②。内隐学习是人们通过与环境接触,无目的、自动地获得事件或客体间结构关系的过程,是人类学习知识、掌握技能特别是形成价值观念过程中不可或缺的重要方式。③这是一种熏陶渐染式的教育,与外显学习截然不同,学习的内容以隐性知识和默会知识为主,使得思想与价值观的形成真正源自日常生活,形成过程是一种日用而不觉的自我建构式的,故而其效果更明显、更稳固、更持久。拓展性学习是一种知识创造的隐喻,学习者不限于吸收外在的实体性知识,也不限于与固有的环境和文化进行互动、协商,而是

---

① [德]雅斯贝尔斯:《什么是教育》,邹进译,生活·读书·新知三联书店出版1991年版,第26页。

② [美]戴维·索恩伯格:《学习场景的革命》,徐烨华译,浙江教育出版社2020年版,第185页。

③ 尹彦:《基于内隐学习理论的大学生社会主义核心价值观教育探析》,《学校党建与思想教育》2018年第4期。

具有主体性和能动性，一改被动学习的状态，进而实现在主动基础上的创新性学习。这些新颖的学习方式不但丰富了思想政治教育方式方法，而且提升了高校思想政治教育的实效。

随着人工智能时代的到来，第三课堂中的学生将实现回归，回归到思想政治教育乃至教育的本真状态，实现积极主动的意义建构。爱尔兰诗人威廉·巴特勒·叶芝说过，教育不是注满水桶，而是点燃火种。思想、观念、价值观等的形成是难以靠注入完成的，更多的是依靠个体的主动建构而成。体验式学习、内隐式学习和拓展性学习正是未来学习的主流方式，因为这充分发挥了学生的主动性和积极性。真正的教育，是教师忘记在教，学生忘记在学，全部融入师生共同营造的情境之中，并各自在这情境之中"扮演"着自己的角色，没有观众，所有人都已不记得自己的角色，这时高校思想政治教育的功能才发挥到最佳。

其三，从数字虚体角度出发，思想政治教育场景发生革命性变革。朱永新在《未来学校：重新定义教育》一书中讲到我们即将进入一个"后学校"时代，学校已经成为一个学习中心。传统学校固有的结构将会逐渐发生改变，只有这样，教育才有可能发生真正的变革。学校的变化是外在可见的，内在实质性的变化是教育场景的变革。人工智能作为一种居间性存在，其优势正在于营造这种立体化场景，通过这种真实可感的境域、情境消除思想政治教育主客体之间的对立。思想政治教育的核心在于价值观的形成。从教育现象学角度来看，所谓"知识"（knowledge）是一种已经固化的、概念化的行动框架，而"knowing"是一种在具体情境中即刻行动的"知行"。①要形成价值观仅靠知识传授的话那就是毫无生机的"死"物，是关于价值观认知的陈述性

---

① [加]马克斯·范梅南、李树英：《教育的情调》，李树英译，教育科学出版社2019年版，第166页。

材料的堆积,这是很难融入个体价值观体系之中的。而只有将其转化为"活"的有生命力的东西,才会引起同频共振,触动原有的认知系统,进而才有可能相互作用并融合内化。其中的关键就在于情境性、境域性的场景的出现,营造出一种当场生成、当场构成的状态,可称为"中",这时学习者就融入场景中,浑然一体。这正是人工智能给高校思想政治教育带来的最大机遇之一,具体而言就是因为数字虚体的出现,使得思想政治教育场景变得前所未有的丰富多彩、生动鲜活、引人入胜。

从具身认知心理学理论来看,场景的最大功能就是让人全身心地投入,使得身心毫不违和地融为一体。具身认知具有"具身性"和"情境化"等特征,其中"具身性"是指大脑与身体的动态交互,"情境化"则是指身体嵌入环境并与之动态交互。①传统思想政治教育中对于学生身体参与和情感体验没有足够的重视,甚至很多时候是忽视的。基于数字虚体营造的虚拟化学习空间与现实空间逐渐融合,极大地增加了学习场景的丰富性和鲜活性,这种沉浸体验比单纯的物理场景下的体验更能激发学生情感,有利于思想、观念的内化。场景的设计情况决定了学习的吸引力。科学而充满审美的场景设计,不仅提升了学习内容的亲和力,而且带来了美的享受与精神的愉悦。这里的场景不仅限于物理场景,更多的是基于人工智能技术带来的虚拟场景,有人就把这种合二为一的场景对学生的影响概括为"场景力",进而成为提升高校思想政治教育效果最重要的力量源泉之一。抛开技术因素,从提升教育有效性角度而言,很多学者非常注重教育场景的育人作用,苏霍姆林斯基说过,一所好的学校连墙壁都会说话。叶澜教授也曾提出,我们要把丢失的自然找回来。这都指出教育效果要依赖于场景,不管是学校内部环境

---

① 王美倩:《具身视野下教育中人与技术关系重构的理论探索》,华中师范大学博士论文2018年。

还是大自然,都可以为教育所用,服务于铸魂育人工作。

综上所述,高校智慧思政构建的三个课堂是面向未来智能时代的积极探索,是新时期思想政治教育场景的突破与创新。高等教育的内涵不断浓缩与复归,都是以育"德"为根本,以智慧生成的"整全人"为旨归。正像吴满意教授总结的,无论是从思政课程到课程思政的有益探索,还是从精准思政到智慧思政的全新尝试,智能创新驱动着教育主体、教育资源、教育环境、教育模式、教育载体等范畴之间及自身内部,实现点、线、面与形、度、势的立体化融合趋势,实现从"流"到"态"的共享模式,直接建构出思想政治教育全景、全程、全方位的发展理路。①

---

① 吴满意、王丽鸽:《从精准到智慧:思想政治教育创新发展的根本态势分析》,《马克思主义与现实》2019年第4期。

# 第五章　高校智慧思政的实践应用

　　高校智慧思政是人工智能时代思想政治教育的新模式。模式是既有的、现成的,是可供推广或者借鉴的,也是时代的产物。高校思想政治教育是一个动态发展的过程,会随着实践中各种影响因素的变化而变化,高校智慧思政是在互联网飞速发展中形成的以网络思政为基础而构建的人工智能科技革命的产物。2020年4月出台的《教育部等八部门关于加快构建高校思想政治工作体系的意见》(以下简称《意见》),其中详细规划了理论武装体系、学科教学体系、日常教育体系、管理服务体系、安全稳定体系、队伍建设体系、评估督导体系七个子体系。这是新时代高校思想政治工作的纲领性文件,指引着思想政治教育的发展方向。如何实现智慧理念或智慧思政与这七个工作体系间的融合是迫在眉睫的时代课题。我们要以智慧化的理念、智能化的教育环境、个性化的教育方式、高度情境化的教育场景重塑高校思想政治教育体系,从而确保实现"目标明确、内容完善、标准健全、运行科学、保障有力、成效显著"的目标。

## 一、高校智慧思政实践应用的依据

高校思想政治工作体系虽可分为七个子体系,但它们之间相互联系,共同组成一个有机整体。理论武装体系是宏观层面上的指南,发挥着方向和旗帜作用;学科教学体系是活动开展的主渠道,发挥着主阵地作用;日常教育体系是最主要的场景,具有基础性作用;管理服务体系是重要支撑体系,发挥着保障作用;安全稳定体系是体系重心,发挥着底线作用;队伍建设体系是体系的关键力量,具有主导性作用;评估督导体系是重要推动力,具有导向与激励作用。七个子体系的作用意义不同,但都共同指向立德树人这一根本目标。在人工智能背景下,这些体系会在科技力量的赋能下不断优化与升级,实现更高效、更科学、更轻松的铸魂育人目标。

《意见》中七个子体系与十大育人体系之间互相关联。总体上看,《意见》中关于高校思想政治工作体系更为宏观、立意更为深远;而十大育人体系基本包含在学科教学体系(包括课程、科研)、日常教育体系(包括实践、文化、网络、心理)、管理服务体系(包括管理、服务、资助、组织)三个体系之中。理论武装体系、安全稳定体系、队伍建设体系、评估督导体系等子体系与十大育人体系也有交叉与关联,譬如理论武装体系与课程、科研、实践、文化、网络以及组织等育人工作息息相关;安全稳定体系涉及课程育人、网络育人、文化育人、心理育人以及管理服务育人;队伍建设是十大育人体系的主导力量,也是引领育人工作的主体力量;评估督导体系与十大育人体系都密不可分。整体而言,十大育人体系侧重于育人的场域、载体以及路径上,是相对具体和操作性非常强的分类方式。八部委出台的《意见》中所构建的高校思想政治工作体系是以"三全育人"为理念,力求把立德树人融入思想道德、文化知识、社会实践教育各环节,贯通学科体系、教学体系、教材体系、管理体系。理论武装体系作为七个子体系之首,高度彰显此项工作的政治性;安全稳定体系则是凸显了底线意识和风险意识;队伍建设体系和评估督导体系突出了主体责任和激励机制。具体如图5-1所示。

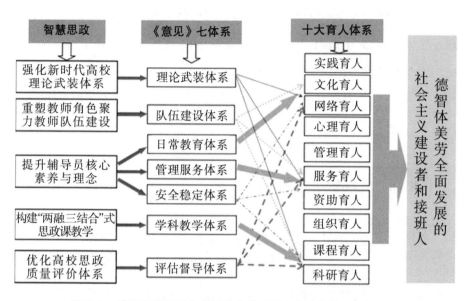

**图5-1　高校智慧思政与《意见》七体系及十大育人体系之间关系**

高校智慧思政在实际工作中以《意见》的七个子体系为蓝本,以人工智能作为有力支撑与保障,融入高校思想政治工作体系中,从而助力育人工作。人工智能可以强化新时代高校理论武装体系,提升思想的透彻性、精确性及感染力;人工智能给教师角色带来冲击,需要重塑高校教师角色以聚力教师队伍建设;思政课作为学科教学体系最主要的组成部分,与前文已经详细论述过的课程思政共同组成高校教学体系,在人工智能全面融合下构建出"两融三结合"式思政课教学模式;在智能算法、区块链、大数据等的加持下优化高校思政质量评价体系。之所以将日常教育体系、管理服务体系与安全稳定体系统合到辅导员工作体系中,是因为在这三个体系中辅导员是主力军、生力军,是推动这三者的最主要力量。按照唯物辩证法要抓主要矛盾和矛盾的主要方面,辅导员队伍建设就是这三个子体系中最主要的因素,并以此辐射到十大育人体系中的绝大部分。

高校智慧思政要付诸实践应用,是以《意见》七个子体系为依据,以贯彻"三全育人"理念为根本指南,全面覆盖了高校的十大育人体系,把立德树人融入思想道德、文化知识、社会实践教育各环节,在场域上覆盖了第一课堂、第二课堂而最终走向融合的第三课堂,形成线上与线下、校内与校外、虚拟与现实、理论与实践相结合的铸魂育人体系,为培养担当民族复兴大任的时代新人贡献力量。

## 二、强化新时代高校理论武装体系

高校思想政治教育的灵魂是马克思主义,这是思想政治教育与一般教育活动的根本区别之所在,尽管二者都是以育人为目的。高校智慧思政亦不能偏离此灵魂,要以马克思主义中国化的最新成果——习近平新时代中国特色社会主义思想为根本遵循。从学科角度来看,思想政治教育是马克思主义理论一级学科下独立的二级学科,正如白显良教授所说,思想政治教育尽管从称谓上不姓"马",但就其实质来讲它是姓"马"的,因为我们作为学科建设的思想政治教育是马克思主义的思想政治教育,而不是一般的思想政治方面的教育技术学。[①]具体而言,就要解答面对人工智能时代,如何在高校智慧思政中贯彻落实习近平新时代中国特色社会主义思想,尤其是如何用习近平总书记关于思想政治教育的重要论述指导立德树人。因而,强化新时代高校理论武装体系至关重要。

---

① 白显良:《思想政治教育的马克思主义理论基础研究》,人民出版社2014年版,第228页。

## （一）以彻底性思想为基

马克思在《〈黑格尔法哲学批判〉导言》中说过："哲学把无产阶级当做自己的物质武器，同样，无产阶级也把哲学当做自己的精神武器；思想的闪电一旦彻底击中这块素朴的人民园地，德国人就会解放成为人。"[①]这句话到现在仍具有很强的现实意义，要求高校教师要抓住思想武装这一利器，用马克思主义的真理去武装、感染、感化大学生。理论武装的核心是把真理说清楚、讲明白，因为理论只有彻底，才能说服人。立足当下，要把马克思主义真理传承好、弘扬好的关键在于贯彻好落实好习近平新时代中国特色社会主义思想，这是21世纪马克思主义。"理论武装本质是马克思主义思想闪电唤醒人民群众。"[②]高校作为知识密集型场所，个体思想较为积极活跃，加之社会思潮庞杂多样、信息获取途径便捷多样，从而导致高校成为思想交锋最激烈的地方。理论武装的核心要义是要澄清主流意识形态，发挥其主导作用，而作为教师要敢于发声、敢于亮剑、敢于斗争。这样才能保证是包含真理的正能量的"思想闪电"击中大学生，而不是受西化、分化、历史虚无主义、新自由主义思潮等歪风邪气的侵袭。

信息时代的理论武装要坚持内容为王，在内容中贯穿彻底性的说理。信息化给思想政治教育带来信息过载和碎片化的困境。网络空间中信息良莠不齐鱼龙混杂，只有经过时间与实践检验过的对人类有益的信息方可成为知识。互联网已成为产生与传播思想舆论的最主要阵地，也是思想政治教育的"最大变量"。要主动把握网络信息空间这一不断增长的理论阵地，使这个变量成为增量。具体而言，就要让习近平新时代中国特色社会主义

---

① 《马克思恩格斯选集》（第一卷），人民出版社2012年版，第16页。

② 邢鹏飞、张佩：《准确理解马克思主义理论武装的科学内涵》，《理论导刊》2020年第5期。

思想在每个人心中生根发芽，成为指导人生航向的指南针；让社会主义核心价值观的声音成为主音调；让爱国主义情怀成为大学生最牢固和最基本的感情底色。古语云：瑕不掩瑜。网络化的浪潮正以席卷一切的态势扑面而来，"瑜"也有可能深埋"瑕"之中，造成"藏在深闺无人知"的困境。要主动将马克思主义思想融入宣传舆论的内容之中凸显其主导性。作为高校，把守好思政课这个显性的直接的理论教育主渠道；各类课程思政则是隐性的间接的理论教育方式。第一课堂是理论教育为主，而第二课堂是实践教育为主。横向上，发挥好各类课程、各个部门的协同效应形成同频共振；纵向上，抓好历史使命与时代责任教育，尤其是注重"四史"学习教育，将党史、新中国史、改革开放史与社会主义发展史结合起来，汲取历史智慧培养历史思维，从而提升爱国主义、集体主义、社会主义教育实效。只有将相对抽象的真理化为形象彻底的思想，才会更吸引人、感动人，才能说服人，才可能为时代新人奠定思想理论基础。

（二）以革新性思维为纲

思维是行动的先导。习近平指出："理论创新每前进一步，理论武装就要跟进一步。"①第六次科技革命扑面而来，思想教育领域正朝着深度信息化的方向发展，理论思维也具有与时俱进的时代特性，因此要紧随时代步伐，理论思维的进化与革新是势在必行之举。如前所述，人工智能时代思想政治教育建构要具备的新思维方式，即大数据思维、分布式思维、精准化思维、非标准化思维、批判性思维。理论思维是对事物的本质及发展规律的理性思维，是在各种具体思维方式基础上高度抽象凝练而成，其形成非一朝一夕之功。要革新理论思维、强化理论武装体系，首先要加强理论学习，尤其是

---

① 习近平：《在"不忘初心、牢记使命"主题教育总结大会上的讲话》，《求是》2019年第13期。

对马克思主义经典名著的系统学习。恩格斯说过："一个民族要想站在科学的最高峰，就一刻也不能没有理论思维。"①青年一代是国家的未来、民族的希望，大学生是青年的佼佼者，更需要加强理论学习。在通过思政课等系统的理论学习之外，最重要的学习途径就是阅读。朱永新曾说过，一个民族的精神境界，取决于这个民族的阅读水平，一个人的精神发育史，就是他的阅读史。随着网络深入生活、学习的各个方面，大学生们逐渐失去了对阅读的热爱，也丢掉了对书籍的依赖，更没有了对经典名著的向往与敬畏。阅读的愉悦逐渐被网络虚拟世界的光怪陆离所取代，逐渐从大学生们的精神生活中退隐。要大力营造书香校园，培养大学生良好的阅读习惯，引领阅读潮流。这也是克服网络知识碎片化的有效举措之一。

理论离不开实践，理论思维同样源自实践。高校思想政治教育是促进大学生思想生成的实践活动，要提升教师的理论思维就要刷新其对当代大学生的认识。新时代大学生基本上都是"00后"，是伴随着网络成长起来的一代，是互联网"原住民"，是数字时代的"原住民"，是21世纪的拓荒者。只有系统研究他们的成长规律，才能掌握其思想特点和心理特征。当代大学生的显著特征是思想积极开放，呈现出多元化，个性鲜明、主体性突出的特点，并带有圈层化、务实化、理性化、自我中心化倾向，这就客观上要求教师转变工作理念，由自上而下的讲授型说教式转向平等交流的共情式。同样，要提升大学生的理论思维就要发挥第二课堂实践活动的作用，通过志愿服务活动、社会调研、实习见习、三支一扶等实践活动加强大学生对农村、社区、企业、机关等的认识，在实践中融入理论并检验所学理论知识，做到知行合一，最终增长才干、开拓视野、坚定理想信念。理论思维的展现形式是实践，而且实践也是检验理论思维正确与否的工具。正如马克思所说："人的

---

① 《马克思恩格斯选集》(第三卷)，人民出版社2012年版，第875页。

思维是否具有客观的真理性,这不是一个理论的问题,而是一个实践的问题。"①

理论武装体系的强化离不开理论思维的更新,而对于涉世不深的大学生而言,理论思维的提升主要依靠课堂学习加阅读习惯的养成和社会实践活动,在知与行的合力下学会理性思考,进而能举一反三、触类旁通,实现在实践中学活用。如恩格斯所讲:"我们的理论是发展着的理论,而不是必须背得烂熟并机械地加以重复的教条。"②理论思维不应是背诵的教条而是付诸行动的指南,让马克思主义哲学原理成为大学生做人处世的根本遵循,成为其世界观和方法论,这才是培养理论思维的精髓所在。

## (三)以分众化传播为径

由于信息空间的崛起,理论武装的传统传播方式和途径受到巨大冲击。传统传播依靠的是大众传媒,但是随着自媒体的兴起,大众传媒的影响一落千丈,高校亦是如此。要强化对大学生的理论武装就要采取分众传播方式。所谓分众传播是为满足受众差异化的信息需要,将受众进行细分,进而按需供给信息、实现精准传播的传播样态。③这其实是因材施教理念在信息化技术支撑下的实现。依靠大数据的画像可以准确了解大学生的思想状况和需求情况,画像其实为供给侧提供了明确的目标和内容,便于其按照需求进行定制化的精准投送。习近平强调:"办好人民满意的教育是实现需求侧和供给侧动态平衡的过程。"④高校中受众相对单纯,年龄结构、心理状况、实践经

① 《马克思恩格斯选集》(第一卷),人民出版社2012年版,第134页。

② 《马克思恩格斯选集》(第四卷),人民出版社2012年版,第588页。

③ 毛娜、胡树祥:《善用分众传播方式 提升网络思想政治教育的传播影响力》,《思想教育研究》2020年第6期。

④ 教育部课题组:《深入学习习近平关于教育的重要论述》,人民出版社2019年版,第182页。

验等差别不显著,但新时代大学生具有主体意识强、个性突出等特点,要想在思想武装上实现入心入脑首先要能触动其心弦。思想政治教育要做到学生心上,这就更需要分众化、精准化的方式,同时这是破解网络空间信息过载的有效路径之一。

第一,要充分利用各种新媒体微平台。微信、微电影、微视频等构成分众传播的微平台。如果说思政课和课程思政是价值观、思想观念传播的主动脉,那么这些微平台就像是由毛细血管组成的微循环。循环系统能将养分送达身体的各个部分,微循环和主动脉的作用其实是一样的。所以,不能只注重主动脉而忽视微循环。微信公众号、微博、抖音等都是个人账号,要将主流声音渗透其中而不能任由其成为法外之地。既要防微杜渐也要实现微言大义,让微平台成为大学生思想成长的快乐园地。

第二,要以原创化内容提升微平台的感召力。各高校都有自己的新媒体平台,而普遍的问题是学生关注度不高,内容的传播力和影响力极为有限。高校官方新媒体平台的主要关注群体中很大一部分是校友和在校生家长,而不是在校生。由此可见“两张皮”、两个舆论场倾向的出现,即官方媒体和学生圈层泾渭分明。要突破这种困境,就要靠接地气的原创性内容提升吸引力。以新冠肺炎疫情为例,各个地方都涌现出大量感人至深的抗疫事迹,可以就地取材将你我身边的伟大抗疫精神弘扬好,讲好中国故事。习近平指出:“讲故事就是讲事实、讲形象、讲情感、讲道理,讲事实才能说服人,讲形象才能打动人,讲情感才能感染人,讲道理才能影响人。”[①]

第三,审慎进行网络议程设置,唱响主旋律。议程设置是大众传播中的重要理论之一。通过适当的议程设置,可以影响着人们对某个焦点或重大

---

① 《习近平在党的新闻舆论工作座谈会上强调 坚持正确方向创新方法手段 提高新闻舆论传播力引导力》,《人民日报》2016年2月20日第1版。

事件的判断,引导舆论方向。自媒体时代的网络议程设置与大众传媒视域下的议程设置既有一脉相承的缘起,又具有其独特之处。网络议题设置的优势在于它的响应速度更快、辐射面更广泛、信息内容更加丰富,但同时存在传播主体较为泛化、可靠性相对较差、名不副实吸引眼球等问题。大众传媒时代"把关人"角色发挥了重要作用,可以有效过滤不良信息,而网络信息时代是自媒体高歌猛进的时代,人人都是麦克风、人人都是广播台,网络议程设置需要更加精细化。大众传媒时代信息途径是有限的而且非常集中,就像人体大动脉;而现在大动脉功能趋于弱化,主要依靠的是数不清的毛细血管,网络议程设置必然要走向分众化、精细化。其中,网络意见领袖意义重大,他们是网络空间中的活跃分子,有众多追随者和一定的影响力。就高校而言,在各类论坛、贴吧、QQ群、微信群、社团兴趣小组等群体中存在领袖式的人物,要加强理论武装就要发挥意见领袖的影响力、号召力。高校要着力培养一批学生干部、学生党员甚至年轻教师充当意见领袖,这样才能更好地发挥网络育人功能。

概言之,强化新时代理论武装体系,内容上做到真理性与彻底性相结合才会更具生命力;对主体而言,要及时革新理论思维才会更具亲和力;路径上善用分众传播方式抓住微平台和网络议程设置才会更具凝聚力。三者共同发力才能更有效地强化新时代高校理论武装体系,培养出具有共产主义远大理想和中国特色社会主义共同理想的坚定信仰者和忠诚实践者。同时,思政课是实现理论武装系统化和专业化的途径之一,是落实立德树人根本任务的主渠道和核心课程,也是加强和改进高校思想政治的"灵魂课程"。

## 三、构建"两融三结合"式思政课教学

《意见》中明确指出,把新媒体新技术引入高校思想政治理论课教学,打

造高校思想政治理论课资源平台和网络集体备课平台。[①]这客观要求重塑人工智能时代背景下的思想政治理论课(以下简称思政课)以适应时代发展的需要。这个命题的提出是建立在新媒体基础上,要充分应用信息化、数字化、网络化、智能化以期实现智慧化。事实上,我国的思政课实施方案经历过几次调整,改革开放后主要有"85方案""98方案""05方案"。这是在不同时代背景下为提升思政课的亲和力与吸引力而进行的优化与调整。"人工智能试图改变智能的本质,这是要创造一种新的存在,所以是一个存在论级别的革命。"[②]思政课作为为国铸魂育人的关键课程,在面临这样的"存在级"革命的到来时就不得不未雨绸缪,用新时代的理论和先进的技术共同打造高效思政课。

## (一)新时代思政课的新特点

当前,本科生的思政课主要有:马克思主义基本原理概论(简称"原理")、毛泽东思想和中国特色社会主义理论体系概论(简称"概论")、中国近现代史纲要(简称"纲要")、思想道德与法治(简称"德法")、形势与政策、习近平新时代中国特色社会主义概论。专科生的思政课有:"概论"课、"德法"课、形势与政策课。综观高校思政课教学,虽处于不断改进创新的蓬勃发展期,但思政课自身所固有的特点会直接影响其教学效果。其一,思政课所涉及的知识面广。从课程的内容来看,主要是哲学社会科学方面,包括哲学、历史、政治、经济、法律、社会学等内容,所涉及知识内容较为广泛,但内在联系又很强,因为马克思主义的组成是"一块整钢"。"马克思主义理论自身的整体性决定了整个马克思主义理论教育的整体性,也决定了高校马克思主

---

① 中华人民共和国教育部:《教育部等八部门关于加快构建高校思想政治工作体系的意见》,http://www.moe.gov.cn/srcsite/A16/s7062/201804/t20180410_332722.html,访问时间:2021年9月13日。

② 赵汀阳:《人工智能会是一个要命的问题吗?》,《开放时代》2018年第6期。

义思想政治理论课程教学的整体性。"①可见,思政课内容范围广泛而又是一个有机整体,但是各门课程在教材内容上缺少明显的联系,教学上多数时候又是不同教师进行授课,从而导致讲课风格各异及教师对学生情况的了解缺少连贯性等问题。其二,思政课所学理论具有较强的深度。思政课蕴含着深厚的思想性,对于不同学科背景的大学生来说都具有一定的挑战性。理论深刻就需要深度思维和较强的理解力,但是当前是个读图时代,是个碎片化学习盛行的时代,这直接导致大学生深度思维能力的缺失。如何化解深受当代大学生喜爱的碎片化学习与思政课的宏大、深厚、系统而又严谨的理论体系之间的冲突是提升高校思政课效果的关键所在。其三,思政课的知识体系转化为学生的价值观体系时内化相当难。思政课所学需要转化为人的世界观、人生观、价值观,这是事关人的"总开关",要实现内化于心与外化于行合二为一方可。这是思政课与一般课程最为显著的不同之处。一般课程只需要识记或者理解然后会运用即可,但是思政课需要"转识为慧",要成为人的行动指南和思维的方法论,这自然又增加了思政课的难度。正如凯文·凯里所说:"你可以在九周内把一个人培养成网络开发人员,也可以在几年时间内培养一名律师。培养复杂研究领域的一名合格博士需要花费10年的时间,但是文科教育需要多长时间呢?如果你认真领会它的意义,文科教育需要花费一生的时间。"②思政课不仅属于文科,而且是文科的核心组成部分,是"灵魂课程"。综上,思政课的特点可简单概括为三个字:"广""深""难"。

---

① 任晓伟:《高校思想政治理论课教学与生命价值教育研究》,陕西人民出版社2017年版,第11页。

② [美]凯文·凯里:《大学的终结:泛在大学与高等教育革命》,朱志勇等译,人民邮电出版社2017年版,第245~246页。

## (二)人工智能时代的学习观

新时代思政课的学习既是一般意义上的学习又具有如上所述的特殊性,随着对学习科学研究的不断深化,先后出现了以行为主义、认知主义、信息加工理论等为指导的学习观。如今随着人工智能、脑科学、学习科学、具身认知理论以及现象学的发展,人们对学习的认识更加深刻,出现了专门的学科——学习科学。在脑科学研究成果的指引下,在建构主义、人工神经网络以及计算机深度学习等影响下,现在对学习的认识主要有以下几点共识,"学习是在认知、情绪和生理层面进行多层次信息交流的过程"[1],"学习即知识建构。学习和记忆中的三种认识过程:钝化、锐化、合理化"[2],"具身认知的学习观更加注重主动体验,主张知识与学习者的体验息息相关,学习者不同的物理属性直接影响着对知识的理解"[3]。由此可知,学习不只是"颈部以上的活动",除了大脑以外还牵涉身体与情绪、情感甚至灵感顿悟等因素;学习是主动的并在原有经验基础上进行建构;学习与个人体验息息相关。基于此,人工智能时代的思政课要取得实效就要革新学习观,可采取以下三种学习方式。

1.以自适应学习应对思政课知识之"广"

自适应学习有着较为悠久的历史,可以追溯到斯金纳的程序教学机和后来的以知识库为主要代表的专家系统。自适应学习是一种以计算机作为交互式教学设备的教育方法,计算机结合学生的独特需求和反馈,为其量身

---

[1]　经济合作与发展组织:《理解脑:新的学习科学的诞生》,周加仙等译,教育科学出版社2014年版,第70页。

[2]　[美]理查德·E.梅耶:《应用学习科学:心理学大师给教师的建议》,盛群力等译,中国轻工业出版社2019年版,第28页。

[3]　彭文波、刘电芝:《学习科学研究对课程设计与教学的启示》,《课程·教材·教法》2019年第1期。

打造学习计划,而且根据各个学生的独特需求协调人力和调节资源分配。[①]
自适应学习是个性化学习在信息时代的升级版,运用智能技术实现更为精
准的按需投递信息,在最大限度留住学习动机的同时打造私人定制化的学
习。"自适应学习技术带来的变化将改变教育过程的性质,学生将从被动接
受知识变为主动探索发现知识,教师将从知识的传授者变成知识的向导
者。"[②]在大数据的支持下对学生的学习风格、兴趣爱好、心理特征、思想状况
等有着较为准确的刻画,而在移动学习、微课、微视频、慕课等在线教育支持
下大学生可以进行较为广泛的学习。从教师的角度出发,要进行网络资源
的精准投送,这样大学生就可以实现按需要、按兴趣进行自适应学习。思政
课内容所涉及范围较为宽广,仅仅依靠课堂教学很难全面把握其内容,而依
靠自适应学习可以提升学生知识面的宽度,进而加强思政课间的内在联系,
并在整体上把握课程间的关系,最终能从历史与现实、理论与实践、感性与
理性间掌握思政课的精华,引导学生树立社会主义核心价值观,并能培养爱
国情、砥砺强国志、实践报国行。要有效地实现大学生自适应学习,一是要
加强网络思政资源平台建设,实现思政课教育资源共建共治共享。二是利
用自媒体传播的迅捷性、实时性及准确性强化微平台建设。有了充足的教
育资源还要有传播途径,各新媒体平台就是深受学生喜爱的途径,将思政课
内容诉诸新媒体平台并在智能算法支撑下实现精准推送。三是加强大学生
元认知能力培养。自适应学习是一种自我教育,需要一定的自我调控、反
思、反省等能力才可以发现学习中的不足并及时作出反馈与调整。四是做
好学习情境、学习过程的辅助工作。自适应学习中教师就要充当好"总导
演""总设计师"的角色,这样一方面是保证学习场景的吸引力;另一方面保

---

① 李韧:《自适应学习:人工智能时代的教育革命》,清华大学出版社2019年版,第88页。

② 薛成龙、郭瀛霞:《高校线上教学改革转向及应对策略》,《华东师范大学学报》(教育科学版)2020年第7期。

证学生按部就班、循序渐进地摄取有营养的知识而防止出现学生在网络空间中信马由缰、任意驰骋的现象。

2.以深度学习满足思政课理论之"深"

关于深度学习有两种不同的用法，一个是在人工智能领域属于机器学习的一种，源于人工神经网络的研究；另一个是在学习科学领域，本书正是聚焦于此。"深度学习，就是学习者遵循学习原理，在学校场域中对以重要概念为核心的知识进行理解性和创新性学习的有效学习过程。"[①]深度学习是相对于浅层次学习、机械学习或无意义学习而言的，其精髓在于学习的深度，具体来看有学习目标深远、学习过程深入、学习结果深刻等特点。目标深远意味着思政课不仅收获关于课程的知识，还要带来思维的提升、理念的升级和精神的升华，并不是仅限于认识、记忆、理解等浅层次的学习目标；学习过程的深入是要能沉浸其中，使得身体、认知、情感、灵感等全部参与进去，达到全神贯注、浑然一体的状态，而不是浅尝辄止、浮于表面；结果的深刻就是实现知识的迁移和内化，达到入心入脑并最终转化为价值观念体系。深度学习很难说是一种具有较强操作性的学习方法，更多是一种学习理念、一种教育理想。人工智能领域的深度学习不断取得突破性进展，从而对人类学习产生启发。人工智能领域的深度学习是一种无监督式强化学习，但其原理是模仿人类大脑神经感知外部世界。如今人类也要借鉴人工智能的这种主动学习、自我强化学习，从而提升人类的学习效率和理解的深度。思政课所需要的理论深度还需要深度学习才可能完成。当前高校思政课内容尤其是一些核心概念在中小学阶段基本上是耳熟能详的，但问题的核心在于理解其精髓并内化于心。这就需要在记忆基础上的理解体悟，然后通过交流、讨论、评论等更深入的形式进一步深化认识。要促进深度学习在思政

---

① 孙智昌:《学习科学视阈的深度学习》,《课程·教材·教法》2018年第1期。

课上发生,一是营造相对轻松愉悦的氛围;二是针对学生的疑点、难点、堵点或是热点进行引导;三是激发学生间及师生间互动交流与表达;四是教师适时参与其中并及时纠正错误,保证学习方向的正确性。只有引导学生深入其中,才能逐渐领略真理的味道与魅力,才能激发学习的内在动机,才能保证所学理论的深度。

3.以游戏化学习克服思政课内化之"难"

游戏一直是当今教育中不可回避的一个话题。很多教师及家长把游戏视如洪水猛兽一般。前互联网时代流行的是电子游戏厅,互联网时代是单机游戏,如今则是大型网络游戏,为什么这么多学生痴迷于游戏呢? 其实游戏本身就是生活中不可分离的一部分。幼儿时期,家长、教师都是鼓励孩子进行游戏的,可见最初的教育与游戏是密不可分的。席勒有一句名言,只有当人是完全意义上的人,他才游戏;只有当人游戏时,他才完全是人。电子游戏尤其是网络游戏因为部分学生沉迷其中不能自拔导致荒废学业甚至失去生活能力而被污名化,致使人们对游戏带有一定的刻板印象和偏见。游戏的教育价值随着科技的发展逐渐显现。杜威说过:"手工活动和实验室练习以及游戏的教育价值,都决定于它们在多大程度上有助于学生了解正在进行的事情的意义。"[1]游戏可以提升和开发人们的想象力,是生活世界中重要的一部分。按照杜威教育即生活的观点,游戏本身也是教育方式之一。近年来,联合国经济合作与发展组织通过对脑的研究指出,游戏不仅可以增强动机,还能帮助提高学生的想象力;游戏还能对人的技能、能力和策略产生积极影响。[2]脑科学的研究为教育游戏提供了坚实的生理学基础;而虚拟现实等技术的发展为其提供了生动形象的教育技术基础。

---

① [美]杜威:《民主主义与教育》,王承绪译,人民教育出版社1990年版,第254页。

② 经济合作与发展组织:《理解脑:新的学习科学的诞生》,周加仙等译,教育科学出版社2014年版,第81页。

　　游戏化学习是教学者结合游戏的设计策略进行教学设计,使学习者在轻松愉快的环境下以游戏化的方式完成学习内容,有助于培养学习者的主动性、创造性和协作性。[①]游戏化学习一般分为两种,一种就是采用游戏的方式进行学习,比如农场狂想曲、三国杀、模拟城市等;另一类是将游戏中的元素融入教育教学中,比如过关、徽章、积分、PK等。游戏化学习用于思政课可以增强学生体验感,解决理论融入价值观体系困难的问题。游戏由于丰富的情境性和一定挑战性很容易把学生带入一定的沉浸感和深度体验感之中,在心理学角度这是进入一种"心流"体验中。这时激发出的积极情绪体验很容易使人理解和接纳境域中蕴含着的理论,这正是思政课想要达到的效果。只有真切感受马克思主义哲学的魅力、接纳社会主义核心价值观的倡导、认同中国特色社会主义道路的选择、增强对党史、新中国史、改革开放史、社会主义发展史的认识以及对革命先辈们的情感与情怀,才能解决思政课停留于表面而入心入脑难的问题。具体而言,一是发挥好人工智能对于游戏化学习情境创设的积极作用。有学者研究指出,虚拟现实和增强现实技术能够为学习者搭建虚拟学习情境,提供了结合身体运动的学习条件,游戏化设计能够使学习者产生心流体验,而虚拟环境或增强现实环境则为合作学习提供了新的实践场所。[②]二是加强思政课游戏化课件的开发和创造能力,将枯燥乏味的理论转换为引人入胜的游戏或游戏元素。三是加强开发思政课虚拟仿真实验平台,增强大学生思政课的获得感。虚拟仿真实验其实借鉴了一些游戏元素,通过AR、VR等将思政课应用场景展示出来很容易引起学生的兴趣,增强思政课的亲和力和吸引力。

---

　　①　张金磊、张宝辉:《游戏化学习理念在翻转课堂教学中的应用研究》,《远程教育杂志》2013年第1期。

　　②　王辞晓等:《基于虚拟现实和增强现实的教育游戏应用及发展前景》,《中国电化教育》2017年第8期。

人工智能给大学生在思政课学习中存在的理论深、知识广、入脑难等问题带来化解的可能,通过自适应学习、深度学习以及游戏化学习的自主探索、深度参与和积极体验从而解决三大难题。三种学习方式均突出以学生为中心的理念,根本在于科技赋能下激发学生内在动机而提升其学习思政课的内驱力,增强内生动力,让学生在真实的内在意愿与精神力量的主动牵引下拥抱思政课的学习。

## (三)人工智能时代的教学观

教与学本就是一枚硬币的两面,密不可分。学习观主要是从学生视角以学为切入点分析思政课该如何促进学生的学,与之对应,作为教师就应该研究如何教,进而剖析思政课的教法。我国历史上一直非常重视教育,著名的教育论著《学记》有云:"故君子之教,喻也。道而弗牵,强而弗抑,开而弗达。道而弗牵则和,强而弗抑则易,开而弗达则思。和易以思,可谓善喻矣。"这对今天的思政课教学依旧有指导意义,就是要求教学要"引导""劝勉""启发"。我国古代一直有个别化教学的传统,纵览我国古代教育史,一直没有出现班级授课制,即便孔子门徒众多也没有采取集体授课而是因材施教。直到近代才从西方引进班级授课制,但随着科技发展,这种整齐划一、千人一面式的教育教学模式面临众多挑战。人工智能新科技为因材施教式的个性化教育提供了可能。

习近平强调:"要运用新媒体新技术使工作活起来,推动思想政治工作传统优势同信息技术高度融合,增强时代感和吸引力。"[①]新时代思政课教学要顺应教育信息化的趋势,以现代教育技术武装思政课课堂。从授课对象

---

① 《习近平在全国高校思想政治工作会议上强调 把思想政治工作贯穿教育教学全过程 开创我国高等教育事业发展新局面》,《人民日报》2016年12月9日第1版。

看,我们应该清楚当代大学生是真正的"互联网土著"。中国互联网络信息中心(CNNIC)发布第51次《中国互联网络发展状况统计报告》显示,截至2023年6月,我国网民规模达10.79亿,而手机网民规模达10.76亿人,这是一个无人不网的时代。在线教育的疯狂增长一方面是受疫情影响,在"停课不停学"的号召下各级各类学校都开始线上教育;另一方面是由于信息技术发展成熟。思政课走向信息化既是时代之需,又是提升教学实效的必然选择。现主要介绍以下三种在线教学方式:

首先是慕课(Massive Online Open Course, MOOC),译为大规模在线课程。慕课是互联网和教育融合的产物,其最大优势是门槛低、受众广而且基本免费。这主要得益于慕课属于互联网产品,产品服务由于边际成本很低,所以服务100人和服务100万人的成本差不多。然而弊端很明显,一是流失学员比例高,很少一部分人能坚持学完课程。有研究表明,一门课可以有上万人甚至是十几万人去注册,但是真正完成课程的学员不过10%。[1]二是知识传播方式是单向传输,教学缺少互动是最严重的缺陷之一。三是缺少教学过程的监督与评价,对于学生最终学习的情况很难做出客观评价。

翻转课堂(Flipping Classroom)是将传统课堂教学与在线教学相结合,是课前以网络视频形式进行学习,课堂之中进行讨论交流互动而巩固知识的教学方式。这种翻转实际上实现了以教师为中心向学生为中心的转移,将学习主动权下放给学生,同时留有足够的时间让学生进行理解、消化和反思,这就为深层次掌握所学奠定基础。课堂交流则是一个解疑释惑的过程,可以更深刻增加对所学的体验、体悟。有学者指出,翻转课堂的本质是回归教育活动的逻辑起点,教是条件,学是本体,教师之"教"存在的逻辑在于有

---

① 徐碧波等:《MOOC、翻转课堂和SPOC的学习动机分析及其教育启示》,《中国电化教育》2017年第9期。

利于学生之"学",学习活动是一切教育包括教学活动的真正逻辑起点。[1]思政课以人文社科类的理论教学为主要内容,这样的内容非常适合翻转,因为仅靠讲授只能达到知道、理解或者记忆层次,很难深入体悟整个理论体系,更难以内化到思维理念中去。课前学完基本概念和相关内容,可以实现学习目标的初级阶段——知道、领会;课中的交流碰撞才能触及深度思维,达到高级阶段——应用、分析、综合和评价;最后,在课后的生活实践中逐渐做到知行合一。翻转课堂对教师要求较高,不但在时间精力上要加倍付出,而且在教育技术上也有很高要求。例如,最基本的将学习内容录制好以便于学生课前学习,这对于一般任课教师来说也是一个巨大的挑战。同时对教师的教育教学理念也是一个巨大挑战,要实现翻转就要放下身段服务学生,以学生为中心、为学而教。

SPOC(Small Private Online Course),即小规模限制性在线课。祝智庭教授将SPOC译为"私播课"。SPOC一般有两种,一种是校园内,一种是完全在线。"前者是一种结合了课堂教学与在线教学的混合学习模式,是在大学校园课堂,采用MOOC的讲座视频实施翻转课堂教学。后者是根据设定的申请条件,从全球的申请者中选取一定规模(通常是500人)的学习者纳入SPOC课程。"[2]本书主要是以高校思政课为研究对象,故主要研究前一种也就是大学校园中的SPOC。正是基于此,可以认为SPOC是慕课的一种,是其升级版,SPOC=MOOC+课堂。从名称上就可以看出,这种教学形式限制了人数,同时通过对学生情况的分析强化了与课程之间的适配度,再辅之以小班化的课程教学,因此可以视其为精英教育取向的慕课。SPOC的优势在于增加了师生交流的机会,提升了学习的深度,是一种增强学生的体验感并具有

---

[1]　王鉴:《论翻转课堂的本质》,《高等教育研究》2016年第8期。

[2]　康叶钦:《在线教育的"后MOOC时代"——SPOC解析》,《清华大学教育研究》2014年第2期。

创新性的教学模式。在现实教学中还有很多地方需要提升,诸如教师信息素养和教学理念、学生元认知能力、自我调控能力以及课程平台的智能导学等方面。正如在线教育一样,最大的问题就是存在"形式现代而实质落后"倾向。[①]要增强师生间及与学习内容间的契合度就需要大力推动课程平台智慧化,充分利用大数据、云计算、智能设备等打造个性化和针对性的在线资源。

慕课、翻转课堂和SPOC各有所长,只有融合每种教学模式的长处才能探索出适合新时代高校思政课的教学方法。这是每个思政课教师的时代责任。有学者就提出了三者合而为一的混合教学模式,即"MOOC+SPOC+翻转课堂"混合式教学模式。[②]教育是要面向未来,因为教育对象是国家的未来、民族的希望。本着"为未知而教、为未来而学"的理念,要主动探索适应人工智能时代的高校思政课教学模式,将三种教学模式融会贯通构建出新模式,并在实践中检验成效,只有这样才能让理论创新跟得上时代的步伐。

(四)"两融三结合"式思政课

技术的发展不仅仅带来工具的改变,更渗透到生活中的点点滴滴,慢慢成为环境的一部分日用而不觉。人工智能对于思想政治教育亦是如此。出现之初作为科技、作为工具,但随着深入生活、学习、娱乐等各个方面就成为生活环境的有机组成部分而不再被察觉。在实现思政课与人工智能深度融合的同时充分汲取各种教学模式的优势并结合实际进行优化与创新。线上教学是碎片化、小而精、可反复观看的,因而适合快速学习;线下教学是系统

---

① 刘振天、刘强:《在线教学如何助力高校课堂革命?——疫情之下大规模在线教学行动的理性认知》,《华东师范大学学报》(教育科学版)2020年第7期。

② 王双群、曾丽华:《思想政治理论课"MOOC+SPOC+翻转课堂"混合式教学模式探索》,《思想理论教育》2019年第6期。

化、大而深、富于激情和情感的,因而适合慢慢感悟。线上的组成是数字、信息和科技,线下的构成则知识、智慧与情感。所谓"两融"是线上与线下、虚拟与现实之间融合为一体,即教育 O-M-O 模式;"三结合"即慕课、SPOC、翻转课堂有机结合起来从而实现物理实体、网络化的数字虚体与实践的意识人体的三体合而为一,其中值得注意的是实践教学既包括线下实践也包括虚拟实践。

O-M-O(Online-Merge-Offline),最早是由李开复提出来的,后来运用于教育界,并提出教育 O-M-O 模式。这种模式的特点是线上、线下教育有机融合,实体教学与虚拟教学的边界消失,双维教学得以实现。这将成为人工智能与教育融合的智慧教育"2.0版"的技术实现方式。[1]这其实就是"两融"的根源,随着各个领域线上线下之分的消解,人们已经很难分清这种界限了。比如美国学者戴维·索恩伯格在《学习场景的革命》一书提到的教学全息甲板,"将教学全息甲板定位为可重置的沉浸式学习空间,学生置身其中,围绕某项'任务'展开各种分任务,每项分任务都与课程紧密相关"[2]。这时线上与线下、虚拟与现实已经很难分清楚,是一种全息课堂。所谓全息课堂不仅仅局限于一间教室或者一个教育场所,而是一种全数据、超智能化的"学习空间",在人工智能(AI)和机器学习(ML)支持下,实现自动化管理。[3]全息课堂对于相对抽象和理论性强的思政课来说,是一个将知识体系转化为鲜活的价值体系的最有效平台,可以使得学生在没有丝毫强迫之感的情境下进入学习状态,从而实现把教材体系经由教学过程逐渐升华为

---

[1] 蔡连玉、韩倩倩:《人工智能与教育的融合研究:一种纲领性探索》,《电化教育研究》2018年第10期。

[2] [美]戴维·索恩伯格:《学习场景的革命》,徐烨华译,浙江教育出版社2020年版,第180页。

[3] 朱珂等:《全息课堂:基于数字孪生的可视化三维学习空间新探》,《远程教育杂志》2020年第4期。

塑造灵魂的桥梁和纽带。"两融"是思政课教学中场景营造的关键,也是破解思政课"包装"不够时尚、"配方"不够先进、吸引力不强等难题的关键一招。

"三结合"是应对思政课中理论之"深"、知识之"广"、建构内化之"难"等问题而提出的,要发挥SPOC和翻转课堂可以有效激发学生主动性的优势以小而精的互动方式破解"深"的问题;发挥慕课海量而便捷的视频讲解的特长以有效解决"广"的问题;结合"两融"沉浸式教学环境体验的长处以实现三体为一(物理实体、数字虚体与意识人体)解决"难"的问题。教思政课很容易走进的误区是把思政课上成了关于"思想政治教育"相关知识传授的课,正如杜威所讲,所谓"关于道德"的课当然就是别人有关德行和义务的想法的课。只有在学生以同情和尊敬之情关注别人的思想感情并受到激励时,这样的课才有此效果。[①]"两融三结合"的核心是依靠科技赋能打通思政课入心入脑的"最后一公里"。其框架图如5-2所示。

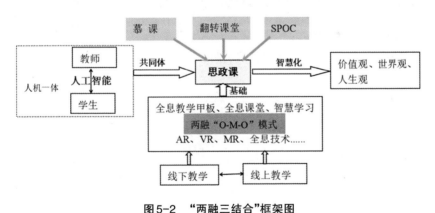

图5-2 "两融三结合"框架图

新时期大学生的特征决定了教学方式的选择。由于大学生具有较好的

---

① [美]杜威:《民主主义与教育》,王承绪译,人民教育出版社1990年版,第372页。

文化基础和信息素养,并且自我主体意识强、学习能力和获取信息能力突出,因而人机一体化既是必然选择又是完全可以实现的。教师自然也离不开人机协作,只有师生在与人工智能组成的学习共同体中才能最大限度激发学生学习的主动性和求知欲。这内在的是师生关系角色的巨大转变和教育教学理念的升级。"O-M-O"式的"两融"学习空间是基石,体现着环境育人功能。现在已经逐渐告别文字时代而进入"读图时代",这给思政课带来的既有挑战也有机遇。挑战在于图像文化容易使学生陷入直观思维、形象化思维,容易导致学习中出现泛娱乐化、感官化、肤浅化的快餐式学习思维;优势是图像信息更具亲和力、冲击力并且信息量大,给人的形象性、体验性、生动性、情景性强,相较于抽象的文字更容易打动人、感染人。思政课教学就要抓住这种优势,而"两融"模式恰恰是营造多感官立体化的环境,化解思政课中深邃的理论内化之"难"的问题。正像有学者指出的,(全息课堂中)知识就仿佛从书中"跳"出来一样,教育内容被最大程度、全方位地显现,更加生动直观。①再在慕课、SPOC和翻转课堂等三种教学方式的支持下,共同指引思政课走向智慧化,实现对学生世界观、人生观、价值观的塑造。这是关于"两融三结合"思政课的基本构成,是一个静态过程的展现。

---

① 朱珂等:《全息课堂:基于数字孪生的可视化三维学习空间新探》,《远程教育杂志》2020年第4期。

从教学过程的动态发展来看,如图5-3所示。

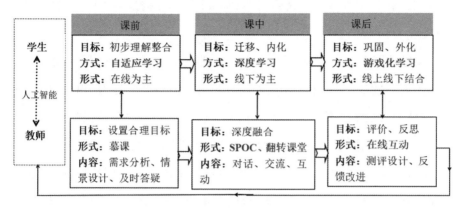

**图5-3  "两融三结合"动态构成**

以沉浸式的教学体验、定制化的解决方案、分享型的师生关系和引导性的教育角色为特征的教学情境构建,才是真正引领学生把认知转化为认同、将感佩升华为感染、让心动践履为行动,从而最终赢得教学实效性的思想空间,才是"高分点"。① 人工智能作为居间性存在始终有效联结着师生关系,师生一体的理念是贯穿全过程的。为了清晰描绘该模式的过程,可从学生与教师两个角度进行分析。在未来思政课教学中,由于线上与线下界限的消失,其实课前、课中、课后的界限也会随之消失,但目前还处于初级阶段,短期来看班级授课制还是主流,课前、课中、课后的界线还是存在的。课前,学生以自适应学习为主,而教师主要进行需求分析,通过慕课等在线视频形式进行精准化推送,同时为课中进行情境设计。课中,学生以深度学习为主,实现思政课内容走实走深并发生知识的迁移和内化,而这时教师主要以SPOC、翻转课堂等教学为主与学生展开深度对话互动,促进学生高阶思维的形成。课后,学生以体验式的游戏化学习为主,促进内容巩固与外化,而教

---

① 冯培:《高校思想政治理论课"金课"建设要素探究》,《思想理论教育》2019年第8期。

师则开展评价与反思,进而为下一轮的教学做好改进与调整。这里涉及的学习方式和教学方法并不是绝对的,都会因授课内容、对象的不同而进行调整。

从思政课内容上看,是以马克思主义理论为根本指导的价值观教育;从对学生素养发展上看,主要是培养其理想、信念信仰、领导力、想象力、创造力、情感力、道德力、价值观、智慧等,其中任何一种素养都是很难在短时间内形成的,故而思政课被誉为"灵魂课程"。这就需要高校全方位的、全员参与、全过程发力,绵绵用力、久久为功。同时,借助人工智能新科技,革命成果赋能立德树人,打造"有虚有实、有棱有角、有情有义、有滋有味"的思政课教学模式,让学生在更轻松、更愉悦、更高效的氛围下不断增强获得感。

强化理论武装体系是宏观层面对高校思想政治工作体系进行的重塑,重点在于思想的彻底、理论思维的革新和传播方式的分众化与精准化;思政课教学的重塑是思想政治教育第一课堂的关键,与之共同构成第一课堂的还有其他学科的课程思政,而在"三全育人"理念下每个高校教师都负有育人职责,所以接下来要研究高校教师在人工智能时代如何转变角色、重塑角色,从而提升"大思政"格局的战斗力,为"十大育人"体系增添活力和生命力。

## 四、重塑教师角色、聚力教师队伍建设

《意见》中的队伍建设体系主要包含:建设高水平教师队伍;打造高素质思想政治工作和党务工作队伍;加大马克思主义学者特别是青年马克思主义学者的培养力度。根据三全育人和大思政格局的要求,每一位高校教师都负有育人的重要职责。约翰·哈蒂(John Hattie)曾历时15年,对52637项研究、与数亿名学生学习相关的800多项元分析文献再进行综合分析,提取

了138个影响学业成就的因素,其中家庭、学生、学校、教师、教学、课程是六大影响因素,其中最大的影响因素是教师。①由此可见教师地位的重要性,而高校教师中的主力军是高校辅导员和思政课教师,生力军是青年马克思主义者及思政课教师队伍后备人才。整体上教师角色受到人工智能带来的巨大冲击,出现教师权威地位弱化、思政课教师讲授式教学的式微、师生关系迭代错位、教师教育理念的固化与落后等问题,这都要求重塑高校教师的角色。教师只有找准自己的定位、进入角色,教育的作用才会得到正确而有效地发挥,才能实现立德树人的根本任务,进而培养社会主义事业的合格建设者和接班人。

### (一)人工智能时代教师角色重塑

教师角色危机是因社会关系变动而引起的,从作为权威象征知识的化身而逐渐走下"神坛"。在新科技革命的冲击下就要尽快调整角色定位,重新找到高校教师在师生关系中的定位,重塑高校教师角色。

1.智慧型人师

所谓"经师"就是授业,传授知识的教师;"人师"是塑造灵魂、塑造生命的人生导师。高校教师未来的根本立足点在于要成为充满人生智慧的"人师",引导学生形成正确的价值观,丰实学生的精神世界。在传统条件下,教师的主要精力和时间用于备课、讲课、批改作业等工作,真正用来育人的时间和精力极为有限,这也是所有教师的共识。人工智能时代,"经师"的角色可以更多地由人工智能代替,高校教师可以充分发挥"人师"的作用,全力铸魂育人。所谓智慧是含一定的灵性感悟和创造力及美好德性、价值观和情感因素的,是人工智能最难以取代教师的地方。智慧型人师注重教育教学

---

① 尚俊杰:《未来教育重塑研究》,华东师范大学出版社2019年版,第224页。

方式的人性化、智能化、情感化、游戏化,使学生在快乐、轻松、愉悦的情境下接受教育,从而提高政治觉悟、提升思想认识、树立远大理想、坚定马克思主义信仰。

2.思想引路人

梅贻琦先生曾有一个形象的比喻,"学校犹水也,师生犹鱼也,其行动犹游泳也,大鱼前导,小鱼尾随,是从游也,从游既久,其濡染观摩之效,自不求而至,不为而成"。这个比喻非常形象准确地刻画出了师生关系。一种理想的教育,就应该让学生在教师的引导下不知不觉间受到教育,在潜移默化中实现成长。人工智能时代师生共同面对的是以网络为支撑的知识汪洋大海,每个人穷其一生也难以遨游出大海。这势必带来教师角色的改变,即要从知识化身的权威走向导航员、辅助者,是"从游"中的那条"大鱼"。面对教育智能化的发展,高校教师在功能上的发挥主要是引导学生使用好智能设备,是学生学习过程中的"搭脚手架者",是教学情境的设计者,是学生泛舟学海的向导,而最终落脚点在于给学生指明方向并辅助学生尽快进入学习情境之中。所以,着眼未来,教师作用发挥的关键在"辅"与"导"上,优势在于丰富的经验、成熟的心智和对教育的敏感性,只有这样才能成为学生成长成才的引路人。

3.情感陪护者

习近平指出,教育是一门"仁而爱人"的事业,爱是教育的灵魂,没有爱就没有教育。[①]与冰冷没有温度的智能机器人相比,教师的仁爱品质格外珍贵。在不远的未来,教师要加强培育共情能力,体验学生的内心世界,做学生情感的陪护者、守望人,能以学生为中心设身处地为学生着想,方可贴近

---

① 《做党和人民满意的好老师——习近平同北京师范大学师生代表座谈时的讲话》,《人民日报》2014年9月10日第1版。

学生融入其中。更进一步讲,就人的本质来说,情感是人最基本的属性。马克思指出:"人……是一个有激情的存在物。激情、热情是人强烈追求自己的对象的本质力量。"①高校思想政治教育的核心在于价值观的培育,在对价值做出判断时情感因素是非常重要的。因而,未来师生关系中一个重要特征就是情感化。随着人工智能的发展,知识传授等功能逐渐让渡给机器,教师的情感交流和陪护功能将逐渐加强,做学生心灵导师、知心朋友是教师最主要的工作内容。随着虚拟现实技术的出场,大量教育活动都已经实现虚拟化,而正是基于此,师生间的情感化互动会愈来愈成为思想政治教育取得实效的关键所在。

4.精神共鸣者

思想政治教育从纵向上要不断完善大中小学一体化建设,每个阶段的老师都要守好一段渠、种好责任田,而高校思想政治教育是"最后一公里",也是最关键的一个阶段。思想政治教育在不同阶段各有侧重,小学重在道德情感启蒙,中学重在思想理论教育,大学重在使命担当。大学生对于思想观念、政治观点、道德规范等的认知和理解上已有相当的基础,重点和难点在于相关知识要互相融合实现体系化、系统化,并在此基础上不断升华从而内化于心外化于行,故而这对教师的挑战也就更大。简单的知识讲述、理论讲解、真理阐释等很难打动大学生。大学思想政治教育重在使命担当、难在筑牢信念信仰。正如中国人民大学刘建军教授所讲:"它(精神品格)不是一种知识和思想的灌输,而是一种人格特质的传递和塑造。"②高校教师要成为学生的精神伙伴,在精神的交流与碰撞中激活学生的精神世界,达到同频共振与精神共鸣。只有这样,才能实现一个灵魂唤醒另一个灵魂。未来教师

---

① 马克思:《1844年经济学哲学手稿》,人民出版社2018年版,第104页。

② 刘建军:《论思想政治教育内容的基本形态》,《思想理论教育导刊》2020年第9期。

要成为大学生们的精神共鸣者。

5.超级教师、网红教师

人工智能目前正处于从计算走向感知的过渡阶段,而进一步发展则会走向由感知到认知,这时教师在人工智能的赋能下将可以最大限度发挥自身优势,依据自身特长与研究专长,把部分教师打造成不知疲倦、无所不会而又善解人意、充满耐心的"超级教师"。随着这样的超级教师受欢迎程度的增强,就会塑造出一批网红式的明星教师。正如王竹立教授所言,未来教师有可能分为两类,一类是可汗式的明星教师,他们负责网上的公开教学;另一类是辅导教师,他们负责线下的面对面指导和活动组织。①短视频、直播平台造就大量网红,与之类似,在线教育中也将会涌现大量深受学生追捧的教师网红,这对于高校思想政治教育既是发展趋势又是提升教育实效的必由之路。如同"80后"追星一样,粉丝们对网红的一言一行极为关注并容易竞相模仿,由于具有良好的情感基础而更加容易接纳网红的建议与推荐。如果将教师也能打造成这样的网红,化万千大学生为其粉丝,那么何愁价值观念入心入脑艰难。

当然,传统高校教师角色还有道德榜样、行为楷模、人生导师、知心朋友等,但着眼未来,尤其是人工智能自动化、智能化、精准化所带来的思想政治教育变革,每位高校教师都将成为铸魂育人的"专业"队伍,每一门课程都负有课程思政的责任。高校教师担负着更多的是专注于学生德性的培养,因而要以智慧化、人性化、情感化的角色出现在学生的视野中,从而使得思想政治教育更科学、更有效、更适切。

---

① 王竹立:《碎片与重构:面向智能时代的学习2》,电子工业出版社2018年版,第19页。

## （二）教师队伍建设实施路径

邓小平指出："一个学校能不能为社会主义建设培养合格的人才,培养德智体全面发展、有社会主义觉悟的有文化的劳动者,关键在教师。"[①]习近平指出："好老师不是天生的,而是在教学管理实践中、在教育改革发展中锻炼成长起来的。"[②]在新的时代背景下以筑牢政治信仰为动力之源激活内驱力,严守师德师风红线,以提升数字素养、科学素养、人文素养为基石,以开拓创新意识、革新教育理念为核心,打造一支可信、可敬、可靠,乐为、敢为、有为的高校教师队伍。

一是筑牢政治信仰,找准舞台方位。习近平在思政课教师座谈会上提出"六要",即第一,政治要强;第二,情怀要深;第三,思维要新;第四,视野要广;第五,自律要严;第六,人格要正。政治要强作为对思政课教师的第一要求,也是对所有高校教师的最基本要求。我们不能忘记"扎实办好中国特色社会主义高校"这一根本要求,政治要强的核心就是政治信仰。树立坚定的马克主义信仰是高校教师角色的最根本底色,只有这样才能在教学舞台上找准自己的位置。具体而言,一方面要读原著悟原理加强理论学习,马克思主义经典著作是共产党人获取真理力量的源泉,教师作为培育社会主义接班人的启迪者负有不可推卸的传播马克思主义的重任,因而一定要加强对原著的阅读与领悟,从而筑牢信仰;另一方面,要与时俱进不断吸收马克思主义中国化的最新成果,也就是学习习近平总书记最新重要讲话精神,深刻领会习近平新时代中国特色社会主义思想,并全面融入课堂教学中,武装学生头脑。古语云："水之积也不厚,则其负大舟也无力。"(《庄子·逍遥游》)深

---

① 《邓小平文选》(第二卷),人民出版社1994年版,第108页。

② 《做党和人民满意的好老师——习近平同北京师范大学师生代表座谈时的讲话》,《人民日报》2014年9月10日第1版。

厚的理论功底是筑牢政治信仰的基石,明确而坚定的政治信仰有利于高校教师找准自己的方位,从而引导学生向着中国特色社会主义接班人的方向奋勇前进。

二是弘扬师德师风,明晰活动界限。教师被誉为"筑梦人""灵魂工程师""引路人",师德师风是所有高校教师的红线,也是生命线。要弘扬师德师风就要"两手抓",一方面抓硬规定,即师德师风一票否决制,对于有损师德师风的教师"零容忍",要坚决清理出教师队伍;另一方面要激发内在动力,这是教师能积极主动开展工作的内驱力,也是坚守内心底线意识、保持自律、遵从慎独而营造风清气正教风的根本推动力。学高为师,身正为范。教师在担负"育德"任务的同时要严守"学术研究无禁区,课堂讲授有纪律"的要求,明晰课上课下活动的界线,始终以学生"真心喜欢、终身受益"的人生导师为奋斗目标。

三是强化核心素养,提升硬核能力。人工智能时代教师的核心素养是数据素养、科学素养、人文素养。人工智能时代的数据就像工业革命时期的煤炭、原油、电力,是一种关键性的资源。知识承载形式由传统的"原子化"、实体化转为"比特化",即以二进制数字充满网络空间。从海量数据中提炼出的有用内容称为信息,而信息不断积累成为世代传承的知识。数据素养是教师最基本的素养之一。科学素养是未来人人都要具备的基本素养,就像20世纪大家看到汽车能知道其基本结构和工作原理,这是一种能在知识日新月异的时代生存、生活的基本素质,有人称之为"新读写能力"。未来人机协同甚至人机一体化将是课堂教学的常态,具备科学素养和数据素养是能进行人机协同的基础。人文素养是未来教师最重要的素质。有学者指出,人类所具有的直觉、同情心、好奇心、求知欲、想象力、洞察力、创造力、情感处理能力、社交能力等天赋本能和特质是AI时代人类存在的价值所在,这是人类胜于机器、优于机器且不可被机器取代的东西。①为此,要增强高校教师的人文素养,让课堂有温度与深度,始终充盈着人文关怀与关爱,这也是防止过度依赖各种智能设备而使"人性"沦落的压舱石。

除此之外,新时代教师要适应人工智能带来的挑战就要革新理论思维,如前所述,要树立人机协作理念、供给侧理念、以情育人理念及共同体理念。教师的人机协作能力是最基础的能力;供给侧理念是以学生为中心理念的升级版和进化版;以情育人理念则是人工智能时代课堂教学有效性的灵魂;共同体理念则是未来教育的新形态,师生之间处于共教、共学、共创的状态从而形成学习共同体。高校教师肩负着给学生心灵埋下真善美的种子及"扣好人生第一粒扣子"的重任,面对人工智能新科技革命冲击就要重塑角色形象。正如习近平所讲,好老师不是天生的,要以信念信仰教育为方向,以师德师风为保障,以硬核能力为基础,以思维理念为关键,共同发力,树立新时代高校教师新形象。

## 五、提升辅导员理念与核心素养

高等学校辅导员是专门从事高校思想政治教育的专业队伍,是骨干力量,因而是高校智慧思政中不能不重点研究的对象。2017年颁布的《普通高等学校辅导员队伍建设规定》指出,辅导员是开展大学生思想政治教育的骨干力量,是高等学校学生日常思想政治教育和管理工作的组织者、实施者、指导者。2020年八部委出台的《意见》中详细规划了理论武装体系、学科教学体系、日常教育体系、管理服务体系、安全稳定体系、队伍建设体系、评估督导体系七个子体系。从这一系列文件中就可以了解辅导员的角色定位及

①　宋灵青、许林:《"AI"时代未来教师专业发展途径探究》,《中国电化教育》2018年第7期。

职业功能。辅导员职业功能的主要方面包含了《意见》中的日常教育体系、管理服务体系、安全稳定体系三大块;而就"十大育人"而言,辅导员作为最主要实施者,其工作囊括了实践育人、文化育人、网络育人、心理育人、管理育人、服务育人、资助育人和组织育人八个体系;在课程育人和科研育人中也有积极参与和贡献。从校园教学分层来看,辅导员是大学生第二课堂最主要的组织者、实施者和指导者,随着第一、二课堂走向融合,辅导员在将来的第三课堂中地位会更加凸显、更为重要。在新的时代背景下,如何让辅导员发挥好育人功能是体现其作为立德树人"专业队"和骨干力量的应有之义。

在高校全员育人的队伍中有两支队伍是最重要的力量,一个是如前所述的思政课教师,另一个就是辅导员。前者负责的思政课是思想政治教育的主渠道,侧重于理论教育;后者是负责日常管理、服务、教育的骨干力量,侧重于实践教育。这两支队伍的共同点在于都是正面冲锋的主力军,是显性教育、正面引领的主流力量;而高校中其他教师更多是重在隐性教育和协同引领,所以不论是现在还是未来,高校思想政治教育都要高度重视这两支队伍建设,要形成合力才能更有效地提升育人实效。思政课教师在人工智能带来的科技革命面前要全力适应科技潮流,以科技赋能思政课教学,探索构建出"两融三结合"教学模式。那么辅导员在人工智能时代该如何更好地适应科技发展所带来的冲击呢? 如何面对在互联网、大数据、移动互联环境下成长起来的新时代大学生呢? 人工智能既可视为一种工具性存在,又可视为一种新的教学环境,还可视为一种新的教育理念。辅导员如何更好地利用人工智能武装自己以提升育人效果呢? 这些都是需要不断探索与总结的,只有抓住人工智能这一利器,才能让辅导员更好地发挥其作为大学生人生导师和知心朋友的作用。

## （一）以人工智能助力辅导员工作

辅导员工作千头万绪，工作体系纷繁复杂而又具有很强的专业性，人工智能的应用在简化事务性工作、推进网络化、促进资源共享以及化解危机等方面可以发挥积极作用。

1.以人工智能化解繁重的事务性工作

辅导员工作体系涉及面确实非常宽泛，不像思政课教师那样任务非常聚焦。辅导员在高校体系中几乎和学校各个部门都有业务交集，很多人形象地称其为"万金油"。作为辅导员经常感叹"两眼一睁忙到熄灯"。辅导员事务性工作非常繁杂，为了处理好这些事务性工作可能会耗费大量时间和精力，导致真正从事思想政治教育的时间和精力少之又少。有学者总结到，辅导员工作可概括为"四多四少"，即各种压力多，工作激情少；重复性工作多，创新特色少；实际工作多，理论成果少；学习需要多，培训机会少。[①]要将辅导员从繁重的事务性工作中解放出来是一个系统工作。高校立校之本在于大学生，其功能是集教育、管理与服务于一体而以育人为核心，同时发挥着继承与创新知识体系、服务地方的作用。辅导员作为与学生接触最多最频繁的主体力量，很多时候充当的是学生与学校各部门之间的桥梁和纽带，要减少辅导员的事务性工作就要通过"B2C"式的构架直接跳过辅导员这一"中间商"实现客户与企业间的直接对接。传统思想政治教育中存在学生数量巨大与单个部门人力薄弱之间的矛盾，不得已才需要借助辅导员进行分担，因此形成"上面千根线，下面一根针"的局面。辅导员作为这根"针"自然异常繁忙。探索依靠人工智能化解辅导员繁杂的事务性工作的实现路径，

---

① 孙贤雷：《新时代高校辅导员"二次成长"：现实难点、逻辑起点和实践突破点》，《广西社会科学》2019年第8期。

让辅导员逐渐回归主业才能专注于立德树人。

一方面,宏观上需要全面提升学校教育治理能力的现代化。在某种程度上,学校治理能力就体现在辅导员的日常工作上。如果辅导员的大量时间都用于处理事务性工作,则是学校治理能力不理想的表现。十余年前,部分东部发达地区高校就开始成立学生事务中心,实现学生所有事务一站式服务,不让学生多跑腿。随着信息化的普及,各高校又逐渐实现以线上服务为主,让数据多跑路学生少动腿。新冠肺炎疫情发生以来,各高校大力提升云端服务的能力,原来需要跑几个部门盖章的材料都集中到了云端,足不出户就能完成,诸如各种证明材料、成绩单、离校手续、实习材料等都可以通过App或者学校网站或自媒体平台处理。这实际上极大地减轻了辅导员的事务性工作。当然,学校治理能力的现代化以信息化为基础,需要顶层设计上的统筹协调,还要数据资源的共建共治共享,这就要打破部门间的数据壁垒,加强大数据的采集、挖掘与管理。只有在学校整体治理能力提升的基础上,才可能将辅导员的事务性工作逐步减轻。另一方面,借助人工智能优化辅导员的事务性工作。很多传统上费时费力的工作都可以通过现代化手段进行优化,诸如考勤点名就完全可以通过移动互联实现精准定位;通知与宣讲可以通过微信、QQ等途径个别送达,还可以通过抖音、微博、各种公众号、各种群等广而告之;助学金评定等可以借助校内一卡通数据作为参考简化评选程序;此外还有云班会、实时视频、共享文档、在线编辑等。"人工智能的融入结合'大数据'的客观性以及逻辑推理的导向性,将为学生请销假、事务咨询、学籍管理、资助管理等事务性工作的智能化、高效化处理提供强大的辅助力量,能从一定程度上减轻辅导员工作量。"[1]这不仅极大地提升了辅导

---

① 马加名等:《"大数据"视域下新时代高校辅导员理论素养提升的理路探析》,《学校党建与思想教育》2018年第4期。

员事务性工作的效率,减轻工作消耗,而且能促进辅导员的信息素养、数字素养的提升,从而能主动掌握信息化工具创新工作方式,将人工智能转化为辅导员的"生产力",成为化解繁重事务性工作的利器。

2.思想政治教育网络化

辅导员工作随着科技的发展重心逐渐出现转移,要利用好网络空间。学生在哪里,辅导员工作的阵地就在哪里。新时代大学生无一不是网民,这客观要求辅导员要运用新媒体、新技术主动占领网络空间的思想教育阵地。正如《高等学校辅导员职业能力标准(暂行)》中所要求的,辅导员要能通过博客、微博、校园交互社区、网络群组等网络平台主动发布相关内容,吸引学生浏览、点击和评论,引导网络舆情。其一,充分利用网络的便捷性加强与学生家长的联系。网络超越了物理时空的限制使得家校联系更为便利,作为辅导员就要利用好网络空间拉近与家长的距离,随时随地进行交流,从而提升辅导员工作的针对性和有效性。其二,做好思想引领和舆论引导。优秀辅导员是大学生的引路人,面对学生高度粘屏的现状就要向网络意见领袖方向发展,成为网络阵地的领航员。具体而言无外乎两种,一种是在论坛、贴吧等公众传媒上要发挥意见领袖职能,对错误言论及时亮剑并引导正确舆论方向;另一种就是主动开辟网络阵地,利用自己的自媒体平台感染、感化自己的学生,在网络空间中营造师生间交流对话的心灵小屋,诸如利用微博、微信公众号、抖音等进行发文推送,利用这些学生感兴趣的新媒体对学生开展思想引领、学习指导、生活辅导等。其三,对于不同学生进行精准化跟踪、关注和实时互动。所有辅导员最为头疼的,可能就是一小部分的所谓"特殊学生",主要是心理问题、学业问题和异动学生。这些学生数量不多但是耗费了辅导员大量的时间和精力,而且稍有处理不慎就可能酿出更大的问题。网络给我们提供了便利,通过全方位收集这些学生的信息,可以建立数据台账,利用微信、QQ、钉钉等即时通信工具分门别类保持互动交流,随时掌握学生最新状态。同时选择与学生相关的网文、视频等优质网络资源推送给学生及其家长,以提升网络互动的质量,加强与学生及家长间的交流,提高辅导员工作的针对性和亲和力。

3.思想政治教育资源共享

按照国家要求每名辅导员要负责200名学生,实际上很多学校都不同程度存在辅导员配比不足的问题,导致实际上辅导员承担的学生人数远远大于200人。每学期结束辅导员都会积累大量与学生相关的资料,随着信息化的深入,数据资料越来越多而纸质形式的资料逐渐减少。数据信息最大的优势有二,一是易于分享,二是易于整理归纳。辅导员工作千头万绪,其实最容易疏忽的是整理、归纳、总结,只有经过这个过程的升华才会形成规律性或者经验性的做法或模式,以便其他人借鉴或者参考。当前教育部大力提倡的辅导员工作室建设就是以打造辅导员学习共同体为抓手,促进辅导员专业化发展。组建辅导员工作室是促进辅导员发展的重要形式,也是促进辅导员间信息共享的有效途径之一。

从人工智能新科技的发展来看,其未来发展空间巨大,现在仅仅是初级的运用便可逐渐将辅导员的教育资源网络化而实现共享。其一,实现资料数据化存储,增强工作连续性和交接便利性。辅导员工作中大量资料是涉及具体学生信息的,是不宜公开的,并且需要辅导员进行保密存储的。经过不断积累会逐渐形成对学生的全面刻画,确保学生信息的一致性和延续性从而提升工作实效。在实际工作中,辅导员岗位交替时有存在,前任辅导员离岗带来最大的问题就是需要新任辅导员重新开始熟悉学生,学生也需要适应辅导员。数据化素材的积累非常便于辅导员间进行交接,能让继任辅导员在最短时间内熟悉学生情况。其二,总结工作经验,探索工作模式。辅导员工作是有很多规律可循的,也有很多工作方法和技巧是可总结的。这些对于新入职辅导员的成长非常有利,可促进其职业化和专业化进程。例如,陕西科技大学李萌老师长期坚持"萌哥有话说"的原创推送,短短几年间积累了几十万字的素材,后经过整理出版专著两本,其中既有实践经验的总结也有理论的思考,对于辅导员成长有很强的借鉴意义。其三,随着人工智能的进一步成熟和数据素材的积累,大数据等人工智能技术可以从大学生日常学习、生活的海量数据中提取有用信息,进而逐渐形成关于大学生的思想观念、价值观形成、成长规律等相关的知识,为思想政治教育研究和理论体系形成奠定基础。这样,辅导员就可以通过人工智能这个"黑箱"不断探索把握思想政治教育的新规律、新模型。新规律与新模式是提升辅导员工作的有力推手,同时可以通过网络进行推广,从而全面提高辅导员工作实效,整体上推进辅导员工作,提升育人实效。

4.化应急处理为预测预防

老子有云:"其安易持,其未兆易谋。其脆易泮,其微易散。为之于未有,治之于未乱。"(《道德经》第六十四章)这句话是说,当事情处于相对安定的时候是很容易保持的,没有征兆的时候比较利于谋划,在相对脆弱的时候容易分解,在微小时容易处理。辅导员在工作中亦是如此,危机事件应对是辅导员职业能力的重要组成部分,而在日常管理、心理健康教育与咨询以及网络思想政治教育中,这种见微知著、一叶知秋的预防能力格外重要。宏观上,世界正处于百年未有之大变局,各种思想、各种势力借助互联网铺天盖地袭来,高校是重灾区也是最重要阵地。微观上,当代大学生自我意识强而集体意识淡薄,集体的约束力和影响力有所弱化,导致班集体这一有力抓手的作用难以发挥。辅导员对于危机事件就很难及时了解并化解。大数据为危机事件处理提供了新的契机。"大数据作为一种认知世界的新工具、新方法,在推动高校学生教育管理量化研究、整体性分析、个性化及智慧教育等方面创新转型发展中发挥着重要作用。"①

第一，大数据为精准化管理与教育带来新机遇。辅导员的工作对象是200余名大学生，以一己之力很难照顾到每个学生，所以通常的做法就是"抓两头促中间"。实际上更多精力放在两头，而忽略了占大多数的中间人群。辅导员能熟记的学生不是特别优秀的骨干和学生干部，就是存在预警的或学业困难的"特困户"。这种工作方式是在辅导员精力有限的前提下不得已而为之的，要改变这种现状就要借助人工智能，在人机一体的助力下辅导员可以关照到每位同学。这就像大数据的出现，可以实现"样本"等于"全体"，抽样调查已经不能满足需要。例如，西安电子科技大学就研发出了教育大数据一体化平台，通过平台可以对学生进行精准"画像"。辅导员通过画像可以更为全面地了解每个学生，对于学业成绩、就业经验、心理状况、兴趣爱好等会有精准的掌握。作为辅导员就可以针对每个学生提供精确教育或分类指导，这样就不会只聚焦两头而忽视中间。

第二，大数据预测实现防患于未然。"风起于青萍之末，浪成于微澜之间。"这句话原出自战国宋玉的《风赋》，"夫风生于地，起于青蘋之末"。现在多指大事件、大灾难、大思潮等都是从微小的不易察觉之处逐渐形成的。辅导员最担心的是学生出现极端事件。"从近些年来一些极端的案例来看，一些大学生中漠视生命、生命责任和生命担当意识不够、生活中抵抗挫折的能力弱等情况已经成为一个不容忽视的社会现象，甚至是大学生自杀事件近年来在各地高校也不断出现。"②如何防范此类事件的发生，大数据可以从点点滴滴的细枝末节中窥见端倪，从而提醒辅导员以预防此类事件发生。从

① 杨道远:《大数据时代高校辅导员发展创新路径探析》,《学校党建与思想教育》2020年第10期。

② 任晓伟:《高校思想政治理论课教学与生命价值教育研究》,陕西人民出版社2017年版,第23页。

很多案例的分析中发现,出现这类极端事件的学生在实施行为之前多是做过充分准备的,诸如在网络中搜索过相关信息或者网购相关物品。如果能及时获取这类信息就能及时采取措施,从而制止这类事件的发生。当然,其中涉及学生个人隐私问题,如何能在适度的范围内获取相关信息还值得进一步研究。大数据运用较为成熟的是对学生学业成绩的预测。电子科技大学通过其研发的教育大数据一体化平台可以精准引导学业成绩。通过大数据分析学生的兴趣偏好、学习能力、生活规律、行为习惯等若干数据,对学生进行个体数据"画像",学生成绩排名预测、课程挂科预警预测结果和实际结果的吻合度可达90%以上。[1]由此可见,大数据在辅导员工作中前景无限,能实现将辅导员工作重心前移而不再是忙于应对危机事件,最终能预测和预防这类事件的发生。同样,这可以运用于网络舆情监测,通过大数据分析能将舆情消弭于萌芽之中。

其三,要借鉴大数据思维将辅导员工作落细落小。大数据思维的核心是相关性思维,是在不确定性中发现事物间的联系。辅导员要关注每个学生、注重每个细节,而不能仅仅盯着所谓的重点学生。"合抱之木,生于毫末;九层之台,起于累土;千里之行,始于足下。"(《道德经》第六十四章)辅导员工作看似都是繁杂琐碎的小事,但正是在一件件小事中才能孕育出学生对老师的信任、对民族复兴的信心、对共产主义的信仰。因而要绵绵用力,久久为功,而不能搞疾风骤雨式的活动,要脚踏实地、一步一个脚印地努力前进。正如古语云:"慎终如始,则无败事"。(《道德经》第六十四章)辅导员工作亦是如此,只有持之以恒地常抓不懈,才能确保不出现差池。对学校而言,需要每一名教师始终如一、严格谨慎地对待思想政治教育,才能使之立

---

① 《电子科技大学大数据助力学生工作》,http://www.moe.gov.cn/jyb_xwfb/s6192/s133/s211/201605/t20160503_241703.html,访问时间:2021年2月20日。

于不败之地。

辅导员是保证思想政治教育"生命线"地位毫不动摇的重要力量,辅导员工作也是一项具有挑战性、科学性、专业性的工作。随着科技革命的再次到来,科学性放在更加显著的位置,要运用人工智能新科技为辅导员工作插上翅膀。人工智能在初级阶段会减轻辅导员事务性工作、开辟网络思想政治教育空间并实现资源共享,而中高级阶段会在精准育人、个性化教育及预测预防上大展身手。当前需要做的就是乘势而上,打造一支新时代的高校辅导员队伍。

## (二)新时代辅导员队伍建设探析

辅导员工作理念、自身素质、沟通交流能力、职业生涯规划、工作技巧技能甚至工作作风等都会影响辅导员工作的实效性,其中最关键的是工作理念与素质。工作作风、技巧技能、沟通交流能力等都是理念的外在表现,理念是内在因素,是辅导员工作的内生因素。职业规划指导、谈心谈话、日常管理等都与辅导员素质密不可分。改革开放前,辅导员是以政治辅导员的身份出现的,其主要工作是抓政治建设,与当前辅导员角色定位以及工作职责差异甚殊;改革开放以来,辅导员工作的理念也在不断变迁中,从中可以总结规律、把握未来走向。

### 1.辅导员工作理念

理念的相关概念分析前文已经详细论述。工作理念是经过长期的理性思考与实践体验而产生的一种思想观念与价值判断。[1]辅导员工作理念就很好理解,是隐藏在其工作风格、工作方式方法、工作习惯等背后的经过精神意识层面综合的理性思考与实践后形成的稳定的系统化的观念体系。为

---

① 刘晓云:《高校辅导员工作科学化研究》,《学校党建与思想教育》2018年第3期。

了加深对辅导员工作理念内涵的认识,以历史的视野审视改革开放以来辅导员工作理念的变迁,可将其分为三个阶段。

(1)改革开放以来辅导员工作理念变迁的三个阶段

第一个阶段是从1978年到1998年,这是改革开放的前20年,也是高校辅导员工作稳步推进的一个阶段,称为传统主客期;第二个阶段是1999年至2012年,这是高等教育开始扩招走向高等教育大众化阶段,也是辅导员走向职业化专业化的时期,称为主体间性期;第三个阶段就是党的十八大至今,在习近平新时代中国特色社会主义思想的引领下,辅导员工作理念不断更新,工作不断走向新飞跃期,称为交往融合期。

一是传统主客期。在这一时期辅导员主要角色定位既是党的政治工作干部,又是德育教师。这期间绝大多数文件上将辅导员称为政治辅导员,仅从名称定位上就可见一斑,辅导员充当的是大学生的政治引路人。国家出台了一系列规章制度,具有代表性的有1980年教育部、共青团中央联合下发的《关于加强高等学校学生思想政治工作的意见》;1987年中共中央《关于改进和加强高等学校思想政治工作的决定》等。在培养目标上是培养又红又专的"四有新人",所谓"四有"即有理想、有道德、有文化、有纪律。在辅导员工作方法上,主要坚持正面教育的原则。"坚持说服与疏导相结合、把思想政治教育与社会实践相结合、与行政管理相结合、与改善学习生活条件相结合。"[1]要求辅导员与学生"三同",即同住、同政治学习、同参加各种活动。在这个时期,辅导员工作理念主要受传统教育思想支配,理念上遵循的是以教师、教材、课堂为中心,因而造成了辅导员与学生之间的主客体二元对立。辅导员作为思想政治教育的主体,学生作为受教育者处于客体地位,辅导员

---

① 教育部思想政治工作司组编:《加强和改进大学生思想政治教育重要文献选编(1978—2014)》,知识产权出版社2015年版,第50页。

主要是通过灌输、说服等方式开展工作。故而这一时期被称为传统主客期。

这种理念背后是有其历史和社会原因的。首先,这个阶段辅导员工作内容中政治教育占了相当的比重,而政治学习多是以课堂讲授的形式进行,从而形成了这种辅导员工作理念。其次,这时辅导员多为在高年级学生中选拔的,其工作是边工边读的半脱产状态,边培养边使用,边使用边培养。这种兼职辅导员一般在工作一到两年后随着毕业就离开工作岗位,而刚刚积累起来的工作理念、经验也随之带走,工作的连续性较差。最后,受传统教育思想、社会环境以及经济基础等因素的影响。此时经济相对落后、教育环境条件有限,加之传统教育思想的影响,才逐渐形成了这样的工作理念。

二是主体间性期。自1999年高等教育开始扩招,大学生数量急剧增长,辅导员队伍也随之逐渐壮大。这时主要的培养目标是培养德智体美全面发展的社会主义合格建设者和可靠接班人。这一时期就辅导员工作理念而言有了较大飞跃,逐渐消解了辅导员与学生之间的主客体二元对立,逐渐转换为一种主体间性关系,即辅导员为主导、学生为主体,故称为主体间性期。主体间性哲学认为,主体间性是指两个或者两个以上主体之间所具有的内在相关性和统一性,它是生活世界中人与人之间的理解、沟通以及交往的前提和基础。主体间性哲学在当代已经引发了人类思维方式的巨大变革,同时也带来教育观念的全方位的更新与转变。[①]

工作理念转变的社会基础是改革开放20年来的丰硕成果,物质生活大幅提升,作为上层建筑的意识形态也在变化,民主、平等、公正等思想深入人心。首先,在思想政治教育领域表现为打破了教师、辅导员作为权威的地位,冲击了传统的自上而下的灌输式的教育方法,作为客体的大学生地位迅速崛起。其次,高等教育的扩招致使高校学生规模迅速膨胀,辅导员数量也

---

① 赵玉英、张典兵:《德育理念论》,中国文史出版社2015年版,第222~223页。

跟着急剧增长,辅导员职业化专业化的道路随之开启。在《普通高等学校辅导员队伍建设规定》中明确要求辅导员成为大学生的人生导师和健康成长的知心朋友。客观环境以及制度的要求促使辅导员工作理念发生转变。最后,由于互联网的兴起,在全球化、信息化浪潮的席卷之下,大学生的自我意识越来越强烈,对于传统的主客体关系的限制发起挑战,倒逼着辅导员工作理念的转变,因而形成了主体间性期。

三是交往融合期。党的十八大以来,在统筹推进"五位一体"总体布局和"四个全面"战略布局的统领下,贯彻落实新发展理念,我国教育事业取得了历史性成就,形成了一系列新理念新思想新战略。其间坚持把思想政治教育作为高校各项工作的生命线,把辅导员角色定位为大学生的成长成才的人生导师和健康生活的知心朋友。2012年开始的"全国高校辅导员职业技能竞赛""全国高校辅导员年度人物"活动,不但在高校内产生重大影响,而且在社会上为辅导员赢得极大关注和社会声誉,有力地促进了辅导员的职业化进程。

这一时期,有学者在辅导员工作方法上总结了"三大规律",即遵循思想政治工作规律、遵循教书育人规律、遵循学生成长规律,"因事而化、因时而进、因势而新"的"三因"理念,还有要"围绕学生、关照学生、服务学生"的理念。这既是对辅导员工作方法的具体阐释,也是对辅导员工作理念的深刻概括。在这个时期,辅导员工作理念是以学生为中心,尊重学生、理解学生、关怀学生,而辅导员则从"对话"走向师生"共情",在交往中实现思想渗透与融合,故称为交往融合期。从理念的哲学层面来看,这在主体间性关系基础上开始走向融合,体现共生理念,关注共同成长。

理念变迁背后宏观上是政治、经济、文化等的变迁。我国经济持续稳定增长,已成为世界第二大经济体,人们对美好生活的向往成为主要追求。同时,以云计算、大数据、人工智能为代表的信息技术迅速发展,各种新媒体也异军突起。在信息占有上,教师和学生完全处于平等地位。不仅如此,由于自媒体的开放性,学生可以随时随地发表自己的见解和观点,不仅影响周边的人的思想和行为,而且影响网上其他人的思想和行为,甚至造成网络轰动效应,引发社会舆论。因而,当前辅导员工作理念是以学生为中心,在交往对话中融合共生。

(2)辅导员工作理念变迁的启示

黑格尔说过:"理念是自在自为的真理,是概念和客观性的绝对统一。"①自在是理念的客观性,自为是其主体性,理念是主体与客体相统一的,辅导员工作理念在辅导员工作理论与教育实践中不断融合而产生,理念的提升才意味着辅导员工作方式方法的转化与升级。从对以上三个阶段的划分可以得出一些启示,主要表现在辅导员话语体系的嬗变、知识观的变迁和辅导员工作理念更新,如图5-4所示。

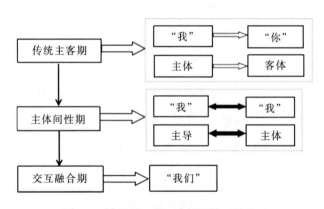

图5-4 辅导员工作理念话语体系的变迁

首先,从辅导员与学生的关系看,辅导员工作理念的变迁折射出话语体系的变迁与嬗变,从图中可以清晰地看出话语体系的转变,"我"与"你"意味

① [德]黑格尔:《逻辑学》,梁志学译,人民出版社2004年版,第353页。

着主客间关系的形成,是主客二元对立式的关系。从"我"与"你"的关系再飞跃到"我"与"我",是话语体系和话语权的进一步提升,是开始平等对话,意味着主体性的形成。当走向"我们"时,是作为教师或辅导员重心下移,是立场改变,是更甚于"己所不欲勿施于人"而走向利益共同体,这时才体现出围绕学生、服务学生、以学生为中心的理念。通过对工作理念中话语体系意蕴的分析,可以厘清日常工作中很多现象背后的真正原因,比如很多辅导员培训要求谈话技巧中学会"共情",即站在对方角度考虑问题,其实这只是辅导员理念最直接、最简单的外化和展现。将这种意蕴变迁理解并内化为辅导员自己的工作理念,可能很多看似棘手的问题也就迎刃而解了。

其次,辅导员工作理念中知识观的变迁。在传统主客期,潜在的知识观认为知识是外在的,可以通过教授而传递给学生,是典型的外铄论观点,因而就可以理解这一时期注重的是讲授,以灌输式教育为主。在主体间性期,认为知识是内在,通过辅导员的引导和情境的设置让知识、观念不断内化到学生认知体系中,因而注重平等对话,在主体与主体的互动中实现意义与意义的碰撞,从而完成意义的内化。在交互融合期中,把知识看作无所谓内外,而是在回归生活世界中走向融合。此时知识是生成性的,是在思想与思想的交锋中生长出来的。交往融合既有春风化雨、润物无声的意境,又有教学相长的韵味。

最后,辅导员工作理念变迁带来的启示。一是树立"以学生为中心"理念。每一位辅导员也是从学生时代一步步走过来的,不能因为角色的转变就忘记了初心。只有把每一位学生都放在心上,把每一位学生的诉求都当作努力的方向,把每一位学生当作自己工作的百分之百,而不是二百分之一。要做到以学生为中心就要把辅导员工作的重心下移,围绕学生需求开展工作;要把工作视角放大,将全体学生都纳入工作体系中;要改善工作作风,把服务意识融入日常管理中。二是树立精准化理念。"大数据时代,辅导员要利用学生无意识的行为数据把握学生的思想动态,审视学生的需求,再通过细致的分析,从而找到合适主动干预的方式。"①现在很多高校已经将大数据运用于辅导员工作实际,并取得了很好的效果。比如,运用大数据进行家庭经济困难学生的筛选,实现精确甄别。这样既保护了学生的自尊心,又促进了公平公正。党员发展、班团建设、学风建设、心理健康教育等方面也可以建立大数据平台以提升精准化水平。三是树立体验化理念。体验理念有两层含义:一是实践,"纸上得来终觉浅",只有在不断的实践中才能领会真谛;二是情感,列宁有一句名言,"没有人的情感,就从来没有也不可能有人对真理的追求"。辅导员工作终究还是做人的工作,做人的工作就要讲情,做到情理交融。随着人工智能、虚拟现实等技术的不断发展,体验理念会更加深入人心,辅导员工作在"晓之以理"之后要达到较好的效果就要加强体验感,在体验中动之以情,才能使思想政治教育入心入脑。比如,在新民主主义革命时期形成了很多的革命精神,由于时代久远,仅凭讲述很难达到好的教育效果,可以运用虚拟现实技术,让大学生充分体验其奋斗旅途之艰难险阻,体验革命前辈先烈们的顽强意志和伟大的革命精神。深刻的体验犹如催化剂,让学生内心深处产生"化学反应",从而生成对党对祖国对民族的价值认同感。四是回归生活理念。回归生活理念主要是将思想政治教育工作渗透到生活之中,正如禅宗所提倡的,"劈柴担水,无非妙道,行住坐卧,皆在道场"。辅导员工作回归生活理念主要有三个着眼点:一是构建和谐融洽的师生关系;二是在工作交往中理解人、关心人、体谅人;三是要有良好的情境。回归生活并不是日常意义上的生活,而是一种将课堂放大至社会层面的大情境、大舞台,是师生共同成长,是在"我们"的语境下开展工作。只有设身处地地为学生着想,这才能在最大限度上激发学生的主动性,实现

---

① 廖列营:《大数据下高校辅导员工作的新探析》,《高教探索》2016年第4期。

自我成长。

2.辅导员核心素养

核心素养不仅是新时代学生的必备品格和关键能力,也是辅导员要胜任铸魂育人重任所必备的。高校辅导员核心素养是指,"要适应辅导员职业发展和学生发展需要,辅导员所应具备基本的、起决定作用的品格和关键能力"[①]。如前文所述人工智能时代教师的核心素养是数据素养、科学素养和人文素养,高校辅导员是教师队伍的一员,以上三种素养自是必不可缺的,但辅导员工作又有其独特性,故辅导员的核心素养还有一个很关键的因素,即党性修养。

数据素养和科学素养对于新时代的辅导员来说异常重要,辅导员工作不像思政课教师是以教书为主要形式完成育人工作的,而辅导员需要随时与学生打成一片,要能深切理解学生才能实现与学生的同频共振。辅导员工作方式方法离不开数据与科学素养,大数据分析、自媒体平台应用、智能设备使用以及云会议云视频等都是现在学生工作中经常使用的方法或形式。将来人机一体化是辅导员化解事务性工作的利器,只有增强这两种素养才能更好地实现人机一体化;也只有加强这两种素养才能更好地共享共治网络资源、探索思想政治教育新规律和新模式;也才能更好地将辅导员工作阵地前移,实现精准预测和预防。辅导员要不断增强这两种素养,保持与时代同步、与学生同步,才能引领价值、引领学生。

人文精神在人机时代会倍加珍贵,辅导员本身是做人的工作,就要引导人、鼓舞人、感染人、塑造人,所以无论科技如何发达,人文素养都是辅导员的核心素养之一。首先,人文素养有利于提升口头表达能力以及语言感染

---

① 汪平、梁慧、许宁:《新时代高校辅导员核心素养构成与认同的培育机制研究》,《高校辅导员》2020年第12期。

力。人工智能时代无论线上还是线下与学生语言交流只会更加便利,因而也更加频繁,良好的语言表达是提升辅导员工作有效性的基石。其次,有利于提升话语体系的亲和力。网络时代话语体系更新迅速更快,每年都会有大量爆红款新词走向大学生日常,成为大家使用的高频词汇,如何准确把握词义并恰如其分地引入到辅导员与学生的交流中至关重要。再次,有利于增强说理的透彻性。正如马克思所说:"理论只要说服人,就能掌握群众;而理论只要彻底,就能说服人。"[①]理论教育是辅导员的重要职责所在,也是很多新入职辅导员的弱点所在,要强化说理的实效性很重要的一个方面就是人文素养。最后,有利于增强辅导员人格魅力。诗云:腹有诗书气自华。人文素养是辅导员提升人格魅力、拓展精神世界、提升人生格局的最基本途径。

辅导员还应具有很强的党性修养。教育部文件中明文规定辅导员必须为党员。这是辅导员与普通高校教师的最大不同之处,政治身份上的要求是保证为社会主义国家育人、为党育人的根本目标不能动摇。既然所有辅导员都是党员,辅导员核心素养中党性修养是其核心,也是实现政治强的基本保障。要提高辅导员党性修养就要开展党性教育,习近平指出,党性教育是共产党人修身养性的必修课,也是共产党人的"心学"。[②]辅导员党性教育的最大问题在于大多数辅导员都是从校门到校门,没有经过社会实践与历练,党性多是从理论层面上获得的,在思想政治教育实践中才逐渐转化到实践层面而开始巩固其自身的党性修养。"党性生成的过程,也就是一名'共产党员'向真正意义上的'共产党人'的转变。"[③]辅导员首先要是一名理想信念坚定的共产党人,这样才能给辅导员开展理想信念教育、厚植爱国主义、筑

---

① 《马克思恩格斯选集》(第一卷),人民出版社2012年版,第9~10页。

② 《习近平在全国党校工作会议上的讲话》,《求是》2016年第9期。

③ 任晓伟:《〈论共产党员的修养〉研究:历史生成、版本变化和理论价值》,中国社会科学出版社2017年版,第150页。

牢共产主义信仰提供保证。毛泽东曾说："没有正确的政治观点，就等于没有灵魂。"①坚定的党性是辅导员的灵魂，党性修养是手段而党性是目的。如何加强辅导员党性修养非常关键。"党性修养本质上是党员个体思想意识深处的锻炼和改造，是一个思想过程。在党性修养过程中国共产党党员在共产主义世界观的基础上，把对马克思主义的理论信仰和对党的利益的信仰契入自己的思想意识中并升华形成为稳定的意识。"②这种思想意识的形成是一个长期的和需要不断强化的过程。一方面辅导员入职培训中的党性教育非常关键，帮助辅导员在适应角色转变的同时促进党性修养的提升。另一方面要在辅导员工作过程中对其加强指导和熏陶渐染，而不能放任自流。只有这样才能打造出"政治强、业务精、纪律严、作风正"的辅导员队伍。

辅导员核心素养是提升辅导员胜任力的关键能力，但并非全部能力。除此之外还有其他基本素养，诸如责任感、敏锐性、良知等。孟子云："人之所不学而能者，其良能也；所不虑而知者，其良知也。"（《孟子·尽心上》）王阳明心学思想的精髓是致良知，他认为良知人人都有，良知的妙用无处不在，是在实际行动中的知行合一。对辅导员工作有深入了解的人有个共识，辅导员工作是个"良心活"。良知是辅导员工作最基本、最基础的素养。王阳明先生讲过，"人人自有定盘针，万化根源总在心"。辅导员工作内容千头万绪，而工作对象是千人千面的朝气蓬勃的大学生，工作是难以全部量化的，故而很多时候就是依靠辅导员的良知在做取舍。数字素养和科学素养对应的是职业能力中的基本技能，重在"业务精"，人文素养是综合能力，重在"作风正"，而党性修养是把控总方向的，重在"政治强"，纪律是底线，是每个辅导员不能触碰的红线。

---

① 《毛泽东文集》（第七卷），人民出版社1999年版，第226页。

② 任晓伟：《习近平关于新时代中国共产党人党性修养的思想及其时代特征》，《广西民族大学学报》（哲学社会科学版）2018年第3期。

### 3.辅导员队伍建设

在把辅导员工作理念与核心素养厘清后,最重要的是如何更新理念和提升核心素养以打造适应人工智能时代需要的高校辅导员队伍。加强辅导员人才队伍建设的通常思路是处理好两对关系——内因与外因、个人与集体。

毛泽东在《矛盾论》中指出:"唯物辩证法认为外因是变化的条件,内因是变化的根据,外因通过内因而起作用。"[①]具体到辅导员队伍建设,内因就是辅导员的主观能动性,是能够主动学习、积极投入培训、不断反思总结经验。这种内在动力系统往往会随着工作时间的增长及各种压力的产生会逐渐减弱,最终呈现的就是所谓职业倦怠。这时候就需要外因的激发,通过一系列奖惩措施、良好的学习氛围以及典型榜样等外力来推动内在动力系统。众所周知,辅导员工作压力大而且事务琐碎,要想保持一种持续的动力和激情是很难的,正如邓小平所说:"革命是在物质利益的基础上产生的,如果只讲牺牲精神,不讲物质利益,那就是唯心论。"[②]这就需要政策与机制等外力发挥作用,逐渐将外力再次转化为内在动力。诸如物质待遇的提升、职务的晋升;融洽的团队、和谐积极向上的工作氛围;定期考核与培训等。考核淘汰机制可以激励个体走出"舒适区",健全的培训体系能促使辅导员不断充电而提升能力;物质奖励和职务晋升能激发奋斗热情;团队与氛围实现以情化人、以情鼓舞人。辅导员工作理念是内因与外因共同作用的结果,既需要外力的持续发力又需要将这种学习、经验或者理论内化到原有观念体系中去,这是一个漫长的过程,需要绵绵用力。辅导员核心素养中最难的是党性修养,这同理念一样,甚至比工作理念的形成更难,因为这上升到信仰的确

---

① 《毛泽东选集》(第一卷),人民出版社1991年版,第302页。

② 《邓小平文选》(第二卷),人民出版社1994年版,第146页。

立。数字素养与科学素养及人文素养都是通过自学、培训等传统手段就可以实现的，从这一点上看，今后辅导员队伍建设的重中之重在于工作理念与党性修养的提升。实现路径主要依托大数据进行私人定制式的精准化培育，推动建立学习共同体，再以物质激励、职称晋升等，以此共同发力方可显成效。

在个人与集体上，辅导员的提升愈来愈走向共同体化，单兵作战的时代一去不复返。换言之，辅导员工作中个人能力的重要性如今已让位于团队协作。"三全育人"的提出是适应时代发展的需要，只有高校中每个人、全方位、全过程立体化的协作才能取得育人实效。随着人工智能的发展，学习共同体将是未来学习的最主要形式，辅导员个人能力的提升上越来越依靠团队协作。未来会按照不用标准形成很多自组织，辅导员将会根据自己的需要加入不同共同体之中，在与成员的共治共享中实现提升。当前，这种协作还远远不够，就如辅导员与思政课教师之间真正有效的协同机制还在不断探索中。思想政治理论课教师和辅导员是高校思想政治工作的专门力量，在高校思想政治工作中发挥重要作用，两者协同作用、共同发展是思想政治工作目标实现的根本保障。①

另一个行之有效的举措就是建立辅导员工作室。这其实是共同体理念在辅导员实际工作中有效运用的典型。通过院系内部或者跨学院甚至跨学校组建辅导员工作室，在一个共同的主题和愿景的指引下，定期开展交流与互动，能互相学习、互相影响、互相鼓舞，甚至是互相吐槽，这都是共同成长的有益之举。"高校辅导员工作室作为职业共同体强化了辅导员对自身职业的认同，作为学习共同体提高了辅导员对自身工作的认知，作为实践共同体

---

①　余双好：《关于整体推进思想政治理论课教师和辅导员队伍发展的思考》，《学校党建与思想教育》2017年第12期。

是辅导员知行合一的有效载体,而认同、认知、知行合一的明确指向就是辅导员个人和辅导员团队的成长,这使得高校辅导员工作室作为一个最直接有效且被接受和认可的范式,在辅导员专业化的诸多路数中脱颖而出。"①美国学者约瑟夫·奈说过,信息革命正在改变权力的本质。信息时代是"弟子不必不如师,师不必贤于弟子"的时代,学生对于信息的获取可能比老师更加敏感和迅捷,这就要求辅导员随时进行学习,需要共同学习共同成长。辅导员工作的对象是一个个鲜活的人,辅导员本身也是一个个社会人,因而共同体是人本质属性的需要。置身于人工智能时代,信息影响维度更广、速度更快、冲击更剧烈,客观要求辅导员投身共同体中并树立起终身学习和持续改进的理念,只有这样辅导员工作才能跟上新时代的步伐。

在辅导员工作体系中,辅导员工作理念是软实力,而核心素养是其硬核。辅导员队伍建设要内外并重,以外因激发内因为旨归,在培养形式上从个体向共同体方向转向,遵循着由职业能力素养(数字素养、科学素养与人文素养)—工作理念—党性修养的演进路线,抓住宏观政策的有力支撑,尽快实现高校辅导员工作体系的重塑。同时,在人工智能科技革命的赋能下,辅导员的职业化与专业化之路也将越走越扎实、越来越宽阔。

## 六、优化高校智慧思政质量评价体系

高校思想政治教育作为教育活动的一种,既有其共性又有其特殊性,共性在于活动的开展都包括目标、内容、方法、过程、评价等环节,而评价就是最后一环。评价是对整个教育活动的有效性进行价值判断,从而通过反馈

---

① 梅晓芳:《高校辅导员工作室:共同体视域下辅导员专业化发展的新向度》,《江苏高教》2020年第7期。

系统不断调整优化。故而高校思想政治教育质量评价在整个育人体系中意义重大。《关于加强和改进新形势下高校思想政治工作的意见》中指出："要健全高校思想政治工作评价体系，研究制定内容全面、指标合理、方法科学的评价体系，推动高校思想政治工作制度化。"[①]《高校思想政治工作质量提升工程实施纲要》中明确指出，健全高校思想政治工作质量评价机制，研究制定高校思想政治工作评价指标体系，创新评价方式，探索引进第三方评价机构。[②]八部委出台的《意见》中也强调要构建科学测评体系，建立多元多层、科学有效的高校思政工作测评指标体系，完善过程评价和结果评价相结合的实施机制。这些文件制度的出台旨在提升质量评价的科学性、有效性以及合理性，同时还强调了评价结果对其他各项工作的影响力及对领导班子述职评议的重要性。在科技革命的推动下高校思想政治教育质量评价有时代赋予的深深印记，将人工智能新科技力量融入评价体系能提升质量评价效果。

## （一）高校思想政治教育质量评价变革的必然性及趋势

评价是教育活动中关键的一环，也称为评估，二者间略有差异，但究其根本都是一种价值判断。有学者就从词源学上指出，评价（evaluation）这个词在语言学上是源于"价值"（value）这一词的。评价就是对被评之物赋予价值。[③]思想政治教育事关人的价值观塑造，是塑造人类灵魂的工程，其效果如何会直接影响国家的未来。与之相近的概念还有思想政治教育评估、评测等，为什么要聚焦于质量评价呢？冯刚指出，思想政治教育质量评价不只是对价值判断和量化测评的强调，而是对高校思想政治教育质量的整体强

---

①　《关于加强和改进新形势下高校思想政治工作的意见》，《人民日报》2017年2月28日第1版。

②　《高校思想政治工作质量提升工程实施纲要》，《光明日报》2017年12月7日第12版。

③　杜瑛：《高等教育评价范式转换研究》，上海教育出版社2013年版，第45页。

调,思想政治教育质量评价涵盖以上多种表述,旨在反映高校思想政治教育质量评价是指高校落实和开展立德树人根本任务的实际情况。①通过思想政治教育质量评价可以验看教育成效及进行反馈和及时调整,从而不断提升育人实效。

当前,随着信息化、数字化、智能化的不断推进,不但思想政治教育环境、载体、方法、过程等都随之改变,思想政治教育质量评价体系也要改变,在大数据和智能算法的支撑下会朝着可视化、人性化、智慧化等方向发展。

1.高校思想政治教育质量评价创新发展的必然性

思想政治教育质量评价是对人的精神世界进行评测,这相对于物理世界的评价难度更大,甚至还有人质疑对人的思想或精神进行评价的可行性。随着心理科学、脑科学及人工智能的发展,对人的思想以及精神世界的研究正逐步推进,"特别是随着大数据技术、以人工智能和数据挖掘为客观条件的新兴研究手段的深化应用,对高校思想政治工作质量进行定量评价越来越成为可能"②。

首先,思想政治教育质量评价是高校思想政治教育活动的内在要求。人类的优势是能对自己的实践活动不断做出判断与反思,从而在不断选择中实现进化升级。恩格斯说:"在社会历史领域内进行活动的,是具有意识的、经过思虑或凭激情行动的、追求某种目的的人;任何事情的发生都不是没有自觉的意图,没有预期的目的的。"③其中对预期目的或者某种目标是否实现进行判断就是一种评价,正是凭着无数次的判断与取舍将人类的巨轮驶入新的历史方位。对于事关人的思想与意识形态发展方向的思想政治教

---

① 冯刚:《改革开放以来高校思想政治教育质量评价的回顾与思考》,《教学与研究》2018年第3期。

② 陈华栋、布晨明:《高校思想政治工作质量评价的缘起判定与指标构建》,《上海交通大学学报》(哲学社会科学版)2020年第12期。

③ [德]恩格斯:《路德维希·费尔巴哈和德国古典哲学的终结》,人民出版社2014年版,第43页。

育活动也必须进行价值判断,在不断反馈中校准航向,从而保证这一实践活动朝着正确的目标前进。

其次,是思想政治教育信息化的必由之路。思想政治教育不论古今中外都是维持国家或地区长治久安不可或缺的一部分,其形态会随着时代发展而不断革新,先后经历了宗教期逐渐走向现代化转而又走向网络化。当前信息化、数字化、网络化、智能化已呈不可逆转之潮流,思想政治教育质量评价也要紧随其后,甚至要站在浪潮之巅才能更有效地发挥其应有作用。

最后,是评价方式方法不断迭代更新的需要。有学者就教育评价方式方法进行总结,认为前后共经历过三代,分别是测量(19世纪末到20世纪30年代)、描述(20世纪30年代到50年代后期)、判断(20世纪50年代后期至70年代末),而目前正进入第四代评价。①思想政治教育质量评价遵循着教育评价的发展规律,测量期注重量化研究;描述期则是侧重于过程倾向于形成性评价;判断期则凸显了价值判断与选择。由此也可以看出,评价方式、方法是需要不停变化的,那么面向人工智能时代高校思想政治教育质量评价又该何去何从呢?

2.高校思想政治教育质量评价的趋势

由于新冠肺炎疫情来袭,各级各类学校在"停课不停学"的号召下纷纷转向在线教学,教育方式的转变是顺应未来教育的发展趋势,只不过在疫情影响下加速推进了其进程。高校思想政治教育质量评价亦是如此,在线会议、视频班会、线上宣讲等思想教育形式迅速展开,教育载体、方式方法上的变革必然带来评价方式的变化。随着人工智能时代的到来,大数据、智能设备、虚拟仿真等技术逐渐应用于思想政治教育质量评价,使其呈现出立体化、可视化、人性化以及多主体协同化的发展趋势。

---

① 杜瑛:《高等教育评价范式转换研究》,上海教育出版社2013年版,第35~40页。

立体化多维度使得评价内容更全面、更准确。有学者对网络思想政治教育评价进行研究并指出其趋势，"评价主体多元化、评价场域抽象化、评价手段智能化、评价信息丰富化、评价行为社会化"[①]。网络思想政治教育是高校智慧思政的初级形态，高校智慧思政会朝着更加智能化的方向发展。评价活动从纵向上需要长时段的跟踪记录；从横向上需要涉及多种要素及大量利益相关者。占有的数据与信息越全面评价才会越准确、有效。大数据为这种立体式多维度评价奠定了基础并能够提升评价的实效性。"大数据时代思想政治教育评价的实效性体现在评价对象的时代性彰显、评价标准的客观性导向和评价方法的创新性发展三个方面。"[②]在大数据到来前，随机抽样检测是最常用的方法，而大数据则可以做到样本等于全体。人的思想与精神领域犹如一座冰山，外在表现出来的思想状态仅仅是冰山一角，而大量真实思想状况都淹没在水下难以进行评测。大数据之大之全则会在纵横两个维度进行信息搜集与记录，并在自然语言处理、人脸识别、智能穿戴设备等软硬件的助力下深入了解人的思想与意识变化情况，从而能够在最大程度上刻画出"冰山"的全貌。

可视化动态性评价使得高校智慧思政反馈更便捷、更及时、更直观。进入了智能化时代，会基于大数据进行新的教育评价，需要全面、科学、准确、理性、有据地进行教育评价，这就需要全样本、数据综合、因子分析、数理建模与可视化呈现。[③]评价是进行价值判断，而做出价值判断后必然要对薄弱环节或不尽如人意的地方进行调整，这就需要及时反馈，而最为及时地反馈就是实现动态化，能随时掌握思想状态的变化情况。值得注意的是，思想政

① 唐亚阳等：《网络思想政治教育学》，人民出版社2016年版，第256页。
② 付安玲：《大数据时代思想政治教育评价的数字化变革》，《思想理论教育导刊》2019年第4期。
③ 陈吉鄂等：《大数据时代的高校思想政治教育评价——第四研究范式的视角》，《教育学术月刊》2020年第11期。

治教育与一般教育的显著差异在于前者本质上遵的是"规范性逻辑",后者遵循"知识性逻辑"。[①]透过这种差异可以看出,规范性逻辑下的思想政治教育活动涉及的是行为规范、伦理道德、思想品质以及政治意识等;而知识性逻辑下的教育教学是知识与技能,很明显前者更需要能随时随地掌握变化情况,其重要程度远非后者可比拟。因此,在质量评价上实现动态化及可视化会大幅提升信息反馈时效性,从而提高思想政治教育的针对性与吸引力。

发展性人性化评价增添温度与深度。评价最初是作为选拔与筛选的工具,是对特定人群进行甄别与区分。这样的评价很容易消解人的主观能动性,给人贴上不同的标签,影响人潜力的发挥。人性化彰显的是以人为本的基本理念,在尊重每个学生个性的基础上才能做到人性化,即有人性才会彰显个性。高校智慧思政模式下的质量评价就要坚持以学生为中心开展测量与评价,以促进立德树人任务的实现为旨归,这样才能发挥出评价所应有的作用与功效。思想与价值观的形成不同于知识体系的形成,前者需要日积月累、水滴石穿般的毅力才会取得实效;而后者相对简单和容易。知识体系在通过测验、考试等形式的测量后可以明确学生是否已经掌握该知识点,但是思想、观念等很难通过测验进行评价,即便形成稳定的价值观后遇到重大打击或者挫折时也会出现波动。大学生群体价值观尚未定型,思想观念在形成过程中更易出现波折甚至短时期内的倒退。如果还沿用选拔性为主的评价方式就可能出现没有达到标准而被淘汰或遭受打击而使之丧失进一步发展的机会。因此,高校思想政治教育质量评价必须将发展性作为最重要的原则,允许出现不完美或瑕疵,更何况人无完人。对于涉世未深且朝气蓬勃的年轻大学生来说,评价中要把引导与培育功能作为评价的主要目的,只

---

① 杨晓慧:《高等教育"三全育人":理论意蕴、现实难题与实践路径》,《中国高等教育》2018年第18期。

有这样才能使得评价更有温度与深度。

多主体协商式使得评价更公正、更包容、更能促进人的全面发展。学界对于思想政治教育目标、内容、方式方法、载体等研究较多,而对于评价相对较少,存在重教育过程轻质量评价的困境。究其原因是评价本身就存在争议,评价涉及价值问题,价值又关系到价值主客体问题。"从本质上来说,价值是一种关系范畴,即通过主体与客体的相互关系而体现的,只有当主体具有某种需要,而同时客体本身也具有满足主体需要的价值对象性,才能体现出价值。"[①]思想政治教育主体是谁这一问题曾存在一定的认识混乱甚至是迷失,李合亮认为,思想政治教育主体主要分为三大类:国家等群体组织是思想政治教育的实质主体;思想政治教育者是实践主体;教育对象(受教育者)是自我教育主体。[②]故而国家、社区、院校、教师、学生等不仅是高校思想政治教育的主体,还是质量评价的主体。传统思想政治教育中一般把教育主管部门认为是评价主体,这样很容易走入评价主体既是教练员又是裁判员的误区,从而影响评价质量。现在由于人工智能技术的发展,使得多主体协同成为可能,有人把这种多主体协商式评价称为第四代评价。"第四代评价认为,评价就是所有参与评价的人们共同建构的过程,亦即参与评价及与评价有关的人或团体基于对评价对象的认识,通过不断的协商、对话和交流,不断协调教育价值观,缩短关于教育评价结果的意见分歧,而整合成的一种共同的、一致的看法的过程。"[③]当然多主体参与并不是说权限均等,还是以国家意志为主导,在具体实施过程中要考虑地域文化、院校特色以及风土人情等的差异性造成的价值判断的不同。根据最新的教育评价理论,评

---

① 杜瑛:《高等教育评价范式转换研究》,上海教育出版社2013年版,第73页。

② 李合亮:《解析与建构:当代中国思想政治教育的哲学反思》,人民出版社2010年版,第50~59页。

③ 杜瑛:《高等教育评价范式转换研究》,上海教育出版社2013年版,第47页。

价主体与客体是需要共同协商的,而在协商中要共同服务于人的全面发展这一最终目标。

总之,高校思想政治教育宏观上关涉国家意识形态领域安全;中观上事关高校及高等教育立德树人成效;微观上影响人的精神、思想与价值观的形成。在进行评价时评价内容上要立体化多维度,评价手段上要可视化动态化,评价目标上要重人性化重发展性,评价主体上要多主体协商,只有这样才能让评价体系与时俱进,也才能真正助力人工智能时代的铸魂育人工程。

## (二)高校智慧思政质量评价体系的优化

思想政治教育质量评价是一项庞杂的系统性工程,需要统筹协调多方面力量才能得以实施。在科技革命赋能下尝试探索推动质量评价体系优化的可能路径,从而全面提升高校思想政治教育质量评价的效益。

### 1.当前高校思想政治教育质量评价的困境

思想政治教育质量关乎立德树人根本任务是否能够完成,大而化之会关乎民族的命运、国家的未来。当前高校思想政治教育质量评价虽积累了一些经验,但仍存在诸多不适应和低效的地方。

首先,质量评价理念远远落后于时代发展要求。就当代大学生而言,"00后"是21世纪的原住民,是伴随着互联网成长起来的;教育环境方面,网络成为思想政治教育最大的变量,也逐渐成为主要阵地之一;教育介体而言,各种自媒体异军突起,直播、短视频以及在线教育等抢占着传统教育传播路径与载体。有学者指出,大学生思想政治教育质量评价面临着理念滞后、功能弱化、方式失衡的现实困境。[1]网络思政的兴起就是最好例证,但对

---

① 张国启、王婧:《"互联网+"时代大学生思想政治教育的质量评价》,《思想政治教育研究》2019年第2期。

网络思政质量评价的研究是少之又少。如果还是遵循着传统的思想政治教育质量评价方式来对待网络思政,那无异于缘木求鱼。只有将大数据、人工智能、区块链等硬技术与分布式思维、多主体协同、价值协商等理念结合起来,应用于当前高校思想政治教育质量评价中才能确实提升实效。

其次,评价价值取向的偏离。高校思想政治教育一直是意识形态工作最重要的组成部分,是国家意志的体现,甚至有学者指出:"学校建立本身就具有意识形态控制的成分,更在于学校教育肩负着意识形态灌输的重任,甚至在一定程度上可以说学校就是意识形态工具。"[①]故而涉及评价时往往都是以政府检查式自上而下地进行,质量评价沦为官僚制度下的管理手段。而本源意义上思想政治教育质量评价是对高校立德树人成效的评判,立德树人是立中国特色社会主义之德、树德智体美劳全面发展的社会主义建设者和接班人,这并不是价值中立的,是有明确政治导向和意识形态性的。但在以往评价中社会价值与个人价值、工具理性与价值理性、管理本位与服务本位之间有着较为明显的失衡,即倾向于前者,将思想政治教育质量评价作为管理工具而注重其社会价值。这种价值取向的偏离是与一定的政治、经济、文化、社会等因素密切相关。随着信息时代的到来,党和国家在执政理念上更加注重以人民为中心,从而势必推动着评价的价值取向变革。

最后,评价方式方法的滞后性。高校思想政治教育质量评价的核心在人的精神世界,关涉人的灵魂,本来就难以准确把握。很多时候仅凭几项量化指标或者分数进行评价是非常肤浅的办法,要在定量与定性之间、准确与模糊之间、理论与实践之间、主观与客观之间、过程与结果之间进行适度的衡量与取舍,并尽可能多地采集相关要素才会取得可信度较高的评价。这五对关系中任何一对的评测都需要大量数据与材料的支撑方可完成,因此

---

① 李合亮:《意识形态·意识形态控制力·思想政治教育》,《马克思主义研究》2011年第8期。

传统的方式方法是很难实现的。有学者指出,在高校思想政治教育综合性评价中还存在三方面问题:一是评价要素把握不全,评价未能全面真实地反映教育系统的完整性;二是评价过程中对"教育介体"重视不够,评价未能反映教育系统的动态性;三是评价体系不够健全,评价结果未能反映教育系统的整体性。[①]评价要素及评价过程都需要借助大数据、云计算、智能设备等人工智能的支持,这就促逼着评价方式方法的革新,使之朝着立体多元化、动态可视化方向发展。

除此之外,还存在质量评价标准的科学性和合理性、评价主体间的平衡、评价的长效性以及评价结果的使用情况等问题,这都是在将来的高校思想政治教育质量评价中亟待解决的。马克思指出:"问题就是公开的、无畏的、左右一切个人的时代声音。问题就是时代的口号,是它表现自己精神状态的最实际的呼声。"[②]新时代高校思想政治教育质量评价要以现实问题为出发点,以人工智能新科技作为支撑,构建数字化、智能化、人性化、智慧化的评价体系。

2.以人工智能助力高校思想政治教育质量评价体系

现代信息技术已经广泛渗透到人类的生活、生产、学习以及娱乐等各个方面,甚至影响着人的思维、理念以及价值观。思想政治教育作为一种教育活动既有知识传授的成分,又有培育品德、思想以及政治观念等成分;知识传授逐步走向人机一体化,而价值观教育也必然朝着人机结合发展。评价是在价值判断与甄别鉴定的基础上进一步进行反馈、调整与改进。通过无数次这样的循环实现螺旋式上升,而评价可以说是实现这种螺旋式上升的最主要推动力。思想政治教育质量评价的核心是指标体系,具体包括标准

---

① 李渝萱、李才俊:《系统思维视角下构建高校"八维一体"思想政治教育综合性评价体系》,《思想理论教育导刊》2020年第8期。

② 《马克思恩格斯全集》(第40卷),人民出版社1982年版,第289~290页。

制定、测量与适用。冯刚、张智指出:"(高校思想政治教育工作质量评价)各指标体系远未形成统一化的体例格式,指标体系的统一设计极其困难,并存在内容不完整的问题;质量评价的直接动因具有多样性,指标体系以一次性施用为主,全国层面的质量评价多是自测自评。"①随着云网端一体化的实现,在大数据分析的助力下,很多过去难以评价的环节都可以获取相应的数据,在知识图谱、智能设备应用下可以实现部分思想观念的可视化与动态化,还可以利用各种即时通信、移动终端实现万物互联互通,以加强评价主体间的协同与协作,最终优化评价体系。

其一,在量化一切的大势所趋下以数字化提升定量评价的准确度。在评价的发展历史中,第一代评价就是以测评为导向,理论基础为实证主义,尽管受到很多批判,但是测量、测验仍然是当下思想政治教育质量评价的重要部分,尤其是随着大数据的兴起,数据的重要性日益凸显。人们已经进入数字化生活时代,就像《大数据时代》作者舍恩伯格所说,一旦世界被数据化,就只有你想不到,而没有信息做不到的事情了。思想政治教育评价要比教育教学评价更为复杂,这就需要更加全面收集评价对象的各种外在表现资料,而这正是大数据之所长。就高校而言,首先是打破数据壁垒,使得各部门间数据畅通,实现一体化建设。很多高校已经开始成立校园大数据中心,通过集成各方面数据对学生进行"画像",这可以说是对思想政治教育对象最生动鲜活的定量评价。其次,是对数据进行筛选、清理以及分析,而最具挑战性的是大量非结构化数据的存在,但是随着以深度学习为代表的机器学习能力的提升会逐渐解决非结构化数据的问题。最后,减少不相关数据的干扰,也称为数据噪音。数据噪音是"一切附加在大数据传达信息上的

---

① 冯刚、张智:《新时代高校思想政治教育工作质量评价 指标体系设计的实证研究》,《思想教育研究》2021年第4期。

错误的或偏离期望值的且干扰信息正常传播、减弱信息传递效果的冗杂数据信息"①。从质量评价角度来看,在评价信息采集时要努力提升数据质量减少数据噪音的干扰,提升质量评价的效率和准确性。

其二,超越道德二重性认识以提升定性评价的有效性。何谓网络道德的二重性?网络场域中人物都是匿名化,并可隐藏个体所有真实身份信息,相较于现实情境中更容易畅所欲言,更有可能表达出内心深处的真实想法,故所表现出的道德与现实环境中相比更具本真性;同时也是由于网络空间具有虚拟性而缺乏约束与监管,好像人人都戴着面具,没有面对面时语气、神态以及眼神等的交流,所有思想表达是经过加工的,因而个体道德表现形态上具有一定的隐蔽性。因此,基于这种虚拟空间的存在,人的道德就具有双重性,即本真性与隐蔽性,呈现出一种张力。这对高校思想政治教育质量评价是一种挑战。网络空间与现实环境已经越来越紧密地融合为一体,人们的生活学习走向网络化,这种二重性会日益影响着思想政治教育质量评价。要通过尽量降低"隐蔽性",增强"本真性"来提升质量评价的有效性。所谓定性评价,一般是指用语言描述形式及哲学思辨、逻辑分析揭示被评价对象特征的信息分析、处理方法。这种方式侧重于从高校思想政治教育工作的性质方面对被评价高校进行综合分析与评判,通过去粗取精、去伪存真、由此及彼、由表及里,形成对思想政治教育效果与价值的科学判断与评价。②思想与价值观多属于缄默性知识,本身是难以测量和量化的,更多的是进行定性评价。借助人工智能可以通过长时段、全方位的记录与跟踪从而超越网络道德二重性的局限,对于个体的思想、价值观作出更加本真的描述与刻画。这其实与我们古代传统的"慎独"思想极为类似,网络空间中个

---

① 何跃、甘荣丽:《"数据噪音"的挑战与高校思想政治教育的应对策略》,《广西社会科学》2021年第3期。

② 冯刚:《高校思想政治教育工作质量评价》,人民出版社2020年版,第59页。

体处于类似独处状态,抓住这种状态下思想、观念的流露可以提升思想政治教育质量评价。

其三,在人工智能助力下以可视化与动态化提升形成性评价的精细化。形成性评价是侧重于教育过程的评价,传统的形成性评价方式最常用的是成长档案袋法,即收集个体成长过程材料放入档案袋,会逐渐形成一个历时性的较为概括的评价。随着信息技术与教育的深度融合,档案袋法也终将走向电子化、数字化并进一步走向可视化、智能化。这不仅将提高评价的效率,而且提升精细化水平。譬如知识地图、学习仪表盘。知识地图可以看作一种智能化的站点导航和知识管理工具,能够将各种知识资源、知识主体及其相互间的关系进行连接,形成动态可变的知识与社会网络结构,并以可视化方式展现。[①]在大数据、云计算以及智能设备支持下可将知识地图应用于思想、价值观的培育中,将个体的言论、行为、相关问题的看法以及理论学习状况等进行结构化分析,最终掌握个体的思想状况、成长历程、形成规律、关键因素等。学习仪表盘源自汽车仪表盘,随后引入教育领域,用于学习情况分析及学习评价等。"基于信息跟踪技术和镜像(Mirroring)技术,学习仪表盘对学习者的在线学习行为进行精密追踪,记录并整合大量个体学习信息和学习情境信息,按照使用者的需求进行数据分析,最终以数字和图表等可视化形式呈现出来,从而为在线教育的学习者、教师、研究者以及教育管理者提供学习分析,成为大数据时代的新兴学习支持工具。"[②]通过学习仪表盘能够追踪和记录学生各个维度的数据信息,并以可视化的方式呈现出来,以此进行质量评价。由于仪表盘具有即时性,可以使得形成性评价实现即时感知、实时监控和预警预测,增强了高校思想政治教育质量评价的精细化

---

[①] 余胜泉:《互联网+教育·未来学校》,电子工业出版社2019年版,第182页。

[②] 张振虹等:《学习仪表盘:大数据时代的新型学习支持工具》,《现代远程教育研究》2014年第3期。

水平。

　　其四，以智能批改系统、模拟测评增强总结性评价的精确性与可靠性。与形成性评价相对的是总结性评价，一般运用于某一教学阶段结束时，是一种结果性评测，这也是一种最为常用的教育评价方式。比如高考、期末考试等都属于这种，只不过思想政治教育更注重的是思想、道德以及价值观。这种精神层面的评价更需要在一定情境、境域中方可展现出内在思想状况。人工智能时代的各种虚拟现实技术的优势恰恰是营造良好情境，因而可以提升质量评价的真实性。"应通过语音、视频、虚拟现实等方式构造出足够多的道德情境，让学习者在此情境中通过自身的行为选择而形成一定的性格和习惯，进而我们才可以称该学习者具备了相关的德性。"[1]智能批改系统和模拟情景测评体系都可用于思想政治教育质量评价中。智能批改系统相较于人工批改不仅效率极大地提升，而且提高了准确率，保障了评价的公平性和可靠性。模拟情景系统及情绪识别系统可以准确把握人的心理变化，可以分析人的思想状态变化以及对事物态度的倾向性，从而对人的真实思想状况作出判断。有学者指出，人们的人格、情绪以及未来行为都可以被"算法化"，智能机器甚至比你更了解你自己。[2]如果达到人工智能比人更了解人的境界，那么这时的思想政治教育质量评价就更加精确与可靠。

　　其五，人工智能有利于实现多主体协同。评价活动必然涉及多个主体，根据最新的第四代评价理论，"由于评估是牵涉许多人的活动（比如委托人、利益相关者、信息提供者以及以其他方式参与评估的人）……这也意味着在整个过程中，参与者都被当作人来看待，而不是实验的对象或研究的主

---

①　余天放：《道德教育的人工智能模式》，《思想理论教育》2021年第5期。

②　李琼琼、李振：《智能时代"人机关系"辩证——马克思"人与机器"思想的当代回响》，《毛泽东邓小平理论研究》2021年第1期。

体"①。评价中存在的困境之一是相关主体间缺乏深入有效而又及时的沟通，导致形成内耗或者将评价对象视为丧失活力与主体性的任人宰割的"羔羊"。人工智能可以大大加强个体间的相互联系使得价值协商更加顺畅、便捷，譬如在线聊天、实时视频、在线会议等，都可以突破时间或者空间的限制，实现多主体高效协同。"第四代评价不仅使不同利益相关者都有机会表达自己的主张、担心和争议。不受价值观的限制，而且在资料收集过程中也是应答式的。"②由于人工智能的崛起，话语体系多元化加之自媒体的壮大，这使得评价对象主动发声成为可能，因此第四代评价的核心是价值协商。只有通过不断协商才会逐渐走向共识，走向共同心理建构。人工智能为践行新的评价体系提供了重要支撑，为多主体协作、为评价对象间协商搭建起沟通的桥梁，从而有力地推动着高校思想政治教育质量评价水平不断提高。

党的十八届三中全会提出了国家治理体系和治理能力现代化的命题，而教育也面临着现代化的问题。有学者指出，从本质上说，教育现代化事关"人的现代化"，这是最为根本的现代化。③高校思想政治教育走向现代化也是必由之路。随着人的现代化程度的加深，对于人的思想、价值观的评测方面也会走向现代化，而人工智能作为信息技术的集大成者，必将在高校思想政治教育质量评价中发挥越来越巨大的作用。

3.高校智慧思政的质量评价体系优化措施

高校智慧思政效果如何？这是作为新时代思想政治教育模式的智慧思政能否立足的关键。高校智慧思政的质量评价要以《全国大学生思想政治教育工作测评体系(试行)》(以下简称《测评体系》)为蓝本和宏观指导，在人

---

① ［美］古贝、林肯：《第四代评估》，秦霖等译，中国人民大学出版社2008年版，第11页。

② 杜瑛：《高等教育评价范式转换研究》，上海教育出版社2013年版，第48页。

③ 《胡伟：中国现代化大格局与教育的未来》，https://xw.qq.com/amphtml/20201018A011M000，访问时间：2020年10月18日。

工智能的助力与加持下提升效率与效益。具体而言,是将大数据思维、智能算法、区块链、人机一体化理念等融进质量评价的体系标准(内容)、评价过程、评价方式方法以及评价结果之中,检验立德树人成效。

质量评价体系的构建是一件艰巨而复杂的系统工程,要想兼顾细节尽量做到全面就必然要牺牲可操作性与便捷性;反之,如果体系较为宏观与概括,那么必然要丧失部分准确性与个性化,尤其是地域差异、学校特色、文化风俗等就难以体现。目前较为权威的是2012年中宣部、教育部印发的《测评体系》,这是大学生思想政治教育工作考核评价指标体系构建的重大突破性成果。《测评体系》分为党委政府版和高校版,高校版主要有6个一级指标,分别是组织领导、队伍建设、思想政治理论课、课堂外思想政治教育、条件保障、育人环境,进一步细化可以分为20项二级指标。此外还有些与之相近的思想政治教育质量评价体系,诸如《高等学校思想政治理论课建设标准》《北京普通高等学校党建和思想政治工作基本标准》《高等学校辅导员职业能力标准(暂行)》等。这些体系要么是对思想政治教育的一个方面进行质量评价体系构建,要么是根据中央精神而制定的地方标准,权威性和科学性均不如《测评体系》。此外还有,学者唐亚阳在《网络思想政治教育学》一书中提出了网络思想政治教育工作评价标准体系,该体系分为5个一级指标,分别是对组织领导工作的评价、对教育工作者的评价、对教育过程的评价、对教育载体的评价、对教育效果的评价。该评价体系从思想政治教育学的角度进行构建,也具有较强的借鉴意义和参考价值。高校智慧思政的质量评价体系以《测评体系》为根本框架,借助人工智能对评价体系进行部分优化,旨在提升评价体系的信息化、数字化水平,建立健全网络法规制度以及提高评价体系的信度。

第一,以强化校园信息化基础设施与队伍建设作为质量评价体系的硬指标。数字化、智慧化校园系统建设是基石。要提升评价的准确性就离不开信息基础设施建设,这是数据采集的源头。数据将成为未来高校最重要的资产,在数字化基础上、在人工智能支持下将朝着更加智能化、智慧化的方向发展。基础设施建设主要包括校园网络服务平台、智能终端以及教育软件应用平台。从物理形态来看,由数字校园、智慧教室、智能实验室、智慧图书馆等组成。每一个组成部分又可分为更细的子系统,比如,数字校园又由一卡通、宿舍门禁、校园监控以及校门智能通行等组成,这些是收集学生不同方面信息的源泉,大数据下的学生画像贵在全面性以及个性化。对标《测评体系》,这应该是条件保障的重要内容,信息化本身就需要大量经费支持。学校教育体系是一个严密的整体,思想政治教育涉及人的思想、灵魂,而对人的德性情况进行评价势必需要收集大量可显的外在表现,这是一个系统而又复杂的工程,没有现代化手段的助力是很难实现的。高校思想政治教育现代化、信息化的前提是高等教育首先要实现现代化、信息化,而不存在单独的思想政治教育信息化。这成为很多高校建设的重点,例如西安电子科技大学,学校专门成立了学生数据中心、高校网络文化研究评价中心。机构的成立是建立在基础设施已经建设完成的基础上,硬件设施是基础,专人专管是关键,制度化是长效运行的核心。

打造一支信息素养过硬的教师队伍同样重要。按照《测评体系》主要是三支队伍,一是党政干部及共青团干部队伍;二是思想政治理论课与哲学社会科学课教师队伍;三是辅导员、班主任队伍。其中对于思政课教师及辅导员都有明确的数量要求,在未来思想政治教育质量评价体系中更注重的是"质"的提升。质上最重要的是核心素养,其构成主要就是信息素养、数据素养。如前所述,只有实现人的信息化才会有质量评价的信息化,更进一步才会有智慧教室、智慧课堂的出现。现实情况是辅导员队伍专业背景杂乱,思政课教师基本都是文科背景,对于现代教育技术都是处于相对欠缺状态,这是先天的不足之处。三支教师队伍是评价的重中之重,要通过教师教育体系逐步解决核心素养问题,这是提高质量评价的关键举措。在未来高校智慧思政的质量评价上要建构动态监测和实时评价系统,这些系统的建立可以完全由技术开发人员实现,但是要让系统发挥出应有的效用关键还是依靠教师队伍,他们是思想政治教育活动的推动者、实施者,也是评价的最重要客体之一。

第二,以网络文化与制度机制建设作为质量评价体系的软实力。对标《测评体系》,课堂外思想政治教育和育人环境两大一级指标都会涉及一个重要的问题就是文化环境问题。当前随着网络对日常生活学习的渗透加剧,网络世界与现实世界之间的界限感已经逐渐融合。校园文化的重要性不言而喻,但新的问题是文化的呈现上,网络空间所占比例持续增长,校园文化网络化趋势日渐明朗。"在虚实融合的智慧生态环境中,技术不再是单独的工具,而是蕴含了许多不同类型的专业资源、人和工具,它们以互补的方式共同运作,革新了学生及学习环境之间的作用关系,建立和维护了一种创新性的生态圈或学习文化。"[①]文化本身就是众人的共同人生,随着个体沉浸于网络空间的时间越来越多,网络化人生已经占据重要位置,文化也就随之走进网络空间,形成网络文化。"网络文化的独特之处在于其生成场域的独特性,以流动性、多向度、脱域性为表征的弹性空间构成了网络文化的生成场域。"[②]网络文化的诞生是信息技术进步的产物,与传统意义上的文化相较而言更具独特性。流动性是强调网络在突破时空阻隔后,文化传播与获取变得前所未有的便捷;多向度则是文化突破线性传播走向立体化、多元化,增加其不确定性与不可控性;脱域性是指冲破物理实体环境的束缚走向虚实结合。网络文化作为一种亚文化会随着技术的推进逐渐走向主流,要

---

① 余胜泉:《互联网+教育·未来学校》,电子工业出版社2019年版,第57页。

② 方黎、孙超:《网络文化的生成场域、风格走向与价值分析》,《学术界》2020年第6期。

认真研究网络文化的特点才能更好地维护和引导校园网络文化发展。

同时,以制度机制建设为保障推进思想政治教育质量评价的常态化发展。思想政治教育及其成效本身就不是一个立竿见影的事情,需要持续发力。要对其成效进行质量评价需要一定的制度机制保障,使得工作既具有连续性又能不断持续改进以适应时代需求。对标《测评体系》,制度机制既是组织领导的重要组成部分,也是一种条件保障。"制度具有导向、激励以及约束功能,是推动思想政治教育工作质量评价的有力保障。"[①]随着数据成为思想政治教育的一种重要资源,如何保障评价对象个人隐私及数据安全就格外重要,毕竟思想政治教育涉及人的思想、价值观等精神世界,如果不能妥善保护好个人信息及隐私会对个人形成巨大伤害。这需要健全制度机制甚至是完善法律法规建设。譬如,人们在网上阅读信息、查询资料,甚至是购物时,网络及其背后的平台也在通过智能手机、平板电脑等跟踪、监测、搜集个人的数据,了解个人意图,甚至推测出个体的思想状况和性格爱好等。对于网络世界的监管与制度建设是个迫在眉睫的时代课题,也是思想政治教育质量评价体系的重要一环。只有加强制度机制建设以此促进技术规范,才能营造风清气正的网络空间。

第三,以区块链技术赋能新评价范式以提升质量评价体系的信度。不论是第三方评价还是第四代评价理论,最核心的问题在于付诸实践,而实践的关键是可操作性,区块链技术为新评价范式提供了可能。《测评体系》是针对高校思想政治教育自上而下式的评价,主要方法采用材料审核和实地考察两种,这其实更类似于专项工作检查。对高校而言,《测评体系》也就成为思想政治教育建设的参考标准,在一定程度上还会束缚学校思想政治教育的创新。只有不断更新理念、引用新的评价方式,才能切实提升评价的成

---

① 冯刚:《思想政治教育工作质量评价的时代特征》,《思想教育研究》2018年第5期。

效。比如,第三方评价、第四范式教育评价以及第四代评价理论。"构建思想政治教育工作第三方评价机制,则是思想政治教育治理体系和治理能力现代化建设的重要内容,是健全高校思想政治教育工作评估体系、确保落实立德树人根本任务的重要保障。"①第三方评价并不是最新评价方式,在高校思想政治教育领域也很少得到应用。究其原因在于高校思想政治教育具有很强的意识形态性,关涉国家意识形态领域的安全,所以对于第三方就格外审慎。这方面可以借鉴麦克思在毕业生就业质量评价和教学评价方面的成功经验。麦克思作为第三方,每年撰写的大学生就业质量报告受到广泛认可。所谓第四范式教育评价是指将理论、实验和计算仿真统一起来的基于数据密集型科学范式(e-Science)。②简而言之,是将大数据思维运用于思想政治教育质量评价体系,实现评价的精细化、可视化以及动态化。教育评价理论经历三代,其核心分别是测量、描述、判断,在此基础上形成了第四代评价。第四代评价与前三代有显著的不同,它是一个社会政治过程,打破了以往评价中的"管理主义倾向",采取以"回应"各种与评价利益相关的人为评价的出发点,以"协商"为途径达成共同的"心理建构"。③这种理念实际上非常契合当前价值观念多元化的趋势以及以学生为中心的教育理念。

　　区块链技术为实现第三方评价及第四代评价理论奠定技术基础。协商共识在评价中日益重要,但在实现手段上一直缺乏有效的措施。以《测评体系》为例,其中材料审核与实地考察是最重要的手段。但两种方式都缺少与评价对象的交流与沟通,以及充分听取评价利益相关人的想法,导致以单向

---

①　张智:《新时代高校思想政治教育工作第三方评价机制研究》,《学校党建与思想教育》2020年第7期。

②　陈吉鄂:《大数据时代的高校思想政治教育评价——第四研究范式的视角》,《教育学术月刊》2020年第11期。

③　杜瑛:《高等教育评价范式转换研究》,上海教育出版社2013年版,第44页。

度的评价代替协商。马克思指出:"对于没有音乐感的耳朵来说,最美的音乐也毫无意义,不是对象,因为我的对象只能是我的一种本质力量的确证。"①评价必然涉及评价主体的主观感受,这本身就带有一定的主观性,甚至是片面性,而第四代评价提倡的价值协商、心理建构则加强了主客体之间的交互,全面提升了评价效果。区块链作为一种分布式、不可篡改性、可溯源的智能账本,一方面可以有效地提升不同个体间协商沟通效率,另一方面则能够加强相互间的信任度。如果能将区块链运用于思想政治教育质量评价体系则可以破解信任与协商的难题。"区块链可被用来记录并保存正式的或非正式的、在线的或离线的各种学习经历和过程,且这种存储可在不同应用终端之间同步读取与更新,从而形成一条长期有效、公开透明、不可篡改的学信数据链。"②如前所述的档案袋评价,最突出的问题是装入档案袋中信息的可信度,而区块链技术由于其可溯源与不可篡改性,从而保证了质量评价的可信度与可靠性,同时还能提升评价的公开与透明性。

在破解高等教育评价上,学者王竹立提出零存整取式"学分银行",凯文·凯里提出的"数字徽章",力图以"学力"代替"学历"。这些创新性教育评价方式都会随着技术上的成熟而付诸实践,区块链是最有希望在这方面实现突破的。在践行第四代评价的多主体协作上,"区块链技术还具有'网络共识'特征,对思想政治教育教学的评价凝聚了思想政治教育教学者、接受者及第三方的'共识',其结果也易于为各方所接受"③。高校智慧思政的实现很大程度依赖于网络思政的深化与优化,网络空间中思想政治教育所占比重越来越大,因此对网络思政进行合理、有效的质量评价是至关重要的。探索区块链技术融入高校思想政治教育质量评价可以实现第三方评价的有

---

① 《马克思恩格斯文集》(第一卷),人民出版社2009年版,第191页。

② 刘光星:《"区块链+教育":耦合机理、风险挑战及法律规制》,《电化教育研究》2021年第3期。

③ 李叶宏:《改革与创新:基于区块链的思想政治教育教学》,《黑龙江高教研究》2020年第9期。

效参与,以及基于第四代评价理论的多方主体价值协商,这样就可以站在更高的层面审视、评价高校思想政治教育,检验其立德树人成效,使得质量评价体系更科学、更有效。

衡量高校思想政治教育成效的最终落脚点还在于立德树人任务的完成情况,还在于大学生德智体美劳的全面发展情况,还在于是否培养造就了大量的中国特色社会主义事业接班人和建设者。高校智慧思政的提出是破解"网生代"大学生思想政治教育入心入脑难的问题,也推动着高校思想政治教育不断实现创新性发展,而最终如何检验高校智慧思政育人成效也非一校一人所能承担,更需要在全面调研不同地域、不同类型高校的基础上进行科学规划、严密论证,需要通过反复试验、不断总结才可能会提炼出"内容全面、指标合理、方法科学"的高校思想政治教育评价体系。譬如,区块链技术如能有效运用到《测评体系》中,必然能提升评价的科学性与合理性,但在实现过程上还有很长的路要走。

本节梳理了人工智能新科技革命浪潮下高校思想政治教育受到挑战后,尤其是随着网络空间、虚拟世界的开辟,在虚与实之间该如何评价高校思想政治教育成效。传统的评价体系侧重点还在现实生活世界中,殊不知在无人不网的今天,网络生活早已悄然占据大学生学习、生活的大部分,新的评价体系就需要将智能算法、大数据、虚拟现实技术、区块链以及人机一体等新科技有效融入体系中,这既能提升评价体系的时代性与现代感,又能提高评价的准确性与科学性。

概言之,高校智慧思政在人工智能科技革命推动下迎来诸多新机遇,结合高校实际以此探索高校思想政治教育体系的重塑之道。理论武装体系在宏观层面是把握总航向的;思政课属于学科教学体系,是主渠道;高校教师作为三全育人中最重要的人的因素,是主导力量;辅导员是高校思想政治教育的冲锋队、排头兵、生力军;质量评价体系是提升育人实效的主要推动力。

同时,高校智慧思政还需要学校相关部门和所有人员的协同与配合,诸如教务教学管理系统的智能化,保卫部门在安全稳定上的可视化、实时化,学校综合管理上的信息化、扁平化等,这些共同支撑起高校育人体系的智慧化。

# 结　语

　　习近平在庆祝中国共产党成立100周年大会上的讲话中强调,未来属于青年,希望寄予青年。新时代的中国青年要以实现中华民族伟大复兴为己任,增强做中国人的志气、骨气、底气,而大学生则是青年中的佼佼者和中流砥柱,也是高校智慧思政努力实现铸魂育人的主要对象。

　　预测未来最好的方式就是创造未来。高校智慧思政模式的提出是应对未来的各种挑战,毕竟人才是第一资源,而人才最关键的素质是德,德为才之帅。高校智慧思政是大势所趋,就像20年前谁也不敢想象随时随地视频聊天、扫码支付、海淘外卖等的出现。正如著名的未来学家、发明家雷·库兹韦尔所说的,技术的力量正以指数级的速度增长。科技的飞速增长倒逼高校认真审视思想政治教育该如何与时俱进,如何运用科技提升实效。以目前科技界和教育界对于教育前景的展望来看,未来高校思想政治教育发展趋势是非常明晰的,总目标是立德树人,但在实现路径上要融合智慧化理念使之朝着适切、快乐、科学、高效的方向发展。具体上会呈现以下几个特征:

　　一是游戏化、诗意化。高校思想政治教育是一项培根铸魂工程,无论是对教师还是学生都是一项较为艰难的工程。教师需要不断研究教育教学方法、教育规律、教育对象特征、教育环境等以提升实效;而学生要形成社会所共同期望的道德素质、价值观念等,也要经历层层蜕变,是一个集腋成裘、积沙成丘的过程,是一场心灵的洗礼。如何能让人在诗意中、在愉悦的氛围下实现铸魂育人,是未来思想政治教育关注的重点,也是发展方向。诗意化是随着人们需求的变化而必然的趋势,正如习近平所说:"人民对美好生活的向往,就是我们的奋斗目标。"①人民生活要求的不断升级就需要我们的教育,尤其是高校思想政治教育要随之升级,力图将诗意的栖居变为诗意的教育。在具体实现形式上,游戏化学习就是一种最有效的途径。尚俊杰教授对游戏化学习、教育游戏有着深厚的研究,他倡导在教育教学中发扬游戏精神,"所谓游戏精神,指的是人的一种生存状态,它表示人能够挣脱现实的束缚和限制,积极地追求本质上的自由,是人追求精神自由的境界之一"②。高校思想政治教育所涉及理论较为深刻、抽象、单调,借助人工智能可以将其情境化,再借助游戏及游戏策略提升思想政治教育的趣味性和吸引力。比如可以将长征途中披荆斩棘、闯关卡越天险的历程开发为教育游戏,可以让学生深刻体会长征精神的精髓。

二是去技术化、生活化。随着科技的发展人机关系逐渐升级,经由计算机辅助到人机协同再到人机一体实现人与技术的深度融合。当技术与人完全融合后就走向了"去技术化",也就是技术"抽身而去",让学习者在学习过程中感受不到学习工具作为事物本身而存在,在这一过程中,学习者完全专注于学习内容和学习活动。③这时就实现了爱因斯坦所说的,使每件事尽可能简单,而不是简化。高校思想政治教育的生活化其实就是将教育完全融

---

① 中共中央文献研究室编:《十八大以来重要文献选编》(上),中央文献出版社 2014 年版,第 70 页。

② 尚俊杰:《未来教育重塑研究》,华东师范大学出版社 2019 年版,第 88 页。

③ 王辞晓:《具身认知的理论落地:技术支持下的情境交互》,《电化教育研究》2018 年第 7 期。

入个人生活中,是借助人工智能这一核心技术而实现的,将事情变得简单。而不像现在将学习阶段视作为今后生活做准备阶段,使得完整的人生产生残缺。正如2017年《地平线报告(高等教育版)》中所提出的"整合正式学习与非正式学习",这其实也是杜威所讲的教育即生活的理念,而这在人工智能时代会逐渐成为现实。

生活化的更深层的含义是生命化。思想政治教育与生活融为一体后,生活不息而教育不止。当生活终止时也就意味着生命的终止。思想政治教育的终身化客观上是由于人的生命存在方式的必然要求。面向未来,随着生命形式的升级可能会使得思想政治教育走向不确定,按照泰格马克在《生命3.0》中所描述的,人类已经完成从1.0状态进入了2.0,也就是说从服从纯自然进化的生命体进入可以编辑自己部分软件而实现自主升级,即将到达的3.0则借助各种智能设备使人摆脱生物躯体和遗传基因的桎梏,同时进行个人软件和硬件的进化升级,达到赫拉利在《未来简史》中所说的"智神"。当人工智能会产生意识时,道德与伦理就更为重要,人类思想政治教育的对象就可能扩大化,要为机器立"心"。

三是知行合一。王阳明说过,"知之真切笃实处即是行,行之明觉精察处即是知。"(《答顾东桥书》)知与行的问题是个理论上一听就懂而现实中难以实现的命题。毛泽东在《实践论》中说:"你要知道梨子的滋味,你就得变革梨子,亲口吃一吃。"[①]知相对于行来说简单得多,所以历史上才会留下纸上谈兵、坐而论道等成语警示后人。在科技相对落后阶段确实很难做到将所知都亲身实践一番,学生在校学习以理论为主,实践的机会与时间少之又少,就以爱国爱校为例,在校生道理都懂,但远远没有达到毕业生的深度,很多时候都认为是社会教育的作用,其实更多的是因为实践。对教师也是一

---

① 《毛泽东选集》(第一卷),人民出版社1991年版,第287页。

样,随着工作年限的不同,会有新手与专家的区别。"专家与新手的差异就是他们拥有一个能对情境做出不同反应的身体。专家的身体能够识别更精细的情境并作出更流畅的反应,而新手不能做到这些。"①这一切将随着人工智能的成熟而逐渐化解。如当前的虚拟现实及全息技术可以实现"虚拟实践",就其作用原理已经在脑科学领域得到确证,这就是"镜像神经元"的发现。镜像神经元是人类能够感同身受的内在机理。随着脑科学的进一步发展,尤其是大脑逆向工程、人脑上传、脑机接口等的发展,虚拟实践会逐渐跨越"虚拟"与"现实"的界限,让人能够统领视觉、听觉、嗅觉、味觉和触觉等全方位的感受体悟实践。"人工智能的脑机接口技术具有'知行接口'功能,人的主观意识可以通过脑机接口与实践对象建立直接的联结关系,从而摆脱知行之间的传统区隔而产生出主观见之于客观的效果。"②新手可以凭借人工智能实现跨越式发展。因此在思想政治教育视域下,教师逐渐没有新手与专家的区别,对学生而言更容易走向知行合一。

整体而言,本书以人工智能时代高校智慧思政的构建为主线,通过分析人工智能给高校思想政治教育带来的挑战与机遇,并创新性地提出智慧思政模式,随后对高校智慧思政的内涵、理念以及内在机理与实践应用进行全面论析。但无论是研究视野、研究方法,还是研究结论都有一定的局限性,存在一些不足。研究中很多概念、理论、理念都涉及现代教育技术学前沿的研究范畴,在很多学校可能还远远没有达到实际应用阶段,本书带有一定的前瞻性。同时,缺少完整的人工智能在高校思想政治教育应用的案例佐证及对高校智慧思政教育效果的评价等,都是本书需要进一步完善和深化的地方。

---

① 徐献军:《具身认知论——现象学在认知科学研究范式转型中的作用》,浙江大学出版社2009年版,第76页。

② 张瑜:《论思想政治教育网络观的演进与理论创新》,《马克思主义与现实》2020年第5期。

# 参考文献

## 一、经典文献

1.《马克思恩格斯文集》(第一——十卷),北京:人民出版社,2009年。

2.《马克思恩格斯选集》(第一——四卷),北京:人民出版社,2012年。

3.《列宁选集》(第一——四卷),北京:人民出版社,1995年。

4.《毛泽东文集》(第七卷),北京:人民出版社,1999年。

5.《毛泽东选集》(第一——四卷),北京:人民出版社,1991年。

6.《邓小平文选》(第一——二卷),北京:人民出版社,1994年。

7.《邓小平文选》(第三卷),北京:人民出版社,1993年。

8.《江泽民文选》(第三卷),北京:人民出版社,2006年。

9.《胡锦涛文选》(第一——三卷),北京:人民出版社,2016年。

10.《习近平谈治国理政》(第一卷),北京:外文出版社,2018年。

11.《习近平谈治国理政》(第二卷),北京:外文出版社,2017年。

12.《习近平谈治国理政》(第三卷),北京:外文出版社,2020年。

13.《1844年经济学哲学手稿》(单行本),北京:人民出版社,2018年。

14.《哥达纲领批判》(单行本),北京:人民出版社,2018年。

15.《社会主义从空想到科学的发展》(单行本),北京:人民出版社,2018年。

16.《家庭、私有制和国家的起源》(单行本),北京:人民出版社,2018年。

17.《雇佣劳动与资本》(单行本),北京:人民出版社,2018年。

18.《反杜林论》(单行本),北京:人民出版社,2015年。

19.《习近平总书记系列重要讲话精神学习读本》,北京:中国方正出版社,2014年。

20.习近平:《之江新语》,杭州:浙江人民出版社,2007年。

21.《习近平的七年知青岁月》,北京:中共中央党校出版社,2017年。

22.《习近平总书记系列讲话精神学习读本》,北京:中共中央党校出版社,2013年。

23.习近平:《论中国共产党历史》,北京:中央文献出版社,2021年。

24.《习近平用典》(第一——二辑),北京:人民日报出版社,2018年。

25.《习近平关于网络强国论述摘编》,北京:中央文献出版社,2021年。

26.教育部课题组:《深入学习习近平关于教育的重要论述》,北京:人民出版社,2019年。

27.中共中央宣传部:《习近平总书记系列重要讲话读本》,北京:学习出版社人民出版社,2016年。

28.中共中央文献研究室:《习近平关于科技创新论述摘编》,北京:中央文献出版社,2016年。

29.《习近平新时代中国特色社会主义思想三十讲》,北京:学习出版社,2018年。

30.《十八大以来重要文献选编》(上),北京:中央文献出版社,2014年。

31.《十八大以来重要文献选编》(中),北京:中央文献出版社,2016年。

32.《十八大以来重要文献选编》(下),北京:中央文献出版社,2018年。

## 二、学术著作

1.[德]克劳斯·施瓦布:《第四次工业革命》,李菁译,北京:中信出版社,2016年。

2.[德]雅斯贝尔斯:《什么是教育》,邹进译,生活·读书·新知三联书店出版,1991年。

3.[法]梅洛-庞蒂:《知觉现象学》,姜志辉译,北京:商务印书馆,2001年。

4.[加]马克斯范梅南、李树英著:《教育的情调》,李树英译,北京:教育科学出版社,2019年。

5.[美]艾伯特-拉斯洛·巴拉巴西:《爆发:大数据时代预见未来的新思维》,马慧译,北京:北京联合出版公司,2017年。

6.[美]戴维·铂金斯:《为未知而教,为未来而学》,杨彦捷译,杭州:浙江人民出版社,2015年。

7.[美]戴维·索恩伯格:《学习场景的革命》,徐烨华译,杭州:浙江教育出版社,2020年。

8.[美]杜威:《民主主义与教育》,王承绪译,北京:人民教育出版社,1990年。

9.[美]古贝、林肯:《第四代评估》,秦霖等译,北京:中国人民大学出版社,2008年。

10.[美]赫伯特·马尔库塞:《单向度的人:发达工业社会意识形态研究》,刘继译,上海:上海译文出版社,2008年。

11.[美]凯文·凯里:《大学的终结:泛在大学与高等教育革命》,朱志勇、韩倩等译,北京:人民邮电出版社,2017年。

12.[美]库兹韦尔:《奇点临近》,李庆诚、董振华译,北京:机械工业出版社,2011年。

13.[美]理查德·E.梅耶:《应用学习科学:心理学大师给教师的建议》,盛群力、丁旭、钟丽佳译,北京:中国轻工业出版社,2019年。

14.[美]迈克斯·泰格马克:《生命3:0》,汪婕舒译,杭州:浙江教育出版社,2018年。

15.[美]尼尔·波兹曼:《娱乐至死》,章艳译,桂林:广西师范大学出版社,2011年。

16.[美]萨缪尔·亨廷顿:《变动中的政治秩序》,王冠华译,上海:上海译文出版社,1989年。

17.[美]斯图尔特·罗素:《AI新生:破解人机共存密码——人类最后一个大问题》,张羿译,北京:中信出版社,2020年。

18.[美]特伦斯·谢诺夫斯基:《深度学习》,姜悦兵译,北京:中信出版社,2019年。

19.[美]西恩·贝洛克:《具身认知:身体如何影响思维和行为》,李盼译,北京:机械工业出版社,2016年。

20.[美]约翰·库奇、贾森·汤、栗浩洋:《学习的升级》,徐烨华译,杭州:浙江人民出版社,2019年。

21.[美]约翰·奈斯比特:《高科技.高思维.科技与人性意义的追寻》,尹萍译,北京:新华出版社,2000年。

22.[美]约瑟夫·E.奥恩:《教育的未来:人工智能时代的教育变革》,李海燕、王秦辉译,北京:机械工业出版社,2018年。

23.[英]阿尔弗雷德·诺思·怀特海:《教育的本质》,刘玥译,北京:北京航空航天大学出版社,2019年。

24.[英]安东尼·塞尔登、奥拉迪梅吉·阿比多耶:《第四次教育革命:人工智能如何改变教育》,吕晓志译,北京:机械工业出版社,2019年。

25.[英]卡鲁姆·蔡斯:《人工智能革命:超级智能时代的人类命运》,张尧然译,北京:机械工业出版社,2017年。

26.[英]罗斯玛丽·卢金、栗浩洋:《智能学习的未来》,徐烨华译,杭州:浙江教育出版社,2020年。

27.[英]特里·伊格尔顿:《马克思为什么是对的》,李杨、任文科、郑义译,重庆:重庆出版社,2017年。

28.白显良:《思想政治教育的马克思主义理论基础研究》,北京:人民出版社,2014年。

29.本书编写组:《大数据领导干部读本》,北京:人民出版社,2015年。

30.蔡恒进等:《机器崛起前传:自我意识与人类智慧的开端》,北京:清华大学出版社,2017年。

31.常素芳:《马克思主义基本原理运用与高校思想政治理论课教学》,北京:中央编译出版社,2019年。

32.陈立思主编:《比较思想政治教育》(第二版),北京:中国人民大学出版社,2018年。

33.陈琦、刘儒德:《教育心理学》(第2版),北京:高等教育出版社,2011年。

34.陈潭等:《大数据时代的国家治理》,北京:中国社会科学出版社,2015年。

35.陈万柏、张耀灿:《思想政治教育学原理》,北京:高等教育出版社,2015年。

36.陈先达:《马克思与信仰》,北京:中国人民大学出版社,2018年。

37.陈先达:《思想中的时代和时代中的信仰》,北京:中国人民大学出版社,2018年。

38.陈先达:《文化自信中的传统与当代》,北京:北京师范大学出版社,2017年。

39.陈晓华、吴家富:《人工智能重塑世界》,北京:人民邮电出版社,2019年。

40.董雅华:《思想政治教育哲学问题研究》,上海:复旦大学出版社,2019年。

41.杜瑛:《高等教育评价范式转换研究》,上海:上海教育出版社,2013年。

42.冯刚等:《高校思想政治教育工作质量评价》,北京:人民出版社,2020年。

43.哈斯高娃等:《智慧教育》,北京:清华大学出版社,2017年。

44.胡虎等:《三体智能革命》,北京:机械工业出版社,2016年。

45.教育部思想政治工作司组编:《加强和改进大学生思想政治教育重要文献选编》(1978—2014),北京:知识产权出版社,2015年。

46.经济合作与发展组织编:《理解脑:新的学习科学的诞生》,周加仙等译,北京:教育科学出版社,2014年。

47.荆惠民、董耀鹏等:《思想政治工作概论》,北京:中国人民大学出版社,2007年。

48.康中乾:《中国古代哲学的本体思想》,北京:中国社会科学出版社,2019年。

49.李德毅:《人工智能导论》,北京:中国科学技术出版社,2018年。

50.李合亮:《解构与诠释:思想政治教育的基本问题研究》,北京:人民出版社,2015年。

51.李合亮:《解析与建构:当代中国思想政治教育的哲学反思》,北京:人民出版社,2010年。

52.李开复、王咏刚:《人工智能》,北京:文化发展出版社有限公司,2017年。

53.李强:《当代中国社会分层》,北京:生活书店出版有限公司,2019年。

54.李韧:《自适应学习:人工智能时代的教育革命》,北京:清华大学出版社,2019年。

55.李彦宏:《智能革命:迎接人工智能时代的社会、经济与文化》,北京:中信出版社,2017年。

56.刘宏达、万美容等:《高校思想政治工作前沿问题研究》,北京:人民出版社,2019年。

57.刘建军:《守望信仰》,北京:人民出版社,2013年。

58.刘建军:《寻找思想政治教育的独特视角》,北京:中国人民大学出版社,2017年。

59.骆郁廷:《思想政治教育引论》,北京:中国人民大学出版社,2018年。

60.马云霞:《"互联网+"时代高校思想政治教育研究》,北京:人民日报出版社,2017年。

61.钱穆:《中国历史精神》,北京:九州出版社,2012年。

62.钱穆:《中国文化精神》,北京:九州出版社,2012年。

63.乔万敏、邢亮:《大学生思想政治教育质量提升模式研究》,北京:人民出版社,2013年。

64.任晓伟:《〈论共产党员的修养研究〉:历史生成、版本变化和理论价值》,北京:中国社会科学出版社,2017年。

65.任晓伟:《高校思想政治理论课教学与生命价值教育研究》,西安:陕西人民出版社,2017年。

66.任晓伟:《新民主主义思想的起源和走向》,西安:陕西师范大学出版总社有限公司,2019年。

　　67. 任仲文:《区块链——领导干部读本》,北京:人民日报出版社,2018年。

　　68. 任仲文:《人工智能——领导干部读本》,北京:人民日报出版社,2017年。

　　69. 任仲文:《数字中国——领导干部读本》,北京:人民日报出版社,2018年。

　　70. 任仲文:《智慧社会——领导干部读本》,北京:人民日报出版社,2019年。

　　71. 尚俊杰:《未来教育重塑研究》,上海:华东师范大学出版社,2019年。

　　72. 沈壮海:《思想政治教育有效性研究》,武汉:武汉大学出版社,2016年。

　　73. 盛跃明:《思想政治教育转型论:现代性的观点》,北京:人民出版社,2015年。

　　74. 宋振超:《信息化视阈下高校思想政治教育有效性研究》,北京:中国书籍出版社,2015年。

　　75. 唐亚阳等:《网络思想政治教育学》,北京:人民出版社,2016年。

　　76. 汪凤炎、郑红:《智慧心理学的理论探索与应用研究》,上海:上海教育出版社,2014年。

　　77. 王仕民主编:《思想政治教育心理学概论》,广州:中山大学出版社,2015年。

　　78. 王仕民主编:《思想政治教育心理学概论》,广州:中山大学出版社,2015年。

　　79. 王维嘉:《暗知识:机器认识如何颠覆商业和社会》,北京:中信出版社,2019年。

80.王竹立:《碎片与重构:面向智能时代的学习2》,北京:电子工业出版社,2018年。

81.王作冰:《人工智能时代的教育革命》,北京:北京联合出版公司,2017年。

82.魏忠:《智能时代的教育智慧》,上海:华东师范大学出版社,2019年。

83.吴季松:《人·人类·人工智能》,北京:电子工业出版社,2018年。

84.吴军:《全球科技通史》,北京:中信出版社,2019年。

85.吴军:《智能时代:大数据和智能革命重新定义未来》,北京:中信出版社,2016年。

86.吴满意、景维星、唐登蓥:《网络思想政治教育理论前沿问题研究》,成都:四川大学出版社,2019年。

87.夏侯建兵主编:《"五位一体"网络育人新探索》,北京:人民出版社,2019年。

88.徐献军:《具身认知论——现象学在认知科学研究范式转型中的作用》,杭州:浙江大学出版社,2009年。

89.永新等:《人工智能与未来教育》,太原:山西教育出版社,2018年。

90.余胜泉:《互联网+教育·未来学校》,北京:电子工业出版社,2019年。

91.张苗苗:《思想政治教育本质论》,北京:社会科学文献出版社,2019年。

92.张树荫主编:《中国共产党思想政治教育史》(第二版),北京:中国人民大学出版社,2016年。

93.张澍军:《思想政治教育理论前沿论略》,北京:人民出版社,2015年。

94.张耀灿等:《思想政治教育学前沿》,北京:人民出版社,2006年。

95.郑永廷主编:《思想政治教育方法论》,北京:高等教育出版社,2010年。

96.郑永廷主编:《思想政治教育方法论》,北京:高等教育出版社,2010年。

97.钟启东:《思想政治教育理念创新逻辑论》,北京:人民出版社,2016年。

98.钟启东:《思想政治教育理念创新逻辑论》,北京:人民出版社,2016年。

99.周洪宇等:《第三次工业革命与中国教育变革》,武汉:湖北教育出版社,2014年。

100.朱继东:《新时代党的意识形态思想研究》,北京:人民出版社,2018年。

## 三、报刊文章

1.白春礼:《世界正处在新科技革命前夜》,《科技导报》,2013年第7期。

2.邴浩等:《"90后"大学生群体基本特征分析》,《学校党建与思想教育》,2019年第10期。

3.蔡连玉、韩倩倩:《人工智能与教育的融合研究:一种纲领性探索》,《电化教育研究》,2018年第10期。

4.蔡应妹:《思想政治工作的适应性发展——兼论对社会工作理念与方法的吸纳》,《思想理论教育导刊》,2010年第10期。

5.曹培杰:《智慧教育:人工智能时代的教育变革》,《教育研究》,2018年第8期。

6.曾德生:《充分发挥第二课堂思想政治教育价值》,《中国高等教育》,2020年第8期。

7.曾贞:《数据人:大数据教育时代学习者特征分析及其教学对策研究》,

《黑龙江高教研究》,2017年第3期。

8.常宴会:《大数据时代思想政治教育理念的三重反思》,《思想教育研究》,2017年第8期。

9.陈秉公:《思想政治教育本质研究现状及建议》,《思想教育研究》,2014年第6期。

10.陈靓、赵文永:《当代大学生政治取向特征分析及其引导》,《学校党建与思想教育》,2019年第11期。

11.陈思宇、黄甫全等:《机器人可以教知识无法培育价值观吗》,《中国电化教育》,2019年第2期。

12.陈志勇:《"圈层化"困境:高校网络思想政治教育的新挑战》,《思想教育研究》,2016年第5期。

13.成媛、张鲲:《论思想政治教育工作的整体性》,《中央民族大学学报》(哲学社会科学版),2020年第1期。

14.崔卫生:《论高等教育发展与科技革命的关系逻辑》,《高教探索》,2019年第9期。

15.崔友兴:《基于核心素养培育的深度学习》,《课程·教材·教法》,2019年第2期。

16.代玉启、李济沅:《网络社会青年信仰功利化风险及其化解举措》,《中国青年研究》,2020年第1期。

17.冯刚:《互联网思维与思想政治教育创新发展》,《学校党建与思想教育》,2018年第2期。

18.冯培:《高校思想政治理论课"金课"建设要素探究》,《思想理论教育》,2019年第8期。

19.冯晓英等:《"互联网+"时代三位一体的教育供给侧改革》,《电化教育研究》,2020年第4期。

20.谷松岭、熊琳:《高校思想政治教育生态环境问题及应对》,《学校党建与思想教育》,2019年第12期。

21.顾明远:《互联网时代的未来教育》,《清华大学教育研究》,2017年第6期。

22.韩晓琴、康伟:《科技革命与人的全面发展》,《理论导刊》,2007年第7期。

23.何化利:《构建面向"虚拟实践"的大学生思想政治教育初探》,《理论导刊》,2019年第8期。

24.何剑:《深化实践教学改革的探索:"三课堂融合"模式》,《实验室研究与探索》,2014年第7期。

25.何聚厚等:《基于虚拟现实技术的深度学习场域模型构建研究》,《电化教育研究》,2019年第1期。

26.黄荣怀等:《智慧教室的概念及特征》,《开放教育研究》,2012年第2期。

27.贾积有:《人工智能赋能教育与学习》,《远程教育杂志》,2018年第1期。

28.金鑫、张耀灿:《论新时期思想政治教育方法的创新与发展》,《思想教育研究》,2009年第6期。

29.靳玉乐、尹弘飚:《课程改革中教师的适应性探讨》,《全球教育展望》,2008年第9期。

30.康叶钦:《在线教育的"后MOOC时代"——SPOC解析》,《清华大学教育研究》,2014年第2期。

31.李国俊、张信华:《技术理性与现代性的文化嬗变》,《自然辩证法研究》,2006年第11期。

32.李国俊、张信华:《技术理性与现代性的文化嬗变》,《自然辩证法研究》,2006年第11期。

33.李海峰、缪文升:《挑战与应对:人工智能时代高校应重视价值判断教育》,《中国电化教育》,2020年第2期。

34.李江静:《网络空间主流意识形态话语权的国际挑战探微》,《思想教育研究》,2018年第1期。

35.李俊奎、王升臻:《关于思想政治教育本质问题的再思考》,《广西社会科学》,2017年第10期。

36.李泽林、陈虹琴:《人工智能对教学的解放与奴役——兼论教学发展的现代性危机》,《电化教育研究》,2020年第1期。

37.李政涛:《当代教育发展的"全社会教育"路向》,《教育研究》,2020年第6期。

38.林峰:《人工智能时代思想政治教育的价值定位与发展》,《思想理论教育》,2020年第1期。

39.刘邦奇、王亚飞:《智能教育:体系框架、核心技术平台构建与实施策略》,《中国电化教育》,2019年第10期。

40.刘复兴:《论教育与机器的关系》,《教育研究》,2019年第11期。

41.刘建军:《论思想政治教育内容的基本形态》,《思想理论教育导刊》,2020年第9期。

42.刘少杰:《海量信息供应下的预期判断和选择行为》,《中国人民大学学报》,2018年第1期。

43.刘延庆、张陟遥:《社会适应性与个体适应性同构:思想政治教育模式创新》,《黑龙江高教研究》,2012年第7期。

44.刘振天、刘强:《在线教学如何助力高校课堂革命?——疫情之下大规模在线教学行动的理性认知》,《华东师范大学学报》(教育科学版),2020年第7期。

45.卢岚:《网络思想政治教育:从概念建构到关联性议题审视》,《理论与改革》,2018年第6期。

46.鹿星南、和学新:《国外智慧学校建设的基本特点、实施条件与路径》,《比较教育研究》,2017年第12期。

47.罗红杰、平章起:《大数据驱动:思想政治教育现代化的重要引擎》,《重庆大学学报》(社会科学版),2019年第9期。

48.罗生全、王素月:《智慧课程:理论内核、本体解读与价值表征》,《电化教育研究》,2020年第1期。

49.罗祖兵:《生成性人性观及其教育意蕴》,《高等教育研究》,2013年第5期。

50.骆郁廷:《论网络思想政治教育的主体与客体》,《马克思主义与现实》,2016年第2期。

51.吕小亮:《"00后"大学生思想行为特质及其培养对策》,《当代青年研究》,2019年第3期。

52.马加名等:《"大数据"视域下新时代高校辅导员理论素养提升的理路探析》,《高校辅导员》,2018年第4期。

53.毛娜、胡树祥:《善用分众传播方式 提升网络思想政治教育的传播影响力》,《思想教育研究》,2020年第6期。

54.梅晓芳:《高校辅导员工作室:共同体视域下辅导员专业化发展的新向度》,《江苏高教》,2020年第7期。

55.宁虹、赖力敏:《"人工智能+教育":居间的构成性存在》,《教育研究》,2019年第6期。

56.任晓伟:《习近平关于新时代中国共产党人党性修养的思想及其时代特征》,《广西民族大学学报》(哲学社会科学版),2018年第3期。

57.任志锋:《以人工智能赋能高等学校立德树人》,《社会科学战线》,

2020年第4期。

58.桑新民、朱德全等：《学习科学与未来教育》，《教学研究》，2020年第1期。

59.佘双好：《从说理教育到心理疏导——思想政治教育方法的发展》，《思想理论教育导刊》，2011年第7期。

60.佘双好：《关于整体推进思想政治理论课教师和辅导员队伍发展的思考》，《学校党建与思想教育》，2017年第12期。

61.申晓腾：《人工智能时代思想政治教育生态转变与创新方略》，《未来与发展》，2019年第12期。

62.史宏波：《解构与重构：新媒体情境中青年价值观建设路径探析》，《教学与研究》，2019年第9期。

63.舒文刚：《DIKW体系下数字图书馆的大数据服务模式》，《图书馆学刊》，2015年第7期。

64.宋灵青、许林：《"AI"时代未来教师专业发展途径探究》，《中国电化教育》，2018年第7期。

65.孙佩锋、尉天骄：《思想政治教育的起源与发展——兼谈思想政治教育的本质》，《学术论坛》，2011年第10期。

66.孙伟平：《论虚拟实践的哲学意蕴》，《教学与研究》，2010年第9期。

67.孙迎光：《思想政治教育的三种形态》，《河海大学学报》（哲学社会科学版），2016年第2期。

68.汪平、梁慧、许宁：《新时代高校辅导员核心素养构成与认同的培育机制研究》，《高校辅导员》，2020年第12期。

69.王辞晓：《具身认知的理论落地：技术支持下的情境交互》，《电化教育研究》，2018年第7期。

70.王海建：《"00后"大学生的群体特点与思想政治教育策略》，《思想理论教育》,2018年第10期。

71. 王海莹、易连云:《美国科学道德价值观与德育思路》,《高教发展与评估》,2011年第3期。

72. 王美倩、郑旭东:《具身认知与学习环境:教育技术学视野的理论考察》,《开放教育研究》,2015年第1期。

73. 王倩:《关于"互联网+"背景下高校思政课改革的多元思考》,《学校党建与思想教育》,2016年第4期。

74. 王习胜:《当前思想政治教育的主要矛盾与发展趋向》,《马克思主义研究》,2015年第9期。

75. 王学俭等:《新时代课程思政的内涵、特点、难点及应对策略》,《新疆师范大学学报》(哲学社会科学版),2020年第2期。

76. 王易、许慎:《思想政治教育史研究的现状、问题与对策》,《思想教育研究》,2015年第10期。

77. 王竹立:《技术是如何改变教育的?——兼论人工智能对教育的影响》,《电化教育研究》,2018年第4期。

78. 王竹立:《新知识观:重塑面向智能时代的教与学》,《华东师范大学学报》(教育科学版),2019年第5期。

79. 吴国盛:《科学与人文》,《中国社会科学》,2001年第4期。

80. 吴满意、景星维:《精准思政:内涵生成与结构演化》,《学术论坛》,2019年第5期。

81. 项久雨:《品读"00后"大学生》,《人民论坛》,2019年第9期。

82. 项久雨:《以人为本:思想政治教育主客体关系的马克思主义人学之维》,《教学与研究》,2016年第2期。

83. 肖峰:《〈资本论〉的机器观对理解人工智能应用的多重启示》,《马克思主义研究》,2019年第6期。

84. 邢鹏飞：《新中国成立70年来大学生思想政治观念代际特征及教育发展趋向研究》，《中国矿业大学学报》（社会科学版），2019年第5期。

85. 徐晔、黄尧：《智慧教育：人工智能教育的新生态》，《宁夏社会科学》，2019年第3期。

86. 薛成龙、郭瀛霞：《高校线上教学改革转向及应对策略》，《华东师范大学学报》（教育科学版），2020年第7期。

87. 杨威、陈毅：《思想政治教育形态问题初探》，《思想理论教育》，2020年第1期。

88. 杨鑫、解月光：《智慧教学能力：智慧教育时代的教师能力向度》，《教育研究》，2019年第8期。

89. 杨业华、王彦：《当代大学生价值观状况特点探析》，《思想教育研究》，2012年第12期。

90. 杨直凡、胡树祥：《二十年来网络思想政治教育方法的发展历程》，《思想教育研究》，2015年第4期。

91. 杨志超：《高校思想政治理论课混合式教学模式的建构路径探析》，《思想教育研究》，2016年第6期。

92. 叶方兴：《论思想政治教育形态》，《学术论坛》，2019年第4期。

93. 叶浩生：《具身认知：认知心理学的新取向》，《心理科学进展》，2010年第5期。

94. 余宏亮：《数字时代的知识变革与课程更新》，《课程·教材·教法》，2017年第2期。

95. 余胜泉、王琦：《"AI+教师"的协作路径发展分析》，《电化教育研究》，2019年第4期。

96. 余胜泉：《人工智能教师的未来角色》，《开放教育研究》，2018年第1期。

97.张进宝、姬凌岩:《是"智能化教育"还是"促进智能发展的教育"——AI时代智能教育的内涵分析与目标定位》,《现代远程教育研究》,2018年第2期。

98.张坤颖、张家年:《人工智能教育应用与研究中的新区、误区、盲区与禁区》,《远程教育杂志》,2017年第5期。

99.张苗苗:《论思想政治教育的发生、发展与未来走向》,《教学与研究》,2017年第4期。

100.张学军、董晓辉:《人机共生:人工智能时代及其教育的发展趋势》,《电化教育研究》,2020年第4期。

101.张优良、尚俊杰:《人工智能时代的教师角色再造》,《清华大学教育研究》,2019年第4期。

102.张瑜:《论互联网的二重性与思想政治教育创新发展》,《教学与研究》,2018年第7期。

103.张园园:《美国思想政治教育载体及其运用经验研究》,《求索》,2012年第10期。

104.郑葳、刘月霞:《深度学习:基于核心素养的教学改进》,《教育研究》,2018年第11期。

105.郑永廷:《论当代西方思想政治教育方法》,《学术研究》,2000年第3期。

106.周良发:《智能思政:人工智能时代的思想政治教育变革》,《重庆邮电大学学报》(社会科学版),2019年第5期。

107.朱德全、吕鹏:《大学教学的技术理性及其超越,》《教育研究》,2018年第8期。

108.朱珂等:《全息课堂:基于数字孪生的可视化三维学习空间新探》,《远程教育杂志》,2020年第4期。

109.朱永海等:《智能教育时代下人机协同智能层级结构及教师职业形态新图景》,《电化教育研究》,2019年第1期。

110.祝智庭、贺斌:《智慧教育:教育信息化的新境界》,《电化教育研究》,2012年第12期。

111.庄忠正:《人工智能的人学反思——马克思机器观的一种考察》,《东南学术》,2019年第2期。

112.邹村、廖达炎:《浅谈思想政治工作模型与模型建构》,《西安政治学院学报》,2003年第2期。

# 后　记

马克思在《〈政治经济学批判〉序言》的结尾处写道:"在科学的入口处,正像在地狱的入口处一样,必须提出这样的要求:'这里必须根绝一切犹豫;这里任何怯懦都无济于事。'"①我一直把这句话放在桌面醒目处,以此激励着我不断前进。

人工智能、思想政治教育看似风马牛不相及的两个事物,但在迅猛发展的科技力量推动下逐渐交汇。人工智能作为新一次科技革命的集大成者开始渗透到社会生活的各个方面,有了更多的应用场景。生成式人工智能的出现,以其强大的语言理解能力、逻辑推理能力与内容生成能力,能快速实现信息检索、文本创作、文案翻译和编写计算机代码等多种任务,而且相关产品不断推出,诸如美国Open AI公司的Chat GPT、百度的文心一言、科大讯飞的讯飞星火,还有最近面世的月之暗面科技的Kimi。这些人工智能的最新成果对高等教育及高校思想政治教育产生了极大影响,而本书确定选题

---

① 《马克思恩格斯选集》(第二卷),北京:人民出版社2012年版,第5页。

是在2019年底，当时人工智能正呈现飞速发展之势。回首近5年人工智能的大发展也进一步印证了本选题，人工智能与高校思想政治教育相融合的研究也逐渐从可行性的理论论证过渡到操作性的实践层面。

从事高校思想政治教育十余载，深知立德树人任务之艰巨，责任之重大。相较10多年前，当代大学生面临的是一个更加"乱花渐欲迷人眼"的世界，作为思政工作者就要练就"拨开迷雾见月明"的本领，最终才会"静待花开终有时"。新时代高校思政工作者要与时偕行，这是保证铸魂育人实效性的前提，而人工智能是始终绕不开的关键因素之一，所以本书旨在探索人工智能与高校思想政治教育融合的契合点、边界线以及实现路径，以期给广大高校思想政治教育工作者些许帮助与启示。本书是在我的博士论文的基础上修改而来，现在回首那段写作经历仍觉不可思议。白天上班，晚上写作，每每拖着疲惫不堪的身体坐在书桌前就会产生一丝畏缩，但最后总能战胜它，是因为心中总有一个信念，那就是进一步有一步的欢喜，正是凭着一份执着与坚持才完成本书。

要感谢的人很多，最想感谢的还是陕西师范大学及我的两位导师。我的硕士导师刘鹂老师，求学时关心我的学业，工作后关心我的生活，十几年来让一个来自千里之外的游子感受到了诸多温暖。博士导师任晓伟老师，像是一座让我永远景仰的高山，老师的渊博与睿智、智慧与勤奋、谦逊与严谨，是我终其一生要学习的楷模，是我真正的人生导师。在此，特别感谢对于本书的出版给予了很多支持和指导的天津人民出版社的武建臣编辑及相关工作人员，他们为本书的出版付出了很多心血。

正如加拿大传奇歌手莱昂纳多·利恩在其代表歌曲《颂歌》中所唱的那样，万物皆有裂痕，那是光照进来的地方。本书确实有很多不完善的地方，但小小成果既是对自己职业发展的一次回眸和提炼,又开启了人生的一个新起点。未来,我将继续砥砺前行。

刘明龙于古城西安

2024年4月